성령일기
광야편

에젤 출판사는

1. 신랑으로 다시 오실 예수 그리스도의 돕는 배필(히브리어 ezer), 신부로서 주님의 길을 준비하는 책들을 펴냅니다.
2. 왕 되신 예수 그리스도를 모시고 가는 나귀(독일어 Esel)의 사명을 감당하는 책들을 만듭니다.

아멘. 주 예수여, 오시옵소서! (요한계시록 22:20)

성령일기
광야편

1판 1쇄 발행 **2012년 10월 4일**

지은이	**강미경**
펴낸이	**강미경**
펴낸곳	**에젤 출판사**
편집	**강미경**
일러스트	**이지혜**
디자인	**김진디자인**

출판등록	2012년 5월 21일. 제 2012-10호
주소	경북 경산시 강변서로 17, 301-1401
전화	070-7783-3929
팩스	0303-0950-3929
이메일	editor@ezerbooks.com

저작권자 ⓒ 강미경, 2012
ISBN 978-89-98058-00-5
값 15,000원

차례

열면서 • 4

1권 어느 날 사랑이 시작되었다 • 18

2권 무럭무럭 자라 • 52

3권 황홀하게 고백 되고 • 76

4권 활짝 꽃을 피웠다 • 110

5권 사랑의 향기 흩날리며 • 150

6권 싱그럽게 물오르더니 • 190

7권 온통 푸른 물이 들었다 • 222

8권 이제 물가에 뿌리내려 • 250

9권 열매 맺으려 하니 • 302

10권 우리 하나 되어 완전 행복해!^^ • 348

닫으면서 • 382

* 목차는 2007년 1월 1일부터 2008년 12월 31일까지, 만 2년간의 일기를 담은 총 10권의 일기장을 각 권으로 나누어 구성하였고, 각 권의 제목은 일기장 표지에 따라 정했습니다. (억지로 짜 맞춘 게 아닌데 '말'이 되니 신기하네요.^^)

* 본문 중의 성경인용은 주로 공동번역 성서(대한성서공회 1986년 초판발행)를 따랐고, 직접인용이 아닌 경우 *로 표했습니다.

 열면서

안녕하세요!

만나서 반갑습니다.

그리고 만나주셔서 감사합니다!^^

저는 독일 중서부에 자리한 에센(Essen)에서 (현재) 열세 살 난 아들 찬영이와 함께 10년 남짓 행복하게 살다가, 얼마 전 다시 고국의 품에 안겨서 더욱 행복한 강미경이라고 해요.

이름을 알고 나면 나이가 궁금한 법이죠?^^

1971년생이니까 **살인가요? 듣기도 씁쓸한데 쓰니까 정말 쓰네요. 기분이….^^; 언제 이렇게 나이'를'('만'이 아니길 간절히 바라면서) 먹었는지….

여하튼, 이제 나이도 알았으면 무슨 일을 하는지가 또 궁금해지시죠?

저는 지난 10여 년 세월 독일에 거주하는 동안, 5년간은 에센대학(Duisburg-Essen Uni.)에서 사회복지학 디플롬 과정을 공부하는 학생으로, 동시에 근교 보트롭(Bottrop)에 있는 꽃공장(생화와 식물들을 화분에 심고 장식하여 소매점으로 내보내는 도매공장)에서 일하는 아르바이트생으로, 그리고 얼마 전부터는 독일의 좋은 기독서적을 국내에 소개하고 번역하는 일을 하면서, 게다가 혼자 아이 키우는 엄마로(왜 혼자인가도 궁금하시겠지만, 곧 말씀드릴 테니 잠시만 참아주세요.^^) 치열하게 살아왔답니다. 그런데 이런 배경들은 알고 보니 모두 '알맹이'를 담기 위한 그릇이었고, 저의 지난 '독일광야살이'의 주제는 바로 '하나님과의 만남'이더군요. 이제 그 이야기를 여러분과 '생중계로' 한번 나눠볼까 합니다.^^ 귀한 시간을 제 얘기에 잠시 내주신다면 무한한 영광이겠습니다.

엄마 뱃속에서부터 알고 지낸(?) 하나님이었지만 독일땅에 와서야 비로소 '제대로' 만난 하나님, 더 정확히 말하자면 인제야 비로소 절 제대로 만나주신 하늘아버지와의 사건, 누군가의 표현을 빌리면 '하나님과의 감전사고', 제 표현으로는 어느 날 갑자기 영혼에 몰아닥친 홍수·지진·태풍… 결국 제 전 존재와 삶을 확 뒤바꿔버린 '천복지변(天福地變)'의 감격을 다 주체하지 못해 틈틈이 일기장에 담았더랬습니다.

'사건'을 증언하자면 먼저 제가 살아온 이야기를 좀 나누어야겠군요. 부끄럽고 아픈 과거이지만 용기를 내봅니다….

저는 스물아홉이 되던 1999년에 결혼을 했습니다. 그러나 이제야 고백하건대, 그건 제게 결혼이 아니라 자살이었습니다. 꿈이 하늘 높은 줄 몰랐던 20대, 그러나 인생의 모든 것이 만족스럽게 풀리질 않고 자꾸 꼬여가기만 해서 삶에 대한 의욕과 소망이 하나도 없었던 그때, 부모님과 주변 상황이 떠미는 힘에 몸을 맡긴 채 눈 딱 감고 뛰어든 '인당수'였던 거지요….

혹시나 용궁일까 하고 눈을 떠본 그곳은 그러나… 안타깝게도 저는 심청이가 아니었기에, 지옥이었습니다. 정말 제힘으론 감당키 어려운 생지옥이었습니다…. 더 자세한 이야기를 나누지 못하는 것을 양해해 주시길 바라구요….

그러다가 혹시 독일이 천국이 되어줄까 하고 2001년에 낯설디낯선 땅에 발을 내디뎠지만, 복은 장소에 있는 것이 아니더군요. 상황은 더욱 악화되어 독일에 도착한 지 2년 즈음, 급기야 저와 어린 아들이 생명의 위협을 느껴야 하는 지경에 이르렀고, 저는 살기 위해 집을 빠져나와야 했습니다. 집도 구하기 전에 짐부터 싸야 했죠. 그런 제게 하나님께서 기적과 같이 과분한 새 거처를 마련해주셨고, 아들과 둘이 사는 생활이 그렇게 시작되었습니다. 소위 말하는 별거를 하며 2년을 지내는 동안 늘 하나님께 여쭐 수밖에 없었지요. 앞으로 어떻게 해야 하나요? 어떻게 하실 건가요…?

이렇게 되기까지의 지난 6년을 돌아보니, 저는 감히 최선을 다했다고 하나님 앞에 떳떳이 말할 수 있겠더군요. 상상을 초월하는 무게였지만 뜻하신 바가 있어 제게 지워주신 십자가라 여기고, 할 수 있는 모든 방법과 노력을 다해 한번 잘 져보리라 각오하고 살았던 세월이었습니다. 물론 저 자신의 부족함도 많았기에 그리 대단할 수는 없었겠지만, 그러나 당시의 저로서는 그 상황을 극복해보려고 안간힘을 쏟아 몸부림쳤던 나날이었습니다.

그러나… 아무리 생각해도 이제 더는 그렇게 살 자신이 없었고 살고 싶지도 않았습니다. 그렇게 사느니 차라리 그만 이 세상을 떠나고 싶었습니다. 그래서 별거한 지 2년이 다 되어가던 해에 저는 드디어 마음의 결단을 내리고 하나님 앞에서 '최종결단'을 하기로 작정을 했습니다.

우선 '자살'한 죄를 하나님 앞에 회개하고, 다시 한 번 제게 새 삶의 기회를 주시든지 아니면 이제 충분하오니 그만 데려가 달라고 기도하기 시작했습니다. 이혼이 아니면 죽음을 달라고 단도직입적으로 하나님께 요구하며 매달렸지요. 당시 제 심정으로는 40일이든 400일이든 금식하며 기도하다 응답을 받든지, 솔직히 더 원하기에는 그냥 저 세상으로 옮기우고 싶은 맘뿐이었지만, 돌봐야 하는 어린 아들 때문에 울며 겨자 먹는 심정으로 매일 점심 한 끼만 정해둔 시간에 먹기로 하고 아침저녁 '무기한' 금식기도에 들어갔습니다.

평소 20분, 길어야 30여 분 상사 앞에 업무보고하는 부하직원의 자세로 기도해오던 제가, **하나님께서 그 밤낮 부르짖는 택하신 자들의 원한을 풀어주지 아니하시겠느냐 저희에게 오래 참으시겠느냐(누가복음 18:7, 개역개정)** 하신 주님의 말씀을 '말씀 그대로' 붙잡고, 아침저녁 두 시간씩 엎드려 부르짖기 시작했습니다. 나머지 시간엔 성경을 뒤져 기도와 응답에 관한 말씀들을 찾아 종이에 빼곡히 적어 놓고, 하나님 앞에서 읽고 또 읽으며 '약속대로' 해달라고 막무가내로 졸랐습니다.

그렇게 원통함과 애통함을 품고 절망과 탄식의 눈물을 쏟으며 기도 한 지 3주째 접어들던 어느 날 밤, 엎드려 울부짖던 제게 이상한 일이 일어났습니다. 제 처지를 한탄하며 어둠 속에 무너져 내리던 마음에 갑자기 환한 빛이 쏟아져 들어오면서, 슬픔과 원망으로 흐르던 눈물이 느닷없는 기쁨과 감사의 눈물로 변해 터져 나오기 시작했습니다. 갑자기, 그냥, 그렇게 일어났습니다. 저 자신도 놀라 어리둥절한 가운데서도 주체할 수 없이 넘치는 기쁨과 감사에 못 이겨 전보다 더한 눈물 콧물을 쏟으며, 이유를 알 수 없는 "하나님, 감사합니다! 하나님, 감사합니다!"를 외치던 중, 마음속에 들려오는 소리가 있었습니다.

"나는 웃게 하는 하나님이다. 나는 너를 영원히 울게 내버려두지 않는 아버지다. 내가 이제 너를 웃게 하마. 기쁘게 하마. 기뻐하고 즐거워하여라. 내 앞에서 기뻐하여라…."

부드러웠지만, 천둥처럼 분명한 음성이었습니다. 그날, 이젠 멀리 계시는 하나님이 아니라 내 안에 들어와 계신 아버지 앞에서 마냥 좋고 그냥 좋아 울고 웃고 뛰며 춤추며 밤을 새웠지요.

제 평생 처음 겪는 이 희한한 일을 지나고 날이 새니, 여전히 기쁘고 즐거우면서도 한편 두려운 마음이 들더군요. '이게 뭐지? 내가 드디어 미쳤나…?'

그런 제 마음을 아시고 좋으신 하나님께서는 다음 날도 한 번 더 똑같은 경험을 주셨습니다. 밤에 엎드린 기도 중에, 눈이 부셔 도저히 쳐다볼 수 없는 환한 빛 같은 평안과 기쁨이 몰려드는 가운데 다시 한번 말씀으로 제게 나타나셨습니다.

그날 낮에 꽃집에서 같이 일하는 영애 씨가, 한국에서 받아보는 큐티책이 이달에는 이상하게 두 권이 왔는데 하나는 제 것이란 생각이 든다며 건네서 읽었던 책의 한 대목을 회오리바람이 몰아치듯 떠올려주시며 내게 외치셨습니다.

"너는 나만 바라보아라. 오직 나만 바라보아라. 양궁선수들이 활을 쏘기 전에 몇 년간 작은 물체 하나를 뚫어져라 쳐다보며 마침내 그것이 크게 확대되어 보일 때까지 훈련하는 것처럼, 너는 오직 나만 바라보아라. 내가 지금 너를 그 훈련하는 중이다. 나는 전능한 하나님이니, 아무 염려하지 말고 오직 나만 바라보아라… 그리고 이제 먹어라. 나는 네가 안 먹고 기도하는 것도 기쁘지만 먹으면서 기도하는 것도 기쁘단다. 이제 다시 먹어라…."

그날 밤도 당연히 기뻐 뛰고 찬송하며 거의 꼴딱 새웠지요. 먹으라 하셨지만 배도 안 고팠습니다. 그래도 순종하는 맘으로 아침에 과일을 한 입 베어 물면서, 그만 또 기쁘고 감사해 울고 말았던 기억이 나네요.

그렇게 다 표현 못 할 기쁨과 함께 힘도 넘쳤습니다. 두어 시간 자는 둥 마는 둥 하고 다음날 꽃집에 일을 가야 했는데도 어찌나 기운이 펄펄 나던지, 꽃 심다 화분 깨질까 봐 내내 손의 힘 조절에 신경을 써야 했을 정도였지요.^^

성령님이 오셨던 겁니다. 말로만 듣던 성령의 강한 임재, 성령의 충만함, 바로 그것이었습니다. 예전에 부흥회 다닐 때 강사님들이 성령충만 받기 위해 기도하라고 하면 나는 언제나 "주님, 저는 싫습니다. 저는 성령 주지 마옵소서. 성령 받으면 사람들이 다 품위 없이 미치는 것 같아 저는 안 받을랍니다. 제발 저는 그냥 우아하게 믿게 해주세요."라며 간곡히 '거부'했던 그 성령을 확 부어버리신 겁니다.

"성령은 네가 생각하는 그런 게 아니다. 네가 성령을 오해하고 있다. 그 맛은 직접 봐야 아느니라…." 하시며.^^

정말이지 뭐라 형용할 길 없는 '그 맛'을 보고 난 이후, 저는 성령님의 '왕 팬'·'광 팬'이 되어서 날마다 그분을 사모하고 갈망하는 것이 기도의 주제가 되었습니다. 그리고 좋으신 하나님께서는 그 후로도 계속 성령을 풍성히 부어주시며, 하나님이 누구신지, 얼마나 좋은 분이신지를 제대로 알려주시기 시작하셨습니다. 한평생 믿어오면서도 늘 '사장님처럼 어렵고, 가까이하기엔 상당히 부담스럽던 하나님'이 비로소 '나의 아바 아버지, 사랑의 아버지, 한시라도 옆에 안 계시면 견딜 수 없는 사랑하는 아빠'가 되셨습니다.

무기한으로 작정했던 금식기도가 그렇게 하늘아버지의 하늘과 같은 은혜로 3주 만에 끝이 나고 한 달 뒤, 저를 긍휼히 여기신 하나님께서는 죽음 대신 이혼으로 응답을 해주셨습니다. 이혼하던 날, 그와 저는 지난 6년 반 세월 중 가장 사이좋고 '화기애애'했던 것 같습니다. 그의 마음도 하나님께서 부드럽게 만져주셔서, 처음으로 서로 웃는 낯으로 만나 '소풍하듯' 대사관을 다녀와서 서로를 위한 축복의 말과 악수로 헤어졌던, 독일 와서 본 가장 파란 하늘 아래 눈이 시리도록 화창한 날이었습니다.

하나님은 그렇게 제 '상상을 초월하는' 분이셨습니다. 비록 죽음 아니면 이혼을 달라고 부르짖긴 했지만, 사실 이혼이란 죽음보다 더 극단의 상황이라 여겼기에 이런 응답을 주시리라곤 기대하기 힘들었습니다. 그러나 하나님은 부모님조차 속속들이 알 수 없는 제 상황의 중심을 헤아리시고, 하나님께서 그 모든 상황의 주인 되심을 제게 새로이 깨닫게 해주셨습니다.

이혼 이후, 하나님께서 그도 조금씩 치유하시며 놀랍게 다듬어 가시는 것을 봅니다. 그리고 제게도 그를 향한 증오 대신 긍휼의 마음을 주셔서, 이제 그 역시 하나님 안에서 새로 태어나 새 인생을 살게 되길 진심으로 축복하며 기도하게 하십니다.

이렇게 살아계신 하나님을 생생히 '맛보아' 알고 난 후, 제 기도뿐 아니라 삶도 달라졌습니다. 이제 '이혼녀'가 되어 혼자 애 키우며 돈 벌며, 늦은 나이에 공부까지 하라 하셔서 공부도 해 가면서 사는 고단한 나날이 아버지 손잡고 가는 즐거운 길이 되었습니다. 물론 아직 '애'인지라 자주 다리 아프다고 징징대기도 하지만, 그래도 이전에 '두려운 하나님 모시고 맘 졸이며' 살던 때와는 완전히 다르게 '푸근한 아버지 옆에서 맘 푹 놓고' 살아가게 되었습니다.

그렇게 '새로 얻은' 아버지를 나날이 더욱 알아가는 일 년 반의 시간이 흐른 후, 또 한 차례의 '대형 감전사고'가 있었으니….

때는 2006년 12월 26일, 이제 나이도 적잖이 먹어가는 데다 사는 곳이 워낙 '기름진' 땅이라 자꾸 살이 찌는 것이었습니다. 그래서 새해엔 살을 빼리라 단단히 결심하고 우선 크리스마스까지 실컷 먹고 즐긴 뒤^^, 다음 날 러닝머신 위에 올랐지요.

사실 그전에도 운동은 '쉬엄쉬엄' 해 왔지만 살은 그렇게 '호락호락' 빠져주는 게 아닌지라^^, 그땐 남다른 결심을 했습니다. 일단 매일 하리라, 그리고 최소한 한 시간은 버티고 내려오리라! 그러려면 그 '천 년 같은 한 시간'의 고통을 잊게 해 줄 도우미가 필요한데….

그래서 예전엔 영화도 봐 보고 전 세계 절찬리 상영 중이라는 한국 드라마도 빌려다 봤지만, 지루한 운동의 괴로움을 잊게 하기엔 역부족이었습니다. 그래서 궁리궁리 끝에 궁여지책으로, 찬양을 한번 들어볼까 하는 생각이 났습니다. 아무래도 그냥 찬양보단 찬양예배가 한결 '입체적'이라 더 '재미'있을 것 같아서, 당시 유일하게 알고 있던 찬양예배 사이트인, 지난 유럽 코스타(유학생 수양회) 때 뵙고 알게 된 강명식 음악사님께서 인도하시는 예수촌교회의 예배 동영상을 띄웠습니다. 그리곤 "제발 한 시간만 잘 부탁드려요!"^^ 하는 심정으로 '구경'하면서 걷기 시작했지요. 그런데… 그런데….

"주의 자비가 봄비같이 내려"오시라고 노래했건만, 장대비처럼 마구마구 쏟아지시더니 절 흠뻑 적시고 혼을 쏙 빼놓으시면서 온통 뒤흔드신 다음… 놓아주신(?) 뒤 정신을 차려보니 세 시간이 지나 있더군요. 시계를 잘못 봤나? 시계가 고장 났나? 해서 뒤집어 확인도 했습니다만, 시계는 정상이었습니다. 제가 잠시 '비정상'이었던 거지요.^^

잠시 이 땅을 떠나 다른 세계에서 놀다(?) 온 듯했습니다. 폭포수처럼 터져 나오는 기쁨과 더불어 말로 형용할 수 없는 영광, 내 전 존재가 산산이 분해되어 공중으로 사라져버린 것만 같은, 어떤 절대적인 기운에 확 사로잡힌 느낌… 굳이 표현하자면 그런 영광으로 임하셨습니다. 정말 충격이었습니다. 정식으로 드리는 예배도 아니고 운동하기 위해 수단으로 '이용'한 예배인데도 모르시는 척 받아주셨을 뿐 아니라, 그렇게 엄청나게 '반응'해주셨다는 사실이 정말 쇼크였습니다.

'아니, 이럴 수도 있나? 이런 사례는 들어본 적도 없는데… 왜 이러시지? 내가 뭘 잘못했나…?' 별별 생각을 다 해봤지만 그건 분명 성령의 임재하심이었고, 그분은 정말 좋으신 분이었습니다. 그분 속에 잠겨 그분과 함께하는 시간은 그저 '행복'이란 말로는 절대 모자란, 천국 그 자체였습니다!

그날 이후 제 러닝머신은 거룩한 예배의 처소, 저의 '다윗의 장막'이 되었습니다. 그 옛날 다윗이 하루 24시간을 끊임없이 이어 하나님을 찬양하기 위해 세웠던 예배의 천막, 그 무너진 다윗의 장막을 내가 다시 세우겠다고 하셨지만(*아모스 9:11, 사도행전 15:16-18), 이렇게 러닝머신 위에도, 운동 중에도 세우실 줄은 정말 몰랐지요.

그러나 우리의 상상을 초월하는 기이한 은혜 베푸시기를 즐기시는 은혜로우신 하나님께서는 그렇게 제게 또 한 번 '희한한 은혜'를 베푸셨고, 그날부터 저는 그 완전한 행복, 지극한 영광, 이 땅의 무엇과도 비교할 수 없는 하늘의 기쁨을 가장 사모하게 되었습니다.

이제 저의 걷기는 단순한 운동의 차원을 넘어 '파워 워킹워십'이 되었고^^, 제 걷는 행위는 내게 모든 것을 다 쏟아주시는 아버지께 나도 나의 모든 것을, 마음뿐 아니라 몸·힘·땀… 까지도 다 드리고픈 저의 간절한 예배의 몸짓이 되었습니다. 그렇게 저의 '워킹워십'은 맨 처음 하루 3시간이 어느새 5시간이 되고 6, 7시간대를 넘어서더니 마침내 최고기록인 10시간에 이르기까지, 몇 달 동안 단 하루도 빼놓지 않고 초인적인 힘으로 계속되었습니다.

그렇게 찬양의 위력, 성령충만한 예배의 은혜를 맛보는 가운데 하나님께서 '곡조 있는 기도'를 얼마나 기뻐하시는지, '음악에 담은 찬양' 받기를 어찌나 즐기시는지 새롭게 알아가면서, 찬양과 함께 드리는 기도와 예배는 저의 일과 중 가장 기다려지고 신나는 시간, 하루라도 빼먹으면 속상하고 원통하기 이를 데 없는 '잔치'가 되었습니다.

그러다 러닝머신이 그만 과로로 '순교'하고 난 뒤엔 곧 실내용 자전거로 대치되어, 그리고 예수촌교회가 원띵하우스(onething house)로 변신하여 동영상의 막이 내린 뒤에는 사랑의교회 박희봉 목사님과 오정현 목사님, 쥬빌리 통일구국기도회의 고형원 선교사님께서 이끄시는 찬양으로, 또 여러 찬양사역자님들의 찬양과 더불어 '파워 사이클워십'으로 '종목'만 바뀌었을 뿐^^, 이제 하나님께 드리는, 성령님과 함께 누리는 찬양예배는 제 평생 중단할 수 없는 '생명의 축제'가 되고 말았답니다.

이 자리를 빌려, 제 예배의 귀한 도우미와 동역자가 돼주신 모든

분께 진심 어린 감사와 사랑을 전합니다.^^

    그렇게 예배하며 '새로 얻은' 아버지 하나님과 '신랑 되신' 예수 그리스도를 더욱 알아가는 동안, 그 '중매자 되신' 성령님과의 사건을 틈틈이 기록하였고, 이제 그 첫사랑의 기록인 2007년과 2008년의 일기를 여러분과 나누라 하셔서 공개하려 합니다.

    제가 만난 하나님을 아직 못 만나셨다면 만나게 되시기를 바라며, 잘 모르고 계신다면 더 깊이 알게 되시기를 기도하며, 그래서 그분과 하나 되는 황홀한 행복을 여러분도 날마다 맛보게 되시기를 바라며 부끄러움을 무릅쓰고 일기장을 펼쳤으니, 한번 읽어봐 주시겠어요?

    제가 모시고 사는 멋진 성령님을 꼭 자랑하고 싶거든요.^^

감사합니다!

강미경 드림

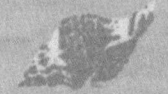

Hawaiian Blue

A very special dream comes true,
beginning with the sight of you.

1권
어느 날 사랑이 시작되었다

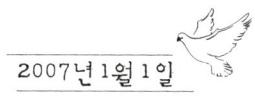

2007년 1월 1일

새해 첫날이 밝았다.

어제도 오늘도 내 잔에 주의 은혜가 넘친다.

막달라 마리아처럼 새해도 살기를 소망한다.

그 무엇보다 가장 좋은 것 한 가지, 정말 필요한 한 가지

그것을 선택하기로 한다.

주님 발 앞에 앉아

주님의 눈길에 초점 맞추고

그 말씀에 귀 기울이며

주님과 깊은 사랑의 관계 안에 머무는 것(*누가복음 10:42)

그래서 그 사랑으로 내가 가득 채워지면

저절로 흘러 세상을 적시게 될

그 아름다운 연합을 사모하고 선택하기로 한다.

오직 주의 사랑에 매이고

오직 주의 임재에 갇혀 사는 하루하루

그 푯대를 향하여 올 한해도 달려가리라!

모든 무거운 것, 얽매는 것, 거추장스러운 것 다 벗어버리고

가볍게, 단순하게

어린아이 같은 순전한 마음 하나로 주님만 향해 달려가는 삶

올해도 살아지이다!

1월 3일

황홀한 사랑의 노래를 불러주신다.

앉으나 서나, 밤이나 낮이나, 기도 중에도 찬양 중에도 감당할 수 없는 사랑을 내게 속삭여주시어 나로 울고 웃게 하신다. 무슨 말로 무슨 노래로 다 표현할 수 있을까? 그 완전한 사랑, 무한한 사랑, 누구도 흉내 낼 수 없는 사랑, 끊임없이 쉼없이 부어주시는 그 사랑을….

하늘아버지의 품에 안겨 그 사랑의 노래를 들으며, 나도 사랑으로 화답하며 새해를 맞게 하신다.

강한 성령의 임재….

그 임재 안에 내가 녹아든다, 사라진다.

그 임재 속에 하늘의 영광을 맛본다, 누린다.

아버지… 좋으신 아버지… 그 영광 다 표현할 길 없어 그저 하염없이 아버지만을 부릅니다.

아버지의 성령이 내게 임하여
내가 노래하며 춤을 춥니다.
내 주의 성령이 내게 임하여
내가 찬양하며 예배합니다.
아버지의 존전에서 내가 주를 기뻐합니다.
아버지의 품안에서 내가 주를 사랑합니다….

1월 4일

새해에 아버지께서 가르쳐주시는 성공적인 삶의 방식!

아버지는 내가 무엇을 하든 기꺼이, 즐겁게, 자발적으로 하길 원하신단다. 내가 하기 싫은 일 억지로 하며 스트레스받으면, 아버지도 스트레스받으신단다.^^ 그래서 해야 할 일엔 하고 싶은 맘 주셔서 안 하곤 못 배기게 하신단다.

그렇게 기쁘게 하되, 서두르지 말고 차분하게 느긋하게 하라신다. 아버지께서 그렇게 일하시는 것처럼….

한 번에 하나씩 한 걸음씩 가되, 결코 낙심하거나 포기하지 말고 끝까지 하라신다. 그 인내의 끝에는 상이 있다고, 그 인내는 반드시 보상된다고 "끝장을 보라!" 하신다.

그리고 순하게!

'독한' 마음먹지 말고, 오히려 불필요한 힘을 빼고 부드럽게 자연스럽게, 바람이 불듯 물이 흐르듯 질서에 따라 순리대로 하라 하신다.

때로 물결을 거슬러 용기 있게 올라가야 할 때는 성령께서 분별할 지혜와 감당할 힘을 주실 테니, 오직 성령의 음성에 바짝 귀 기울이고 그 음성만을 따라 하루하루 살면, 승리는 내 것이 되리라 하신다.

할렐루야!^^

1월 23일

찬영, 피자가 먹고 싶다고 사 달라 한다.

그동안 이래저래 모은 제 용돈이 몇 유로는 되겠기에 '모은 용돈 소비하는 법' 실습도 시킬 겸^^, "네 용돈으로 직접 가서 사 와." 하니 "돈이 몇십 센트밖에 없어요." 한다.

(아니, 아직 혼자 돈 쓸 줄도 모를 텐데…) 놀라서 "어디다 썼어?" 물으니 "하나님께 다 드렸어요." 한다.

용돈 얻을 때마다 십일조 떼는 법을 가르치며 십일조 지갑을 따로 만들어주었는데, 어느새 그 주머니에 다 넣었단다. 열 개 중 한 개는 하나님께 드려야 하는 거라고 할 때 "엄마, 더 드려도 되지요?" 하더니만 정말로 거의 다를 드렸단다. 글쎄!

아버지, 찬영이 너무 사랑스럽죠?

그 마음, 돈 액수가 커져도 변치 말게 하시고, 아니, 돈 단위가 높아지는 만큼 따라서 커지게 하시고 '최소한' 오병이어의 기적으로 갚아주셔요~!^^

1월 24일

하늘 아버지께서 나 때문에 기쁨을 이기지 못한다 하신다.

나도 역시 아버지 때문에 기쁨을 이기지 못하게 하신다.

하나님의 홍수 같은 사랑에 침몰당해 헤어나지 못하는 하루하루가 이어진다. 마구 쏟아 부으시는 사랑, 감당할 길 없는 사랑 앞에 밤낮 울게 하신다. 눈이 마를 날 없게 하신다. 심장이 두 배 세 배 빨리 뛰게 하신다. 자는 것 먹는 것을 잊게 하신다. 안 먹어도 배부르고 만족하게 하신다. 행복에 겨워 잠 못 이루게 하신다. 아버지만을 부르며 감사와 기쁨의 눈물을 쏟게 하신다.

아버지… 내 아버지… 참 좋으신 아버지… 날 지으시고 택하시고 사랑하시는 아버지, 모태에 창조하실 때부터 단 한 순간도 내게서 눈 떼지 않으시고 여기까지 인도해 오신 아버지, 물 가운데 불 가운데 지날 때는 약속하신 대로 머리카락 하나 상치 않도록 품에 안고 등에 업고 지나오신 아버지, 내가 기뻐하고 즐거워할 때 행복에 겨워하시는 아버지, 나보다 더 내 행복을 원하시는 아버지께서 말씀하신다.

이제 푸른 초장, 쉴만한 물가, 더 바랄 것이 없는 가나안으로 인도하마. 그곳에서 네가 마음껏 쉬며 뛰어놀게 하는 것이 너를 향한 나의 본심이다. 그동안 훈련하느라, 낮추고 다듬느라 엄하고 강하게 참았던 사랑을 이제 마구마구 쏟아주마. 댐이 터지듯, 둑이 무너지듯 아낌없이 남김없이 부어주리라….

나를 비우시고 씻으셔서 복 담으시려고, 넘치게 담아주시려고 힘들고 혹독한 광야를 지나게 하셨노라고, 수고했다고, 잘해냈다고 이제 한없이 위로하시고 어루만져주신다. 이젠 쉬라고, 내 사랑 안에서 푹 쉬라고 그 크고 따뜻한 품에 꼭 안아주신다.

나뿐 아니라 가까이에서 멀리까지, 이제 곧 많은 사람이 함께 보며 누리게 될 놀라운 사랑과 능력을 약속해주신다. 나를 통해 그들이 아버지 앞에 달려나와 무릎 꿇고 예배하게 될 그날을 미리 보게 하신다!

아바 아버지
내가 영원히 부를 이름
내가 영원히 찬양할 이름
내 존재의 시작과 끝이 되시고
내 삶과 죽음의 유일한 이유되시며
나의 모든 것의 모든 것 되시는 아버지….
이제 내 호흡호흡이 아버지께 드려지는 사랑의 고백 되게 하소서!
이제 내 걸음걸음이 아버지께 올려지는 순종의 제사 되게 하소서!

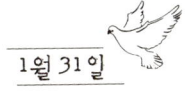

1월 31일

깨끗한 물 한 모금 마실 수 있음이 기적과 같은 은혜로 다가와 목이 메고 눈물이 난다. 성령님께서 임하시니….

성령께 확 사로잡힌 삶!

주님께 쏙 혼이 빠진 삶!

표현이 좀 그렇지만, 지금 내 삶을 가장 확실하게 나타내는 묘사가 돼버렸다.

하늘아버지의 사랑과 성실이 이렇게 단 하루도 예외 없이 이어진다. 그것은, 어제 먹다 남은 밥 같지 않고 매일 새로 지은 밥처럼 아침마다 따끈하고 날마다 신선하다!^^

2월 2일

시험 쳤다!

4시간짜리 4종류의 '법 모듬' 시험.

올해 초 새로 개정되어(독일국회에서) 뒤죽박죽된(내 머릿속에서) 사회복지법에다가 몇 개 법이 더해진, 내겐 골리앗처럼 끔찍하고 징그러운 시험. 그러나 역시 '각본대로' 아버지 덕분에 물리치고 혼자 여러 번 웃어야 했지!^^

최선을 다해 준비했지만 아무래도 미흡하여 "아버지, 시험 시작보다 한 시간 일찍 갈 테니 '유익한' 정보 가진 애 만나 보충하게 해주세요. 이번 시험 잘못되면 한 학기 더 해야 하는 것 아시죠?!" 부탁(?)했더니 요즘 기도마다 '재깍'이신 아버지, 시험실로 올라가는 엘리베이터 안에 '독 안에 든 쥐'를 넣어주셨다.^^

최신 예상문제 여러 개를 반듯하게 잘 정리해서 갖고 있었다. 그런 애가 뭣 하러 한 시간씩이나 일찍 왔을까?(아버지 손에 등 떠밀려 자기도 모르게 왔겠지만….^^)

얼른 베껴서 열심히 외웠더니 '당연히' 시험에 그대로 다 나와주었다. 시간도 종료 5분 전에 딱, 끝!

여하튼, 내가 요즘 아버지 때문에 울다가 웃다가 정신이 없다.

아버지 싸랑해요. 감사해요. 최고예요!^^

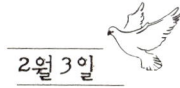
2월 3일

하나님께서 주시는 생각은 가슴 한복판, 영혼 가장 깊은 곳에 정확히 와 꽂히는 무엇이다. 내 힘으론 도저히 빼낼 수 없는 강도로 날아와 박혀, 날이 갈수록 기도를 더할수록 더 깊이 뿌리 내리고 잎 자라고 꽃 피워 점점 형체가 분명해지는 것, 그것을 생각하면 할수록 누를 수 없는 기쁨·감사·확신이 넘치는 것, 이미 내 눈앞에선 다 이루어져 날마다 살아 펄떡이는, 그것으로 내가 호흡하고 행동하는 바로 그것이다.

내 속에 심으신 아버지의 뜻은!

2월 4일

　하나님은 역시 졸지도 주무시지도 않는 '잠이 없는' 분임이 확실하다! '보통 잠잠히' 사랑하실 땐 사랑하는 자에게 잠을 주시지만, '특히 별나게' 사랑하실 땐 잠을 뺏으신다.^^

　아무리 피곤해도 가만 누워 있질 못하게 하시고, 자꾸 일어나 앉아 말씀보다 찬양하다 아버지를 묵상하다, 결국은 기쁨과 감격을 못 이겨 밤을 꼴딱 새우게 하고야 마신다. 자꾸 그렇게 "같이 놀자." 하신다. "밤새워 함께 이야기 나누자." 하신다. 그러고는 막 힘을 주시니 거부할 재간도 없다.^^

　앉아 있기도 힘들 만큼 피곤해서 태산처럼 널린 일들 다 제쳐놓고 누웠는데, 한 시간 정도 지나니 어느새 피로가 가시고 새 힘이 나서 다시 일어나 앉았다. 성경을 보라 하셔서 펴주시는 대로 읽으니 '새로운 말씀'에 눈이 번쩍 뜨이게 하신다.

　회당장의 믿음과 백부장의 믿음과 혈루증 앓던 여인의 믿음을 보이시며, 각기 다른 그들의 믿음을 눈여겨보라 하신다.(*마태복음 8:5-13, 9:18-26, 마가복음 5:21-43, 누가복음 7:1-10, 8:40-56)

　딸이 죽어가던 회당장은, 주께서 집에 오셔서 딸에게 손을 얹어 주시면 살아날 것을 믿는다고 한다. 그 믿음대로 주님은 친히 가셔서 손 얹어 살려주셨다.

　아끼는 하인이 병든 백부장은, 집에까지 오실 것도 없고 여러 말씀도 필요 없고 '그저 한 말씀'만 하시면 충분하다고 하는 믿음을 보였다. 주님께서는 그 믿음을 크다고 칭찬하시며, 그 믿음대로 그 자리에서 '한 말씀'으로 고쳐주셨다.

혈루증 앓던 여인은, 말씀하실 수고도 필요 없고 그저 주의 옷자락에 손을 대기만 해도 나을 것을 믿는 믿음을 가졌다. 그 믿음에 주님은 놀라고 감탄하시며, 응답에 구원의 복까지 더해주셨다.

그러고 보니 믿음의 정도가 사람 수만큼이나 천차만별이다. 그리고 중요한 것은, 각자 자신의 그 믿음만큼 얻고 누리며 산다는 것이다. 주께서 칭찬하시는 믿음이 있고, 감탄하시는 믿음이 있고, 또한 안타깝게 여기시는 믿음도 있음을 오늘 내 잠을 깨워 새롭게 일깨우시며, 너는 어떤 믿음을 가지길 원하느냐고 물으신다.

사실 며칠 전부터 내게 '완전한 믿음'에 대한 도전을 주셨다. 세상이 감당하지 못하는 믿음, 아버지를 기쁘게 하는 믿음, 세상을 이기고 다스리는 믿음, 주님을 깜짝 놀라게 하는 믿음을 갈망하고 사모하여 애타게 하시더니 오늘 이 말씀을 주신다.

내 소원을 기뻐하시고 "오냐, 주마!" 하시는 약속으로 받는다.

기쁨이 넘친다!

2월 5일

성령님께서 임하시면 밥을 안 먹어도 배가 부르고, 잠자리에 누워서도 자꾸 히죽 웃음이 난다. 사실 '히죽' 정도가 아니라 울다 웃다, 누웠다 앉았다, 앉았다 일어섰다… 그의 임재는 언제나 내 전 존재를 산산이 분해하고 새로 조합하는 행복한 '난리'다.

  수습할 대책이 내겐 없는,

  영원히 수습되고 싶지 않은!^^

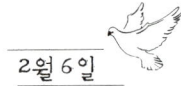
2월 6일

  오늘도 아버지 때문에 잠 못 이루는 밤.

이른 아침부터 온종일 서서 일하고, 매서운 꽃샘추위에 떨고(이런 추위에도 난방 안 하고 버티는 독일인들의, 꽃샘추위보다 더 무서운 그 절약정신 덕에), 게다가 저녁엔 두 시간 반 '걷기예배'까지 했으니 그야말로 지쳐 쓰러져야 마땅함에도 대체 왜 이리 '쌩쌩'한 걸까?^^ 내일 또 일가야 하는데 괜스레 신이 나서 잠 못 이루고 있다. 아버지 때문에 기쁨을 이기지 못하는 나날의 연속!

  아끼는 《강명식 1집, 길》을 새 길 떠나는 효정 씨에게 주라 하신다. 여기선 다시 사지도 못하는데…. 《2집, 삶》은 곧 몽골로 돌아가 새 삶을 살게 될 대기(Daggi, 꽃집의 몽골동료)에게 복음을 전하는 편지와 함께 선물했고. 한번 들어보더니 탐을 내는 듯해서…. ^^

  자꾸 주라 하신다.

  그래서 요샌 줄 것 찾아 뒤지고 포장하고 카드 쓰는 재미에 밤을 잊는다. 자꾸 비워 내면 더 좋은 것으로 자꾸 채워주마 하시니, 정말 신나는 일이 아닐 수 없다.

줘도 줘도 줄 것이 넘치는 삶,

주면 줄수록 더 줄 것으로 풍성한 삶,

그 기적의 삶, 천국의 삶을 살라 하신다! 살게 하신다!

2월 7일

찬영이가 묻기를, 칼이 더 좋으냐 창이 더 좋으냐 하길래
뭐든 좋은 점·안 좋은 점이 있지 다 좋기만 한 건 없어, 했더니
대뜸 반박하는 말,
"좋기만 한 것 있어요! 하나님!! 엄마, 그거 잊으셨어요!!!" 한다.
아유, 요 이쁘고도 무서운 것!^^

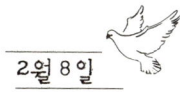
2월 8일

봄기운이 느껴졌다!
너무도 분명한 봄의 기운.

기나긴 독일의 겨울도 이렇게 때가 되니 물러나고 가슴 설레는
봄이 오고 있다. 내 인생의 봄도 성큼성큼 다가오는 발소리가 들
린다.

내 영혼에 이미 임한 봄!

그러니 설레어 잘 수가 있나. 오늘도 다시 일어나 앉았다.

내 아버지 사전에 '실망'이란 없지. 오히려 '기대 이상'·'예상 초과'·'차고 넘침'… 과 같은 단어들로 가득한 아버지의 사전에 수록된 모든 복이 다 내 것이라 하시네.

꺄오~!^^

2월 9일

내가 존재하는 이유는
아버지의 사랑 받기 위해서
그리고 그 사랑에 화답하기 위해서라고 하시네.
만왕의 왕께서 날 사랑하신다는데
끝까지 뜨겁게, 영원토록 완전하게 사랑하시겠다는데
또 다른 무엇이 이런들 어떠하며 저런들 어떠하리.
아버지와 나만의 은밀한 기쁨으로 충만한 하루하루
세상이 몰라준들 어떠하리.
세상과 나는 간 곳 없고
구속한 주만 보이도다!

2월 10일

자상하고 세심하기가 현미경 같으신 아버지!
또 그 무한 광활하심은 천체망원경 같으신 내 아버지!

금요일에 대기(Daggi)에게 복음을 전하면서, 몽골로 떠나기 전에 집에 초대해 좋아하는 한국요리라도 해 먹이며 한 번 더 확실하게 '못을 박을까' 싶었는데, 매우 고맙지만 출국 전에 일정이 빠듯하여 시간 내기가 힘들 것 같노라고 했지. 사실 내일 오기로 했었다면 어쩔 뻔했을까, 지금 아찔한 상황이다. 연이은 일에 끝내 몸살이 나든지, 아님 초대해 놓곤 스트레스로 시험이 들었을지도 모를 상황인 줄을 아버지께서 미리 아시고 날 먼저 생각해주신 거다. 대기는 자기 나라 가서 '아버지 것' 삼으시리란 확신을 주신다.

평소 좀 퉁~한 면이 있어서 복음을 전할 때 반응이 어떨까 살짝 맘 졸였었는데, 뜻밖에 활짝 열린 마음으로 기분 좋게 받아들여 주었다. 역시 꼭 전해야겠다는 부담을 계속 주실 때 알아봤지만, 아버지께서 '찜'해 놓으신 딸인 모양이다.

몽골 한번 오라고, 오면 시골 할머니네 천막(게르)생활, 낙타 타기, 손님접대용 최고요리라는 '양 눈알수프'도 경험하게 해주겠노라 약속했다.

아버지, 조만간 몽골체험 한 번 시켜주실 거죠?(대신 양 눈알수프는 아버지 드릴게요~.^^;;)

중국총각 쉬(Shi)에게도 복음 전할 기회를 며칠 전 기차 안에서 마련해주셨다. 그 역시 말랑말랑하다 못해 조금만 복음의 열기를 가하면 곧 녹아 흘러내릴 듯한 심령의 소유자였다. 내 말에 연신 고개를 끄덕이며, 아직은 젊어서(내가 보기엔 어려서^^) 그냥 살지만 언젠간 자기도 신앙을 갖게 될 거라고, 꼭 한번 '시도'해보겠다고 굳게 다짐을 했다. 중국 오면 역사적인 통오리구이를 사주겠노라는 약속까지 덧붙여서….

중국의 유명한 역사소설에서 유래한 요리란다. 소설 속 108장수들이 먹을 게 오리 한 마리뿐이었을 때 구워서 108조각으로 잘라 사이좋게 나눠 먹은 것이 그 유래로, 지금도 요리사가 구운 통오리를 손님들 앞에서 정확히 108조각으로 자르는 것을 시연한다고. 그것이 고도의 기술이라네….

야호, 조만간 중국 거쳐 몽골로… 바쁘게 생겼다.^^

역시 그릇이 차야 물이 넘치는 게 순서다. 한국말로도 '죽어도' 안 되던 복음 전하기가, 성령께서 오셔서 채워 흐르시니 어설픈 독일말로도 되어 나오는 걸 보면서 그저 신비로울 따름이다. 역시 난 그릇일 뿐이요, 일하시는 이·넘치시는 본질은 성령님이시다.

마음엔 기쁨이 넘치고, 얼굴엔 웃음이 넘치고, 손엔 나누는 물건이 넘친다. 자꾸 주고 싶어서 뭐 또 더 줄 게 없나 늘 궁리 중인 아, 복 받은 나여, 주님을 찬양하라!^^

2월 11일

정말 봄이 왔다!

길디길었던, 어둡고 음산했던 긴 겨울을 뚫고, 새가 노래하고 창가 앞 나무에 새움이 트고 책상 위 꽃봉오리에도 기적이 터져 나오는 봄이 독일의 2007년에도, 내게도 오고야 말았다.

며칠 전 지나는 길에 우연히 눈에 띄고 마음이 끌려 내게로 온 나리꽃 아마릴리스가, 오늘 드디어 봄기운에 못 이겨 그 붉고 강렬한… 차마 뭐라 표현할 길 없는 황홀한 자태를 드러냈다. 사 왔을 때는 봉오리 상태였고 실물로는 한 번도 본 적 없는 꽃이라, 설마 이토록 눈부시게 아름답고 장엄하기까지 한 꽃인 줄은 미처 몰랐다. 러닝머신 위에서 '예배'하다가 날 향해 활짝 웃고 있는 그 꽃과 무심코 눈이 마주친 순간 얼마나 놀라고 감격했던지… "우와, 아버지, 정말 예뻐요!" 탄성을 지르다 말고 나도 모르게 펑펑 울어버렸다.

"아버지! 아버지! 나도, 내 인생도 이제 저렇게 아름답게 꽃피워주실 거죠? 보는 모든 이들의 탄성을 자아낼 멋진 삶을 제게도 곧 펼쳐주실 거죠? 그것을 약속해주시려고 난데없는 저 꽃을 제게 보내신 거죠…?"

눈물로 드리는 내 외침에,

"그래! 그래! 네게도 반드시 그렇게 해줄게!"

약속하시는 아버지의 음성이 내 영 깊은 곳에 쩌렁쩌렁 울린다.

하나님께서 말씀하시는 방법은 이렇게 참 다양도 하다. 아브라함에겐 별들을, 베드로에겐 보자기에 싼 짐승들을 보이시며 말씀하셨던 그분께서, 오늘 내겐 나리꽃을 통해 말씀하고 계신다

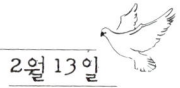
2월 13일

아…!

'아마릴리스 사건'이 정말 우연이 아니었다. 아버지의 의도하신 필연이 분명하다고, 오늘 기록된 말씀으로 한 번 더 확증해주셨다. 아니, 이런 말씀이 있었나? 혹 어젯밤 날 위해 새로 쓰셨나? 여하튼 심장마비 일으킬 뻔했다.

내가 이스라엘 위에 이슬처럼 내리면
이스라엘은 나리꽃처럼 피어나고…. (호세아 14:6)

오, 아버지, 아버지…!

"내가 네 위에 이제 이슬처럼 내렸으니, 너도 저 꽃과 같이 피어나리라. 내가 친히 그것을 이루리라. 내 이름의 영광을 위하여, 내 얼굴에 영광이 돌아오도록 내가 네게 친히 이룰 것이다…!"

주님의 뜻을 이루소서 주님 발 앞에 엎드리니
진흙과 같은 날 빚으사 주님의 형상 만드소서
날 피어나게 하시려 짓밟힌 장미꽃 되신 주님….

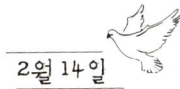
2월 14일

놀랍고 놀랍다. 아버지의 능력!

믿음의 한계·경계선·커트라인을 두지 않으시고, 무한한 믿음의 경지로 더욱더 나아오라고 날마다 앞에서 쭉쭉 당기시고 뒤에서 팍팍 미셔서 앞으로 쑥쑥 나가게 하시더니, 오늘은 아버지께서 너무나 기뻐하시는 나의 '파워 워킹워십'을 10시간대로 진입시키고야 마셨다. 일주일에 10시간이 아니고, 하루에 10시간 말이다!^^

그것도 거의 논스톱으로!!

아버지의 방식대로 쉽고 즐겁게!!!

육의 한계, 3차원의 경계를 넘어 아버지의 세계, 4차원의 지경으로 같이 가자시며 나에게 내가 놀라는 상황을 자꾸 연출하신다. 재미를 내셨다!

그럼요, 아버지, 얼마든지 가지요. 아버지의 그 영화로운 세계로 날마다 기꺼이 함께 가지요.

기적의 아버지… 믿음으로 바라는 자의 기대를 넘치게 채우시며 즐거워하시는 아버지… 상상할 수 없었던 일, 듣고 보지 못한 일, 꿈도 못 꿀 일들을 보게 하시며 듣게 하시며 겪게 하시며 기뻐하시는 아버지… 필설로 다 형용 못할 아버지의 그 크신 능력과 사랑을 제가 또 엎드려 찬양하나이다….

〈몇 시간 후〉

　잠시 으슬으슬 뼛속에서 냉기가 돌고 살짝 어질어질하더니만, 두 시간의 숙면 후 다시 '생생모드'로 바꾸시곤 또 깨우신다. 일어나 또 놀자 하신다. 아까 열 시간이나 시키서 놓곤, 또 기도하고 찬송하게 하신다. 참 어지간도 하시지. 아버지의 열심과 열정은 누구도 당할, 말릴 재간이 없다니까!

　잠시 몸에서 나오던 냉기는 그새 다시 열기로 바뀌어 아예 전기요도 꺼버렸다. 성령의 불이 임하셨는데 전기가 대수냐!^^ 먹은 것도 없건만 배도 안 고프고, 시간이 갈수록 정신이 명료·초롱·말똥해지니 오늘도 잠은 다 잔 것 같다. 10시간쯤 푹 자고 일어난 형세다.

　앞으로 하실 일, 세우신 계획과 작전들을 친밀한 자에게는 숨기지 않으시고 털어놓으시는 분, 숨어서 수군수군하지 않으시고 분명히 거듭거듭 알려주시는 분께서 멋진 일 같이 준비하자고, 신나는 일 함께하자고 나를 친구로 동역자로 불러주신다.

　아무도 부럽지 않은 삶을 살게 해주십사 기도했더니 그게 무슨 소리냐고 펄쩍 뛰시며, 모든 사람이 다 부러워하는 삶을 살게 해주마 약속하신다.^^

그렇게 하나님과 '밀착관계'를 잘 유지하고만 있으면 만사는 자연스럽게 저절로 풀려가는 것! 그것이 창조주께서 정하신 인생법칙!! 너무나 쉬운 공식을 감사!!! 그것을 알게 하심을 더욱 감사!!!! 드리며 말씀을 폈습니다. 언제나 동일한, 그러나 늘 새로운 말씀·사랑의 속삭임·외침 또 들려주소서. 제가 또 듣기를 원하나이다….

예레미야를 통해 아버지께서 말씀하신다.

아버지는 찾아오시는 분
단 한시도 잊지 않고 계시다가 때가 되면 어김없이 찾아오시는 분
오셔서 회복시키시는 분
너는 이제 끝장이다, 끝났다고 절대로 말씀하시는 법이 없고
다시 새 기회를 주시고 새 삶을 열어주시는 분
약속을 하시고 반드시 지키시는 분
아버지를 부르고 나아와서 빌기만 하면 들어주시는 분
복을 주시려고 작정을 하신 분
마침내 복을 주시려고 뜻을 세우시고 굳히신 분
그렇게 찾으면 만나주시는 분
내게도 어김없이 그렇게 하신 신실하신 분
결국은 반드시 고난에서 벗어나게 하시는 분
멍에를 풀고 사슬을 끊어주시는 분
상처에 새살을 돋게 하고 아물게 하시는 분
찬양소리, 흥겨운 웃음소리 넘쳐나게 하시는 분

줄지 않고 붇게 하시며

천대받지 않고 귀한 대접받게 해주시는 분

튼튼히 굳건히 세워주시는 분

아름답게 단장하고 흥겹게 춤추게 하시는 분

울며 떠나간 길을 위로받으며 돌아오게 하시는 분

탄탄대로로, 시냇물가로 인도하시는 분

가장 좋은 것으로 배불리 먹이시는 분

내 울음을 그치시고 눈물을 거두시고 밝은 앞날을 주시는 분

매를 때리면서도 가엾어 마음 아파하시는 분

세상에 없던 일을 날 위해 있게 하시는 분

참 잘도 자게 하시는 분

내 고생을 보상해주시는 분

아버지의 마음을 알려주시는 분

어둠을 환하게 밝혀주시는 분

못할 일이 없으시고 하시는 일이 거창한 분

안심하고 평안하게 살게 하시는 분

자자손손 잘되게 하시는 분

내가 잘되는 것이 즐거워 마음과 정성을 쏟아 돌봐주시는 분

재앙을 내리신 만큼 약속한 행복도 모두 베풀어주시는 분

운명을 회복시켜주시는 분

큰 비밀을 가르쳐주시는 분

부르면 대답하시는 분

어떤 복을 내리셨는지 만천하가 알게 해주시는 분

나를 기뻐하시며 내 찬양과 영광을 받으시는 분

신랑 신부의 즐거운 소리를 삶에 울려 퍼지게 하시는 분

뉘어 쉬게 하시는 분

마음 놓고 살게 하시는 분

앞으로 하실 일을 알려주시는 분

고치기만 하면 용서하시는 분

나를 숨겨주시는 분

건져주시려고 함께하시는 분

나를 건져줄 힘이 있으신 분

벌을 주시되 결코 심하게는 주지 않으시는 분

내 원수를 갚아주시는 분

세상의 어떤 소리에도 낙담하지 않도록 용기 주시는 분

기운을 불어넣으시는 분….

예레미야를 통해 이 말씀을 들려주고 싶으셔서 날 깨우신 거다. 아버지 때문에 또 울다 웃는다….

〈다시 몇 시간 후, 오전 6시 반〉

그대로 아침을 맞았다. 밤을 꼴딱 새웠네. 맑은 정신으로 밤새 아버지를 공부했다. 시간 가는 줄 모르고… 언제 시간이 이렇게 흘렀누….

예레미야에 이어 이사야, 끊임없는 격려와 소망의 말씀들로 배가

부르다. 세뇌작전을 펴신다. 잠시도 틈을 안 주시고 사랑의 도장을 찍고 또 찍으신다. 절대 못 잊도록! 헷갈리지 않도록!

좋으신 아버지, 오늘 여신 하루도 오직 아버지만 날 이끄소서.
가라시면 가고, 서라시면 설게요….

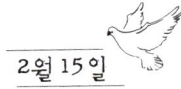
2월 15일

하나님의 웃음·유머·재치…에 대해 요즘 많이 묵상하게 하신다. 한마디로 결론은 '하나님은 웃기시는 분'이라는 것! 재미난 것·신나는 것·즐거운 것을 '절대적으로' 좋아하시고 추구하시는 분이라는 사실이다.

찬영이 그림책에 등장하는 수많은 동물·곤충들을 봐도 그렇고, 꽃집에서 접하는 무수한 기화요초를 봐도 하나님이 얼마나 재미있으신 분인지, 유머가 넘치시는 분인지, '장난'을 좋아하시는 분인지가 자명하다. 맞죠, 아버지?^^

이젠 저도 아버지처럼 실컷 웃고 웃기며 살래요. 지난날의 모든 어둠·눈물·상처… 이제 다 벗어버리고, 내 안에 심어두신 빛의 씨앗들 맘껏 꽃 피우고 열매 맺으며 살래요.

그것을 통해 아버지, 영광 받으세요!

나를 웃고 춤추고 노래하게 하시는 유일한 분, 내 상상을 초월하는 계획과 실행으로 나를 박장대소·포복절도하게 하시는 오직 한 분, 아버지를 기대해요!

아버지의 사랑, 단 하나 그것 때문에 슬퍼도 웃고 외로워도 웃고 괴로워도 웃으면서, 오늘도 살고 내일도 살고 영원을 바라보며 살지요. 결국 나를 영원히 웃게 하실 아버지의 그 완전한 사랑 때문에 아무것도 두렵지 않습니다.

염려걱정에 대한 무감각상태! 보고합니닷!^^

세상의 사면으로부터 철저히 차단된 이곳 '독일광야', 이 은밀한 곳에 날 떼어다 숨겨 놓으시곤 아버지는 나를, 나는 아버지를 '독점'했던 세월… 내 인생에 이런 시기가 두 번 또 올 수 있을까 싶을 만큼 오직 아버지와만 깊고 깊은 교제를 나누었던 복된 시간….

때론 살아 있다는 게 힘에 벅차, 사고로 재난으로 사람들이 죽었다는 소식이 들려올 때면 진심으로 그들이 부러웠던 순간들에도, 땅속에 누운 사람들의 평화가 절실해 집 앞 '평화의 뜰(Friedhof, 공원묘지)'을 찾아가 "산 자의 하나님! 나로 영원히 죽은 자를 부러워하게 하진 않으실 거죠?"라고 절규했던 순간들에도 늘 나와 함께 계셨던 아버지….

이제 내 영에 아버지의 나라가 임하심으로 지금 평안하고 감사하다고, 아버지의 사랑 때문에 행복하다고 외치게 하시는 이 기적을 누리며 지나온 세월을 돌아보니, 다음 행보가 상당히 기대되는군요. 아버지께서 하시는 일엔 그저 그렇고 그런, 시시한 일은 없으니까요!^^

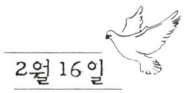
2월 16일

왜 이렇게 퍼부으시는지
왜 내게 은혜를 부어주시는지
왜 매일 풍성한 사랑을 쏟으시는지
왜 내게 믿음 주셔서 맘이 항상 편한지
왜 내게 성령 주셔서 내 맘을 감동하시는지
왜 날마다 그 은혜와 사랑 앞에 울게 하시는지
왜 처한 형편과는 상관없는 기쁨 넘치게 하시는지!

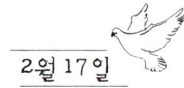
2월 17일

아버지만 생각하면, 내게 보여주시고 들려주시는 아름다운 내일을 바라보면 오늘 여기까지만 살아도 여한이 없을 듯 행복하다. 그러나 그냥 이렇게 "오너라!" 하시진 않을 것 같고, 살아도 분명 '맹숭맹숭' 살게 하지도 않으실 아버지….

나보다 더 흥미진진한 걸 좋아하시고, 놀랄 일·별난 일·까무러칠만한 일벌이시는 걸 즐기시는 분이니 아버지와 함께하는 삶, 정말 쓰릴 만점이다!^^

아버지, 요 며칠 간은 은혜를 부쩍 더 부어주셔서 오늘 6시간의

'워킹예배'는 정말이지 6분 같았어요. 어찌 이토록 시간이 다르게 느껴질 수 있는지….

찬영이도 그 긴 시간을 찍소리 않고 혼자 놀며 기다려준 것도 신통방통한 일이요, 매일 매 순간이 기적의 연속, 정말 기적이 일상이 돼버렸습니다. 다, 모든 것이, 전적으로 아버지의 은혜입니다. 아버지만이 전부이시며, 저는 참으로 아무것도, 아무것도 아닙니다.

아버지, 오늘 오랜만에 지난날 제 '마음의 안식처'였던 공원묘지를 지나갔었는데요, 마음이 전혀 달랐어요. 거기 누운 사람들이 하나도 안 부러웠어요. 정말 발걸음도 가볍게, 나랑은 아무 상관없는 곳인 양 휙 지나가게 되었지요.

아버지… 결코 날 실망시키지 않으시는 아버지… 실망은커녕 늘 기대 이상으로 행하셔서 팔짝팔짝 뛰다 못해 종종 심장마비 일으킬 지경까지 몰고 가시는 내 아버지, 사랑하고 감사하고 기대해요!

아버지의 그 크신 능력과 사랑, 이제 저를 통해 온 세상에 마음껏 펼쳐 보여주소서!

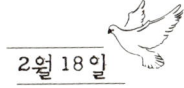
2월 18일

성령님께서 임하셨다.

차고 넘쳐 줄줄 흐르게… 땀과 함께, 눈물과 함께….

어떻게 표현할 수 있을까… 나는 분명 난데, 나만이 아닌 이 기이한 느낌… 또렷하고 분명한데 또 한편 몽롱하고 환상적인 이 기분… 완전한 행복감!

찬양하고 기도하고 듣고 말하고 웃고 울고 또 걸으며^^, 열 시간을 한 시간처럼 보냈다. 힘이 막 솟구치고 영감이 마구 떠올라 찬양이 자동개사 되어 내 노래로 새 노래로 끝없이 흘러나온다.

많은 것을 말씀하시고 보여주셨다. 분명하고 또렷하게 거듭거듭….

아, 정말일까? 정말 그렇게 될까?

내 작은 그릇에 담기에는 너무도 엄청난 것들이라 선뜻 믿기지도 않으면서 또 한편 꽉 믿어지는 이 확신!

이렇게 '의심'하는 내가 있으니 나는 아직 '존재'하는 게 맞는데^^, 그런데 분명 뭔가가 날 사로잡았었다. 이끄셨다. 주님 계신 그곳으로, 아버지의 존전으로….

이제 곧 드러내시겠지… 만천하에 밝히시겠지… 내게 말씀하신 아버지의 그 놀랍고 아름다운 뜻과 계획들을… 이 무슨 조화인지….

아버지, 날 더욱 사로잡으소서.
나를 오직 주의 것만 삼으소서.
내가 주께 완전히 '미치게' 하소서.
내가 살고 죽는 것이 아버지 손에 있나이다.
내가 호흡하며 걷는 것이 아버지께만 달렸나이다.
나는 아무것도 아니며, 나는 진토요 아침 안개이며
나는 시드는 풀이요 지나가는 바람일 뿐

모든 것의 모든 것 되시는 이, 당신이십니다.
아버지, 제가 다 감당할 수 없나이다.
아버지의 계획하신 것을 친히 이루소서.
창세 전에 내게 작정하신 것을 손수 행하소서.
주님의 나라와 뜻이 남김없이 임하소서.
아버지를 위해, 세상을 위해, 또 나를 위해
그렇게 하옵소서!

아버지 말씀하소서
무엇을 하리이까
어떻게 하리이까
제가 듣겠나이다

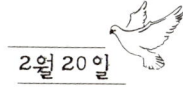

아버지는 내가 아버지 품을 떠나 엉뚱한 곳에서 헤매며 엉뚱한 짓을 하고 있을 때, 너무 속이 상하고 가슴이 아파서 견딜 수 없었노라고 하신다. 그러다가 내가 아버지를 생각하고 다시 아버지

앞으로 돌아왔을 때, 너무 기뻐서 어쩔 줄 몰랐노라고 하신다. 내가 그저 "아버지" 하고 부르기만 해도 마냥 좋으셔서, 전부 다 주고 싶어 못 견디겠다 하신다.

내가 조그만 것을 아버지께 사랑으로 드리면, 그만 하늘창고에 쌓아두고 계신 모든 복을 다 쏟아 붓고 싶으셔서 못 참겠다 하신다. 워낙에 손이 크시고 눈이 높으셔서 절대 '시시한 것'을 '조금'은 못 주시고, 최상품·특상품·극상품으로 누르고 흔들어 넘치게 주셔야 '직성'이 풀리시며, 워낙에 자상하시고 세심하셔서 아무리 작은 문제라도 내가 혼자 고민하는 것 못 두고 보시고, 그래서 오늘처럼 초콜릿·선물상자·도화지 같은 것이라도 최고의 것으로 일일이 챙겨주셔야 맘이 놓인다 하신다….

그 아버지 마음, 사랑 때문에 오늘도 실컷 울었다. 웃게 해주시겠다더니 만날 울리고 계신다.

그래요, 아버지, 평생 울어도 좋습니다. 그것이 아버지 마음, 사랑에 감격해서라면….

아버지, 나로 매일 더 울게 하소서. 아버지 마음 더 알아서, 그 사랑 더 깨달아 날마다 더 울게 하소서. 주님 발 적신 마리아의 눈물을 나도 못 자국난 주님 발 위에 매일 향유처럼 쏟아 드리게 하소서.

그 눈물이 나를 행복하게 하고

그 눈물이 나를 거룩하게 하는 줄

내가 이제 아오니….

2월 21일

어제, 자꾸 울리신다고 불평 아닌 불평을 했더니, 오늘은 재깍 전격적으로 어찌나 웃기시는지… 볼이 얼얼, 배가 다 당길 지경이다. 정말, 아버지 앞에선 말조심해야 한다!^^

오늘 예배 중에는 성령님께서 내 안의 상처, 나도 미처 다 헤아리지 못하고 있던 '한 덩어리'들의 실체를 구체적으로 보게 하셨다. 그리고 이제 그 한을 풀어주시겠다고, 상처를 완전한 새살로 덮어 흉터 없이 치유해주시겠다고, 그래서 '치유 받은 치유자'로 살게 하시겠다고, 이 사명을 위해 그 아픔들을 허락하신 것이라고 분명히 말씀해주셨다.

여호와 라파, 치유의 하나님께서!

너는 그저 내 사랑 안에만 머물라고, 그러면 흠 없고 점 없고 티 없는 주님의 아름다운 신부로 알아서 단장시켜주시겠다고, 그저 아버지 품 안에서 아이처럼 뛰놀며 아버지의 사랑과 능력을 지켜보기만 하라고, 그러면 아버지께서 친히 장 보시고 요리하시고 상 차리셔서 잔치 열어주시겠다고, 넌 그저 와서 먹고 마시며 신랑의 사랑을 누리기만 하면 된다시니 뭘 더 바라겠습니까.

다만 내 주 되신 주를 참 사랑하고

큰 은혜를 주신 내 예수를

이전보다 더욱 사랑할 뿐입니다….

2월 22일

주는 재미와 더불어 버리는 재미도 날로 가속도가 붙고 있다. 성령님의 지시를 따라 구석구석 비워내고 나면, 소유한 물건이 줄어든 만큼 오히려 마음은 더 부요해진다. 창고같이 비좁고 복잡하던 마음이 벌판같이 탁 트여 시원해진다고나 할까?

그 맛을 한번 보고 나면 자꾸만 더 줄이고 싶어져서, 예전엔 뭐 더 사다 채울 게 없나 살피던 시선이 이젠 뭐 더 없앨 게 없나 싶어 주위를 두리번거리게 된다. 필요한 게 생겨도 소유물을 또 하나 늘려야 한다는 게 싫어 다른 것으로 대체할 방법에 대해 골몰하게 되고, 그러면 아이디어의 보고인 성령님께서 자주 기발한 지혜를 주시곤 한다.

그러고 보면 사람이 사는 데 꼭 필요한 것은 놀랍게도 얼마 되지 않는다. 없어도 그만, 있으면 이롭기보단 구석구석 똬리를 틀고 앉아 숨통을 죄어오는 구렁이 같은 애물단지들이 대부분이다.

그렇다고 성령님께서 '무소유'를 주장하시는 건 아니다. 꼭 있어야 할 것은 가장 적절한 것, 제일 좋은 것으로 사주신다. 가지고 누리게 하신다. 그러나 '짐이 가벼운 나그네'로 사는 자유로움을 가르치시는 것, 성령님의 '주 전공' 중 하나임이 분명하다.

여기까지 들으시더니 이어지는 성령님의 열강!
"여행 다닐 때 무거운 배낭 메봐. 그 안에 금덩어리가 든들 행복하겠니?(행복한 자들은 화 있을진저!^^) 돌멩이 던지듯 내버리고 가뿐하게 다닐 때 여행은 즐거운 법. 천국을 향해 가는 나그넷길도 마찬가지니, 오직 영원히 살 본향에만 '묵직하게' 금덩어리들을 쌓으며 텐트도 배낭도 '가볍게, 더 가볍게' 살라!" 하신다.

Esprit

2권
무럭무럭 자라

2월 23일

언제부턴가 자명종이 필요 없어졌다. 일어나는 시간이 들쭉날쭉한데도, 자명종이 울리기 전에 아버지께서 친히, 먼저, 어김없이 날 깨워주신다. 나의 모든 것이 되고 싶으신 아버지께서는 이렇게 나의 자명종까지도 기꺼이 자처하신 것이다.^^

오늘도 맞춰 놓은 시각보다 10분 먼저 날 깨우시곤, 맑고 또렷한 정신으로 말씀 앞에 앉히신다. 그리고 마음에 도장을 파듯 말씀을 새겨주신다.

…예수께서는 친히 제자들을 해가 뜨는 곳에서 해가 지는 곳까지 보내시어 영원한 구원을 선포하는 거룩한 불멸의 말씀을 전하게 하셨다. 아멘.(마가복음 16:22)

이제 나도 곧 '해가 지는 이곳'에서 '해가 뜨는 그곳'으로 보내셔서 내게 주신 주의 말씀을 전하게 하시리라!

아, 이것만 해도 가슴 벅찬데 오늘의 '2부 은혜'를 로렌 커닝햄의 책 《네 신을 벗으라》를 통해 또 풍성하게 쏟아주셨다.

모처럼 미용실 가면서 읽을 책을 고르는데 '의지완 상관없이' 느닷없이 이 책에 손이 갔다. 이미 여러 번 읽어 당분간은 '별볼일없는' 책이었지만 그걸 골라 주시는 듯해 별 기대없이 가져갔는데… 처음 읽는 새 책이었다. 단어 하나하나, 문장 한 줄 한 줄마다 성령께서 새로이 조명하시며 지금 내 상황과 연계해 해석해주시는 바람에, 쏟아지는 눈물을 어금니 깨물고 참느라 모진 고생을 해야 했다.

이제 아버지께서 나를 새로운 차원의 삶으로 분명히 부르고 계신다. 아버지를 사랑함으로 기꺼이 기쁘게 다 내려놓고 드리는 삶, 그 결과로 더 풍성하게 얻고 누리는 흥미진진한 믿음의 삶, 아버지와 함께 아버지를 알아가는 신바람 나는 기적의 삶에 나를 정식으로 초대해주신다. 포기할 때 누리는 참자유, 그 안에서 맛보는 하늘의 부요와 영광, 그 높은 차원의 삶으로 나를 부르신다. 아무 공로도 자격도 없는 나를….

그 은혜와 사랑에 자꾸자꾸 눈물이 쏟아진다.

오늘 내 머리 만지던 미용사, 내 표정을 봤다면 꽤나 당황했을 거다. 자기 탓인가 해서….

어쩐지 서비스가 극진하던데!^^

마리아의 노래는 나의 노래:
내 영혼이 주님을 찬양하며
내 구세주 하나님을 생각하는 기쁨에 이 마음 설렙니다.
주께서 여종의 비천한 신세를 돌보셨습니다.

이제부터는 온 백성이 나를 복되다 하리니

전능하신 분께서 나에게

큰일을 해 주신 덕분입니다.(누가복음 1:46-49)

하나님께서 택한 아기(세례 요한)는 날마다 몸과 맘이 굳세게 자라났고(광야를 거쳐야 하니까…^^), 사명을 시작하기 전까지 광야에서 살았다.(거 봐.^^) (*80)

사람들 앞에 나서기 전에 하나님 앞에 단독자로 서는 광야의 시간! 광야를 오래 지난 만큼 일은 짧은 시간 안에 많이 이룬다. 그것이 하나님의 공평하심이다.

그러니 맘 푸근하게 누리자. 광야의 모든 것을!

이 말씀에 이어 김삼환 목사님의 말씀을 들려주신다.

언제나 놀라운 아버지의 일하심….

"광야는 내 영혼이 사는 곳. 영혼의 오아시스. 샘물이 터져 나와 정결함을 입는 곳… 성령의 인도를 따라 광야로 들어간 사람은 그곳에서 하나님을 만난다. 그곳에서 '오직 주님'이 된다. 그 광야를 거쳐야 비로소 두려움이 없어져 광야 같은 세상을 이길 수 있다… 그래서 하나님께서 함께하시는 사람은 반드시 광야로 인도하신다. 광야에서 성령을 충만히 받아 복음을 전하는 큰 사명을 완수하는 삶을 살게 하신다…!"

찬영이도 언젠가 광야의 시간을 갖게 될 것이다. 그때를 위해 엄마가 늘 기도하마. 엄마의 광야생활이 이제 얼마 남지 않았음을 예감한다. 하나님의 은혜, 오직 그 은혜로 죽음과 같았던 광야를 지나 생명의 땅으로 옮길 날이 그리 머지않음을 느낀다. 그러나 돌아보면 정말 축복의 땅이었던 광야였다. 내 아버지를 만난 것, 오직 그것 하나로 족한, 아깝지 않은, 넘치는 시간이었다. 내게 광야를 허락하신 하나님께 진심으로 감사드릴 수 있는, 감사드리지 않을 수 없는 복된 시간이었다.

찬영이의 광야도 반드시 그러할 것이다!

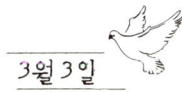
3월 3일

아버지께서 감독하시는 인생극장엔
실패작이 없는 것을 감사합니다.
설령 제가 NG를 내더라도
감쪽같이 새로 찍어주시는 명감독 아버지를 찬양합니다.
아버지의 은혜가 아니면 단 한 순간도 연기할 수 없고
설령 연기한다 하더라도 무의미한 배우일 뿐임을 고백하오니
'알아서' 명화를 찍어주소서!^^

3월 5일

하나님 때문에 행복하다.

　그냥 하나님 때문에 좋다. 하나님이 주신 그 무엇으로 인해서가 아니라, 하나님의 존재로 인해 평안하고 충만하다. 그분이 분명히 살아계시고 날 아시고 사랑하시므로, 만왕의 왕께서 내 아버지 되시므로 내가 노래하고 춤을 춘다. 무엇을 하든 하나님이 생각나고 그분께 연결되는 은혜….

　한비야 씨의 글을 읽다가, 만나야 할 때 만나야 할 사람을 만나게 하시고, 해야 할 때 해야 할 일을 하게 하시고, 무엇보다 그것을 기쁨으로 신나게, 설렘으로 벅차게 하게 하시는 아버지의 사랑 때문에 또 울었지요.

　나를 존귀하다 아름답다 특별하다 해주시는, 너는 내게 귀엽고 예쁘고 사랑스럽다 하시는 아버지 때문에 제가 우쭐하고 으쓱하고 신이 납니다. 아버지께서 주시는 참된 자신감·진정한 자존감으로 충만하여, 누가 내게 뭐라 하든 꺼릴 것 없는 당당함으로 어깨를 쫙 펴고 고개를 약간 치켜들고 제가 걷습니다.

　아무것도 염려하지 마라, 조금도 걱정할 것 없다, 두려워 말아라, 내가 돌보마, 책임지마… 귀가 닳도록, 귀에 못이 박이도록 말씀해주시는 아버지 때문에 콧노래 부르며 발걸음도 가볍게 제가 삽니다.

　아빠 손잡고 즐거운 길 가는 어린아이 되어!

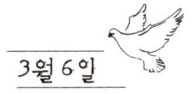

3월 6일

필립 얀시를 만나다!

이 먼 독일땅에서 한글로 만나니 더 반갑다. 《아, 내 안에 하나님이 없다》를 읽으며 내 안에 하나님으로 넘친다.^^

"터무니없어 보이는 믿음을 버리지 않고 담대하게 살아가는 '거룩한 바보들'을 통해 하나님께서는 역사하신다."
- 내게도 그 거룩한 바보 되는 은혜를 주소서!

"절망 속에서 죄수들을 지켜준 유일한 길은 함께 노래를 부르는 것이었다. - 만델라"
- 정말 그렇다. 그게 음악의 힘이다. 내게도 광야를 이기게 하는 힘이 음악을 통한 찬양에 있었다. 음악의 그 큰 힘은 무엇보다 하나님께 드려지는 찬양이 될 때, 더욱 큰 힘·성령의 능력·'두나미스'가 되어 모든 어둠을 다이너마이트의 폭발력으로 흔적도 없이 날려버린다.

바람 빠진 풍선에 초강력 헬륨처럼, 흥 떨어진 잔칫집에 최상급 포도주같이, 생기 잃은 삶에 성령 부으시는 통로로 쓰시려고 하나님께서 음악을 창조하셨을 것이며, 천국의 '대장 음악사' 루시엘이 하나님 자리를 넘보다 사탄 루시퍼로 전락하게 된 비참한 사연의 근원도 결국 그 어마어마한 음악의 힘에 있을 것이다. 음악을 주신 하나님께 감사하며, 내게 그 '아름다운 힘'을 누리게 하시는 은혜를 찬양하나이다!

"아버지는 많은 것을 알고 있고, 어머니는 더 나은 것을 알고 있다!"
- 아버지 되시고 어머니 되시는 하나님, 그래서 완전하시다.^^

"기도는 주로 축복의 말을 듣는 시간이었다. - 나우웬"
- 나만 그런 게 아니었네. 반가워요!^^

"어린아이는 관계를 이해하려 하지 않는다. 단순히 관계 속에서 살아갈 뿐…."
- 그래서 하나님께서 내게 자꾸만 아이가 되라 하신다.

"결승선에 도착하는 방법은 계속 달리는 것밖에 없어. 언젠가 끝날 거야!"
- 아멘!^^

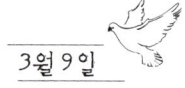
3월 9일

일 갔다 오는 길, 예고 없이 평소보다 일이 일찍 끝나 버스 시간도 다르고, 다른 사람에게 부탁해둔 찬영일 직접 유치원으로 데리러 가기도 빠듯한 시간….

대안이 없어 그냥 늘 하던 대로 기차로 갈아타려고 버스에서 내리려는데, 느닷없이 우산이 발을 걸고 안 놓아준다. '어, 이게 왜 이래? 야, 빨리 놔!' 하는 순간 마음에 들려오는 낯익은 음성,

"'야'가 아니라 '나'다. 다음에 내리거라…!"^^;

가보니 날 위해 대기시켜 놓으신 버스가 있다. 덕분에 한 치의 오차도 없이 착착 모든 일 완수!

이렇게 날 야무지게 챙기시는 아버지가 계시니 어수룩한 내가 별 탈 없이 자알~ 살아가는 거다.

날마다 맛보는 이 은혜에, 그 은혜를 아는 은혜까지 겹쳐 오늘은 두 배로 목이 멘다!

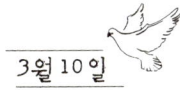
3월 10일

성령님께서 임하시면 넘치는 것들:
세상에서 가장 사랑받는 자의 행복
물 한 모금 마심도 눈물 나는 감사
이유를 알 수 없이 샘솟는 기쁨
잘 때도 중단없는 기도와 찬양
하늘로부터 임하는 거룩한 비전
하나님 '빽' 믿고 당당한 행동….

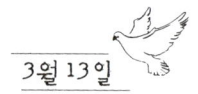
3월 13일

　예배 동영상을 통해 다양한 성도들의 얼굴을 본의 아니게 관찰하다 보니, 오묘한 하나님의 창조원리 중 하나를 새삼 확인하게 된다. 그 무시무시한 '원판불변의 법칙'을 깨는 더 강력한 법칙이 있으니….

　아무리 못난 '흉상', 무서운 '범상'이라도 웃는 순간 황홀한 '신상', 즉 하나님의 형상으로 변하여 다 매력적이 된다는, 평범하지만 보면 볼수록 마법 같은 법칙이 바로 그것이라!

　같은 맥락에서, 아무리 '은혜 받아' 그러는 것일지라도 우는 얼굴은 한 번 이상 더는 안 보고 싶은 '괴(로운)상'이 되니, 정말 창조주 하나님은 웃음의 근원·행복의 주인이시라는 결론을 아니 내릴 수 없다!^^

3월 19일

　미래를 몰라도 괜찮다.
　누가 미래를 주관하시는지만 알면 된다.
　승리의 비결은 일관성
　일관성의 비결은 믿음!

3월 21일

다른 일 다 제쳐 두고 요새 밤낮 '아버지 학(學)'만 공부시키시는데….

서너 시간 자고 낮밤 새워 아버지만을 생각하고 관찰하고 실험하고 맛을 보니, 너무 달콤하고 고소하고 재미나고 즐거워서 서너 시간이라도 자야 한다는 사실이 실로 유감스러울 따름이다. 곧 논문 한 편 나올 형세다.^^

3월 초인가 했는데 어느새 말로 치닫고 있는 세월, 밖엔 봄햇살이 눈부시지만 상관없네. 모든 재미 중의 최고 재미를 보는지라 어떤 것도 날 유혹하지 못하는 상황. 도낏자루 썩는 줄 모르고 세월 가는 걸 잊은 채 '열애' 중이다. 이렇게 아버지와 '놀 땐' 그 누구도 그 무엇도 더 필요 없다. 오히려 끼어들까 봐 겁나지!^^ 이따금 장 보러 나가야 한다는 것도 안타까울 따름. 그 시간에 설교 하나라도 더 들을 수 있는데….

아, 내가 어쩌다 이리되었을꼬!

나도 모르네… 그러나 어찌 되었건 좋기만 하네… 모든 일 다 내려놓고 아버지 앞에 엎드린 행복한 시간… 오직 그 품 안에서 달콤한 사랑에 취해 사는 꿈같은 세월….

2007년의 3월을 이렇게 하늘아버지와 단둘이서 황홀하게 보내고 있다. 천국에서의 삶이 이런 것이라면 한시라도 빨리 가고만 싶다. 영원히 주님 얼굴 바라보며 주님 찬양하며 주님 사랑 속에 거하는 삶이 영생의 삶이라면, 그것은 참으로 모든 것을 다 팔아 하루라도 빨리 사서 누리고 싶은 '가장 값진 진주'다.

주님, 언제 오라 하실 건가요?
언제 오실 건가요?
주님 얼굴 친히 뵈올 그때까지 날마다 외치고 외칠 한마디,
마라나타! 주 예수여, 어서 오시옵소서!

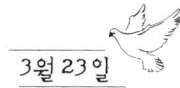
3월 23일

오늘도 안 데려가셔서 살았다.^^
힘주셔서 9시간 걸으며 찬양하고 기도했다.
내려오니 발바닥이 아파서 땅에 대고 있을 수도 없다. '예배머신(?)'^^ 위에서는 전혀 괜찮았었는데… 내 힘이 아니었음이 분명하지….
아, 빨리 천국 가서 이 행복 중단없이 누리고 싶어라!
그러나 데려가실 기미도 오실 기미도 안 보이고, 최소한 백 세 이상 장수시키실 기미만 보이는 '절망적'인 상황이다. 이렇게 날마다 운동하고 예배해서 행복호르몬이 무한정 분비되게 하시니 말이다.^^

"주여, 이제 내게 근심이 없게 하시고 내 지경을 넓히소서!"

오늘은 야베스의 기도를 내 기도로 주시며 말 그대로 창자가 끊어지도록, 심장이 터지도록 기도시키셨다. 이제 이 기도를 할 만한 때가 되었다고 하시며….

이렇게 무엇을 구해야 할지도 구체적으로 가르쳐주시면서 내 기도의 처음과 끝을 친히 인도해 가시니, 그저 이끄시는 대로 따라갈 뿐인 나는 **"아, 자유해~!"**^^

3월 24일

주님 외에 그 어떤 것에도 종이 되지 말라 하신다.

십자가에서 완전한 고통을 완전한 대가로 치르시고 내게 완전한 자유를 주셨는데, 주님 아닌 다른 것에 내가 매이고 묶이면 섭섭하고 속상하다 하신다.

언제부턴가 나도 모르게 러닝머신 위에서 '최소 시속 6km'에 매여 있는 내게, 그것에서도 자유하라 선포해주신다. 속도조절기가 나를 위해 있는 것이지 내가 그것을 위해 있는 것이 아니라고 깨우쳐주시며, 내게 필요한 대로 다스리라 하신다. 참으로 주님께선 모든 것에서 나를 자유롭게 하시는 진리이시다.

그와 더불어 끝없는 도전의 주님!

계속 새로운 목표를 정해주시며 앞으로 나아가라 하신다. 안주하여 머물러 있는 걸 싫어하신다. 믿음의 지경을 넓혀 더 높이 날아오르라고 매일 격려하시고 힘을 주신다. 그러나 결코 윽박지르거나 부담을 주진 않으신다. 신나게, 즐겁게, 재밌게 하게 하신다. 아버지께서 나에게, 자녀들에게 원하시는 삶의 방식이 바로 그런 것이라 하시며….

 기대와 소망으로 가득 차서 전진하고 성취하고
 아버지와 함께 기적을 만들고 그 주인공이 되는 삶!
 아버지를 즐기고 누리며 자랑하고 선포하는 삶!
 아버지 안에 있으면 저절로 살게 되는 삶이다.
 포도나무에 붙은 가지에 맛난 포도가 절로 열리듯이!

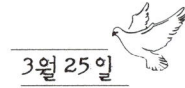

3월 25일

이제는

내 목자, 보호자이신 분께로 돌아왔으니
방황은 끝났다.(*베드로전서 2:25)
믿음은 마음의 방황의 끝이다!
마음의 방황에 지친 이들
믿음의 뜰에 와 쉬라고
주께서 초청하신다.(*히브리서 4:1-11)

3월 26일

죽음과 같은 수렁에서 나를 건지신 주님

영원히 그곳에 버려두지 않으시고 끌어올려 주신 주님

사망의 올무에서 나를 풀어주신 주님

안전한 곳으로 이끌어내 주신 주님

새로운 땅, 가나안을 보여주시는 주님

그곳으로 매일 한 걸음씩 인도하시는 주님

쓴물 나는 마라를 지나 단물 솟는 엘림에서

쓴물 마신 것 몇 배로 단물 마시게 하실 나의 주님!

(*출애굽기 15:22-27)

그 주님을 아는 완전한 행복

그 주님을 누리는 넘치는 행복

그 주님과 하나 되는 황홀한 행복

그 주님을 전하는 황송한 행복

그 행복이 내 행복

온 세상에 외칠 참 행복이어라!^^

3월 27일

나의 모든 것 되시는 주님과 사는 나의 하루:

자명종 되시는 주님 깨우실 때 일어나

영양사 되시는 주님 짜주신 식단대로 장 보고

요리사 되시는 주님 만들어주시는 것 먹고

코디네이터 되시는 주님 골라주시는 대로 입고, 신고, 걸고…^^

매니저 되시는 주님 하라시는 일 하면서

코치 되시는 주님 지시하시는 대로 움직이고

선생님 되시는 주님 가르쳐 주시는 것 배우고

남편 되시는 주님 주시는 사랑 누리며

아내 된 내 사랑, 복종으로 드리며 주님과 함께 사는 하루하루 이보다 더 행복할 수 있을까?

없다!^^

3월 28일

나는 매일 잔치 중!

성경 읽기, 기도와 찬양, 설교 듣기가 성령님의 주도하에 온종일 화려하게 펼쳐지는 대축제!

모든 것에 강하게 임재하셔서 손수 이끌어가시니, 나는 그냥 '힘

다 빼고' 사로잡혀 따라간다. 내 의지와 계획이 끼어들 여지가 없다. '거룩한 포로'된 특별한 은총을 누리고 있는 요즘이다.

나뿐 아니라 한국 땅에 베푸신 은혜, 행하신 기적도 볼수록 겪을수록 놀랍기만 하다. 한 작은 예로 이 조그만 나라, 반 토막 난 땅에 인터넷으로 볼 수 있는 기독교 방송만도 상다리가 부러지도록, 아니, 모니터가 휘어질 만큼 넘친다.^^ 보고 또 보기가 무섭게, 자고 나면 우후죽순처럼 새로 돋아 있는 프로그램들… 다 감당이 안 된다!(물론 내가 자는 새, 못 주무시는 분들의 노고의 열매인 줄 알고 고개 숙여 감사드린다.^^)

넘치는 양뿐 아니라 그 탁월한 맛에도 감탄하지 않을 수 없으니, 하늘아버지께서 자녀들에게 손수 차려주시는 잔칫상의 한 면모를 보게 하는 축복이 아닐 수 없다.

이제, 상처 많은 내 조국에 허락하신 이 복들로

온 세상이 함께 배부를지어다!

모두 그 복의 근원 되신 하나님 앞에

무릎 꿇어 예배하게 될지어다!

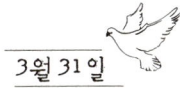
3월 31일

매일이 참으로 생사를 건 영적 전쟁이다.
전진이냐 후퇴냐, 발전이냐 퇴보냐, 승리냐 패배냐… 의 선택이지, 그저 머물러 있는 오늘은 정말 없다! 잠시만 방심하면 어느새 뒤로 쫘악 물러나 있는 나를 만나곤 아연실색, 다시 되돌리기가 얼마나 뼈를 깎고 생명을 좀 먹는 수고요 고통인지….

며칠, 단 며칠 방심한 사이 내 마음 밭에 무성하게 자라나 깜짝 놀랄 만치 덤불을 이룬 '가시들' 제거하느라 오늘 죽을 고생을 했다.

성령님, 오, 성령님!
단 한 순간도 날 내버려두지 마시고 일일이 간섭해주소서.
완전히 날 다스려주소서.
제힘으론 매초 다짐한들 머리털 하나도 어찌할 수 없음을 고백하오니, 주님 날 꽉 붙드시고 놓지 마소서.
매일 승리의 깃발을 꽂을 수 있도록 도우소서!

4월 1일

호흡 주시면 열심히 살아야 하는 운명의 나는 오늘도 호흡이 되어서 힘 다해 살았다.^^

땅에 속한 것, 육에 속한 것, 썩고 말 것들은 자꾸 비우라 하신다. 내가 나로 너를 채우리라 하시며….

푯대를 향해 전력질주하는 삶에 방해가 되는 군더더기·군살들은 매일 신경 바짝 써서 덜어내라고, 잠시만 방심해도 돌멩이와 가시덤불이 걷잡을 수 없이 쌓여 올무가 되니, 날마다 깨어 살펴 백 배 이상의 열매 맺는 잡티 없는 옥토가 되라고, 그것은 하루도 거르지 말아야 하는 매일의 의무작업이며, 또한 영뿐 아니라 몸과 삶에도 마찬가지로 적용돼야 할 원칙이라 하셔서, 우선 집 안 구석구석의 '돌멩이와 가시덤불들' 찾아 버리느라 눈에 불을 켜고 있다.

곳곳에 쌓여 생기의 흐름을 막고 있는 잡동사니들, 청산해야 할 과거의 잔재들에 대해 갑자기 견딜 수 없는 마음을 주시고 과감히 솎아내 싹 치워버릴 용기도 주셔서 "가볍게 더 가볍게! 단순하게 더 단순하게!" 구호를 외치며, 깔끔하신 성령님의 지시 따라 인생 재정비 중이다.

성령님!
태우는 불로, 세찬 바람으로 오셔서 날 새롭게 하소서.
헛된 것·상한 것·추한 것 다 태우시고 비우시고 씻으시고
오직 주님 한 분으로만 가득 채워주소서.
내 세포마다 주님의 흔적만을 새겨주소서.
그리고 이제
새 문을 여소서, 새 길을 닦으소서, 새 일을 행하소서.
넓게, 곧게, 크게!

4월 2일

파스칼, 39세에 죽었네… 짧고 화끈하게 그렇게 살다 가는 것도 괜찮은데… 그러나 날 향한 주님의 계획은 그게 아닌 것 같고… 최근엔 후손대대를 품고 기도하게 하시는 걸로 봐서… 적어도 파스칼보단 더 살게 하실 모양인데… 때론 죽는 순교보다 '사는 순교'가 더 모진 삶에… 파스칼이 부러울 때도 많지만… 살아야 할 땐 또 감당할 힘 주시니까… 그 힘으로 하루하루 잘 살아내면… **더 큰 상 주시리!**^^

4월 3일

주님의 부활 앞에 나의 부활, 내 영과 삶의 부활을 간절히 꿈꾸고 아뢰며 또 한편 내게 주신 십자가의 고통을 견디고 있는 시기, 그러나 내 인생에 두 번 오기 어려울, 돌아보면 크나큰 은혜의 나날일 시간을 지금 지나고 있다.

예배 중에 강하게 임재하신 주님.

내가 너의 지난 세월, 그리고 지금의 십자가 진 고통을 아노라, 이제 나와 함께 다시 살아나리라, 부활의 영광을 함께 맛보리라, 그 기쁨에 동참하게 하리라 위로해주셨다. 얼마 전 주셨던 꿈을 다시 떠올리시며….

꿈에, 나는 양 손목과 발목에서 스물스물 피가 흘러나오는 병에 걸려 누워 있었다. 희한하게도 통증은 없었지만 온몸에 힘이 하나도 없어, 아, 이렇게 죽는구나, 다 '내려놓고' 흘러내리는 피만 하염없이 바라보고 있는데, 어디선가 수정이(날 통해 주님을 영접한 친구)가 나타나 보더니 의사를 데리고 왔다. 큰 왕진가방을 들고 온 의사는 그러나 야속하게 가방도 한번 안 열어 본 채^^, 이제 한 시간 후면 죽겠군요, 사망선고만을 내리고 사라졌다. 친구도 의사도 가버리고 혼자 남은 그 순간, 눈앞에 십자가에 달리신 주님이 나타나셨다. 분명 주님이셨지만 형체를 알아볼 수 없을 정도로 십자가 끝부터 끝까지 온통 벌건 피범벅, 피투성이였다. 그 모습이 어찌나 참혹하고 충격적이던지 "아니, 저렇게, 저렇게 피를 많이 흘리셨나? 정말 저 정도로 피를 다 쏟으셨나? 얼마나 아프실까, 아, 얼마나 아프셨을까…?"를 외치며 주님을 바라보고 있는 사이, 신기하게도 내 손목과 발목에서 흐르던 피가 안으로 슬며시 들어가버리고 나는 다시 힘을 얻어 일어났다.

그 새벽, 꿈에서 깨어 엎드렸을 때 주님의 분명한 음성이 마음에 들려왔다.

"내가 안다. 네 고통을… 그것이 너에겐 나름대로 십자가 진 고통인 것을 내가 안다. 그러나 나를 보고 참으렴. 그보다 더한, 비할 수 없는 고통을 널 위해 견딘 나를 생각하고 조금만 더 인내하여라. 곧 부활하게 하겠다…!"

그 주님께서 오늘 또 말씀해주신 것이다. 거듭거듭 말씀하시는 이, 말씀이신 분께서… 오직 홀로 나를 아시고 내 눈물·아픔·인내 그리고 환희·기쁨·소망… 모두 홀로 헤아리시는 그분께서 오늘도 내게 말씀으로 찾아와 위로하시고 격려해주셨다.

그래요, 주님, 전 그저 저를 위해 십자가 지시고 부활하신 주님만 바라보고 기다릴 뿐입니다. 주님 앞에 잠잠히 엎드려 은혜를 구하는 것 외에 달리 제가 할 수 있는 일이 아무것도 없음을 이제 분명히 알게 하셨으니, 그것이 제겐 부활의 은혜입니다.
기대합니다, 주님.
이젠 저도, 주님이 제게 그리하셨듯이, 우는 자를 웃게 하고, 눌린 자를 자유케 하고, 죽어가는 자를 살리게 하소서. 참기쁨과 자유와 생명 되신 주님만을 선포하고 자랑하는 삶, 살게 하소서!

4월 4일

주님의 광야 40일처럼
꼬박 40일을
집안을 광야 삼아 아버지 앞에서만 엎드려 지냈다.
이제 주님처럼
아버지께 순종하며 살 일만 남았다.

3권

황홀하게
　　　고백 되고

4월 9일

올해의 부활절은 특별하다.

늘 맞던 주의 부활이 참으로 생생하게 나의 부활로 다가오는 은혜를 주신다. 주의 죽음 곧 내 죽음, 주의 부활 곧 내 부활, 그 영광 곧 내 영광되는 감격을 주신다.

내게 이 풍성한 삶 주시려 그 고통 다 견디셨으니 마음껏 누리고 나누라고, 그것이 주의 기쁨이요 보람이라 하신다.

크고 놀라운 비전들을 주신다.

가슴 벅차 감당하기 어려운 아름다운 장면들을 보게 하신다. 도저히 내게서는 비롯될 수 없는 거룩하고 영광스런 소망들, 내 인생을 향한 아버지의 크신 뜻과 멋진 계획들을 알려주신다. 그것을 보면 볼수록 사모하고 갈망하여 목마른 사슴처럼 애타게 하신다.

아버지의 마음을 알아달라고, 너를 향한 내 본심은 고생·고통·고난이 아니라, 행복이요 평안이요 소망이라고 외치고 또 외치시는 음성을 들으며!

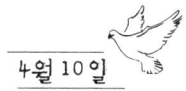
4월 10일

오늘부터 찬영이의 사춘기를 위해 기도로 주님께 '보험'을 듭니다.(갑자기 그러라고 하신다.) 기록으로 그 증거를 남기니 '책임보

장' 하소서.^^

주님, 우리 찬영이의 사춘기는 '질풍노도의 방황기' 대신 '성령충만의 은혜기'가 되게 하소서. 어린 사무엘을 찾아와 만나주셨듯이, 사무엘 못지않게 하나님을 사랑하는 우리 찬영이도 일찌감치 주의 것 삼아주시어, 그 임재 속에 모든 거친 것이 삼켜지는 십대가 되게 하소서.

주의 비전을 심으시고 새겨주소서.

그것을 위해 젊음을 불사르는 소명의 십대를 살게 하소서.

지금까지도 찬영이를 특별한 사랑으로 품어 오신 아버지, 오직 주님께만 사로잡힌 찬영이의 사춘기와, 그리고 영원이 되게 하소서!

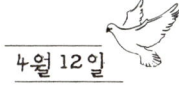
4월 12일

찬영이가 며칠 전에 학교에 옷을 놔두고 왔는데, 오늘 들어서면서 아주 자랑스럽게 간증하기를,

"엄마, 내가 옷 찾았어요. 옷걸이에 없어서 어떻게 했는지 알아요? 하나님께 기도했어요. 여러 번 했어요. 그랬더니 바구니 안에 있는 것 같아서 봤는데, 있었어요." 한다.

아… (잠시 감동을 억누르고) "찾고 나서 감사기도 드렸어?" 확인하니 "네, 감사하다고 기도했어요." 한다.

아버지, 감사합니다.

엄마보다 훨~씬 더 '신령한' 아들을 주셔서!^^

4월 13일

지금까지 찬양을 통해 주셨던 은혜를 요사인 말씀을 통해 동일하게 부어주신다. 메뉴만 변경된 셈이다. 잔치는 계속된다!^^

이 주의 메뉴는 조용기 목사님의 말씀.

하루 평균 10시간은 족히 되는 듯 하다. '먹는' 시간이….

아무리 먹어도 질리지 않는 '진짜 밥' 맛에 '중독'되어 이제 내 힘으론 끊을 수도 없다.^^

오늘 말씀을 듣는 중에 뜨거운 성령의 기름을 부어주셨다. 주님의 십자가 사랑이 그야말로 가슴에 끓는 기름을 붓듯이 활활 타올라 내내 가슴을 치며 눈물을 쏟아냈다.(불을 끄려고!^^)

오직 그 십자가만을 부둥켜안고 살게 하신다. 쓴물을 단물로 바꾸는 나뭇가지, 주님의 십자가 밑에 내 쓰디쓴 모든 것을 내려놓게 하신다.

그 은혜에 취하여 오늘도 천국을 살았다.

처한 현실과는 정반대의 삶을 살게 하신다.

절망을 넘어 소망으로, 탄식을 지나 찬양으로!

4월 18일

갑자기 귓가에 크게 들려오는 하나님의 애절한 사랑고백에 깊은 잠으로 빠져들다 말고 화들짝 깨어보니 새벽 한 시.

설교 말씀을 듣다가 잠이 든 모양인데, 들릴 듯 말 듯 약하게 맞춰 놓은 음성이 확성기를 댄 듯 내 귀에 우레와 같이 울려 퍼졌다.

저녁 기도시간에 아버지의 마음 부어달라고, 그 마음 더 알게 해달라고 몇 시간이나 애타는 기도를 하게 하시더니, 이렇게 한밤중에 '기습'하셔서 응답해주신다. 세우신 종을 통해 그 마음을 명명백백히 고백해주신다.

너를 향한 내 사랑은, 내 은혜는 무한하다… 이제 너와 나는 율법으로 맺어진 계약의 관계가 아니라 전적인 은혜의 관계 안에 있으므로, 너에게 쏟아 붓는 나의 사랑은 조건이 없고 한이 없다… 값없이 거저 주는 것이니 다만 감사함으로 받아 누리라… 그것으로 충분하다… 마침내 복 주려고, 한없는 복을 누리게 하려고 훈련의 시간·광야의 세월이 필요했다… 낮추고 다듬어 결국은 큰 복을 담게 하려고 그 시간이 있어야 했다… 그러나 고난과 고생은 지나가는 것이요, 일시적인 것이며, 그 자체가 목적이 아니다… 이제 내가 주는 복과 사랑이 영원한 것·본질적인 것·최종적인 것·불변한 것·무한한 것이며, 이것이 너를 향한 내 본심·참마음이라고… 거듭거듭 외쳐주신다.

아버지 감사합니다.

아버지 사랑합니다.

아버지 채워주소서.

그 큰 사랑으로 더욱 더욱 더욱!

나도 그 사랑으로 아버지 더 사랑할 수 있도록!

그런데 이렇게 잠을 다 깨워 놓으시면… 그래도 좋답니다. 아시죠? 이렇게 주의 사랑에 꽁꽁 매이고, 아버지의 임재에 포옥 갇혀 사는 삶이!^^

잠 못 이루는 밤에 할 일이 뭐 있으랴.

사랑고백을 '찐하게' 들었으니 나도 화답할 것밖에….

♪ 사랑합니다. 나를 자녀 삼으신 주
　사랑합니다. 나를 신부 삼으신 주
　내 부르짖음 들으시고 응답하시니
　영원히 주 찬양합니다. 내 삶을 다해

♬ 나의 사랑, 나의 생명, 나의 예수님
　영원토록 정성 다해 사랑합니다.
　나의 힘 되신 여호와여 내가 사랑합니다.
　영원토록 마음 다해 사랑합니다.

♪ 주님 사랑해요. 주님 사랑해요.

말하지 않아도 표현 다 못 해도 주님 사랑해요

♬ 주 나의 사랑, 나 주의 사랑, 그 사랑은 내 기쁨
주 나의 목자, 나 주의 양~, 그 사랑은 내 기쁨
주 나의 신랑, 나 주의 신부, 그 사랑은 내 기쁨
그 사랑은 우리 기쁨!^^

♪ 오직 주의 사랑에 매여 내 영 기뻐 노래합니다.
이 소망의 언덕 기쁨의 땅에서 주께 사랑 드립니다.

♪ 주님의 인자가 생명보다 나음으로
나의 입술이 주 찬송합니다.
나의 평생에 오직 주님만 송축하며
주 이름 인해 내 손 들리이다….
아멘 아멘 아멘!

4월 22일

성령의 불씨를 퍼뜨리는 화부로 살게 하소서!

김진홍 목사님의 말씀을 통해 오늘 내 안에 심으신 기도제목이다. 내게 이미 뜨겁게 지피신 성령의 불, 활활 일으키신 그 불을 이

제 온 땅에 퍼뜨리는 삶을 살라 하시며 다시 한 번 **확** 불을 지펴주셨다.

주께서 이 땅에 던지시길 간절히 원하셨던 불(*누가복음 12:49), 퍼뜨리지 않고는 견딜 수 없는 뜨거운 성령의 불을 온 세상에 번지게 하는 화부로 이제 나도 '임명'해주신다.

과분한 은혜의 사명을 주신다.

마른 막대기를 들어 홍해를 가르려 하신다.

보리떡 같은 나로 많은 이를 배 불리려 하신다.

함께 하자 하신다.

함께 가자 하신다.

영광스런 초대 앞에 몸 둘 바를 모르겠다!

4월 24일

인생에 두 번 있기 어려운 특별한 축복의 땅, 광야!

하나님 앞에 홀로 서는 이곳을 지나면, 가나안에서 사람들과 삼겹줄 이루어 살게 하시리라! 하나님을 아는 지식과 믿음과 사랑이 차면, 그것을 쏟아 부을 사람들 속에 거하게 하시리라! 광야에서 눈물로 뿌린 씨앗, 그곳에서 풍성한 기쁨의 단으로 거두게 하시리라! 소망하며 "이제 믿음의 사람들과 삼겹줄 이루어 살게 하소서!" 간절한 기도를 드리다 말고, 내가 나를 웃겨 한참 웃었다.

그만 살짝 딴생각을 하다가 정신을 차려보니 "…'삼겹살' 이루어 살게 해주소서!"라고 인상까지 써가며 간구하고 있는 게 아닌가! 놀라서 얼른 '정정기도'를 해야 했다.

"오, 주님, 아니옵니다! 삼겹살이 아니고 삼겹줄이옵니다! 영이든 육이든 삼겹살은 절대 아니 되옵고, 삼겹줄의 단단한 근육을 주셔야 합니다!" 해놓고선 정말 배의 삼겹줄(?)이 끊어지도록 실컷 웃었다.

요새 이래저래 나를 많이 울리시는 아버지, 그 '빚' 갚으시느라 이렇게 또 여러모로 애쓰고 계신다.^^

4월 25일

깔끔하신 성령님!

수시로 온몸이 쑤시도록 청소를 시키신다. 이 상황의 주범, 아니 공범인 찬영이에게 "으이구, 치우면 또 어지르고 치우면 또 어지르고!" 했더니 즉시 대꾸하기를 "으이구, 어지르면 또 치우고 어지르면 또 치우고!!" 한다. 이젠 한국말로도 못 당해~!^^

여하튼 오늘도 묵은 것들 한바탕 싹쓸이 정리하고 나니 날아갈 것 같다. 사실 이런 대청소, 절대 '맨정신'으론 못하는 법이다.(적어도 나는….^^) 뭔가에 '홀려서' 떠밀려야 하게 되는 것인데, 요즘 내가 뭣에 홀려 있겠는가? 성령님 지시 따라 버릴 건 버리고 옮길 건 옮기고 했더니, 결과는 역시나 환상적! 새집 같다!

탁자를 새 장소로 옮겨 놓고 나니 아무리 봐도 딱 제자린데 길이가 너무 길었다. 어떻게 하면 좋을까요, 성령님께 여쭈며 째려보고 있자니(탁자를^^;), 갑자기 짚고 있던 내 팔에 탁자 끝이 탁 부딪치면서 안으로 쑥 들어가 버린다. 깜짝 놀라 살펴보니, 양 끝을 30cm가량 안으로 접어 넣게 돼 있다. 이사 올 때 살던 사람에게 물려받은 이후 그걸 여태 모르고 썼던 거다. 어찌나 절묘했던지, 성령님과 하이파이브를 하면서 한참을 깔깔대고 웃었다. "어쩜, 성령님! 정말 멋있어요. 진짜 재밌어요. 최고예요!"를 연발하며….

이 집에 막 이사 왔을 때도 그랬다. 이사 오던 날부터 한동안 집 근처에다 누군가 거의 새것이나 다름없는 책상·책장·수납장들을 자꾸 갖다 놓는데, 작은 것은 혼자서도 '처리'가 가능하지만 큰 물건이 나온 날은 무용지물·그림의 떡인 상황에서, 마침 또 그럴 땐 사람 발길 드문 이곳에 느닷없는 방문객이 찾아와 실컷 땀 흘리다 가곤 했었지….^^

맨몸으로 이사 온 내가 그렇게 '거리표 가구들'로 그럴듯하게 갖춰놓고 별 아쉬움 없이 살았으니, 광야길 가는 동안 옷이 낡지 않고 신이 해어지지 않게 하마, 하신 약속을 그대로 지키신 신실하신 아버지 덕이다!

4월 26일

꽝을

짱으로 만드시는 아버지는
짱 중 짱
만짱의 짱!^^

4월 27일

아버지이~!

요즘 쌉쌀하고도 향긋한 한국 채소들이 너무 그리워요!

아~~, 깻잎·콩잎·쑥·달래·냉이·부추·열무·마늘종·머위·미나리·고춧잎·고들빼기·고구마 줄기·고사리·갓·호박잎… 먹고 싶어라!ㅠㅠ

이제 이 나라에선 내 허기를 채울 먹거리를 못 찾아 거의 아사지경에 이르렀다. 배에서 꼬르륵 요동을 쳐도 도무지 입에 넣고 싶은 게 떠오르지 않는 이 기막힌 현실!

밀가루로 된 건 생각도 하기 싫고(흙으로 지어졌다는 내 몸이 밀가루반죽 덩어리가 돼가는 것만 같다), 우유로 만든 것도 냄새 맡기 싫고, 고기도 감자·양파·당근도 원 없이, 최선을 다해, 이제 평생 안 먹어도 안 미안할 만치 '연구해가며' 먹었다. 그러나 이젠 두 손 든 지경에 온 것 같다. 식생활의 '한계상황'이다.

그렇게 빵·고기·유제품 좋던 내가 이제 한국 채소들밖엔 생각나는 게 없으니 이것 또한 기적이다. 떠날 때가 머지않음을 알리는 신호라 여기련다. 어찌하실지 두고 보자. 기대함으로!

나를 불쌍히 여겨 '선처'해주시리라! 맛난 것으로 배불리 먹여주시리라! 가장 좋은 것으로 내 소원을 만족케 하시리라! 혼자서는 다 감당 못해 옆 사람 불러와야 할 만큼 넘치게 주시리라! 아버지께서 친히 약속하신 그대로 다~~~ 이루어주시리라!!!

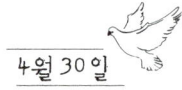
4월 30일

날 위해 즐거 이벤트를 여시는 아버지!

오늘은 치과 진료를 빌미 삼아 오랜만에 찬영이와 기차 봄나들이를 시켜주셨다. 날씨가 얼마나 화사하고 따스했는지 찬영이 바람대로 몇 시간이고 계속 달리고 싶었지만, 아버지의 계획은 언제나 더 좋은 법!

갑자기 예정에 없던 뒤셀도르프(düsseldorf)의 한국가게로 이끄시더니, 며칠 전 먹고 싶다고 '징징'댔던 것들을 한 보따리 챙겨주셨다.

나물들(말린 거긴 하지만)·마늘종(얼린 거라도)·다시마·열무, 게다가 구하지 않았던 코다리·산도·짱구… 까지 덤으로 풍성하게, 아쉬운 대로 나왔던 입이 쏙 들어갈 만큼 안겨주셨다. 좋으신 아버지… 철부지 딸의 칭얼거림을 결코 못 들은 척 못 하시는 맘 약하신 아버지 덕분에 내일은 잔치하게 생겼다.

분명 빈털터린데, 돌아보면 지난 광야생활 내내 신기하게도 매일 잔칫날처럼 먹고 산 '거지'였다. 아버지께서 '하늘표 만나'와 '반석표 샘물'로 먹이고 계심을 부인할 수 없는 기이한 나날들….

내 평생 그 '기이한 인자와 성실'은 배불리 먹고 실컷 나누고도 24 광주리가 남을 만큼 풍성하리라!^^

5월 27일

오늘 내 영의 잔치메뉴는
하용조 목사님의 '믿음 시리즈' 말씀
딱 내가 원하던 바로 그 맛이다.
믿음 안에서 기적은 내 운명!
할렐루야!^^

5월 29일

오늘 메뉴, 곽수광 목사님의 말씀은 아삭아삭 신선한 샐러드 맛!
내 인생의 완전한 의미가 되어 주신 주님,

날마다 그 감격으로 울고 웃으며 잠 못 이루게 하시는 주님,
결국 그 주님을 자랑하며 살게 하실 사랑스러운 나의 주님을
다시 한 번 묵상하며 하루해가 짧았다.

5월 30일

찬영, 돼지를 그려보겠다고 한참을 낑낑대더니 하는 말,
"아휴, 하나님이 동물들을 너무 어렵게 잘 만드셔서 그대로 그리기가 너무 힘들다!"^^

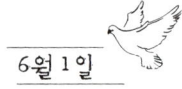
6월 1일

오늘 비자를 연장해야 하는데, 실수로 날짜를 잘못 맞춰 여권은 다른 일로 아직 대사관에 있고… 언제나 무뚝뚝하고 표정 사나운 내 비자 담당자 몬쩰(Monzel) 아저씨를 떠올리니, 아… 이 일을 어찌할꼬!

그러나 기도 '쎄게' 하고 심호흡 '깊게' 한 뒤 전화해서 좀 늦어도 되겠느냐 물으니, 너무 싱거워서 민망할 정도로 "야!(Ja. 예)" 한다. 그 무뚝뚝한 목소리가 어찌 그리 사랑스럽던지….

그럼 그렇지.

만왕의 왕께서 내 편을 들고 계시는데, 누가 감히 무슨 군소리를 덧붙이랴!^^

6월 2일

'기록의 하나님'께서

내게 "기록하라!" 하신다. '적자생존(?)'이라시며….^^
내 삶에 행하신 아버지의 은혜를 기록으로 남겨
후손대대 길이 기릴 기념비를 세우라 하신다.
그래서 성령님 '불러주시는 대로'
열심히 받아 적고 있다.

기록으로 남아 교훈이 되었으니(*고린도전서 10:11)
'기록'은 '거룩'한 일이다.

6월 3일

지난주 무지한 엄마가 제 체력 좋은 것만 생각하고 어린 아들을 무지막지하게 끌고 다닌 탓에, 찬영인 일주일째 심한 감기몸살로 고생 중이다.

미련한 에미 같으니라구!

두 번 다시 같은 실수 없기를 간구하며 반성하는 중에 '눈높이 삶'의 교훈을 주신다. 다 나 같지 않다는 그 뻔한 사실을 이렇게 혹독한 대가를 치르며 뼈아프게 배워도 알 듯 말 듯한 못난 나의 자아여!

이 시원찮은 질그릇에 완전한 보배로 오신 나의 주님이 빛나고 돋보이는 순간이다!

6월 4일

내 영의 근육을 열심히 키우시며 기초대사량을 부지런히 높이고 계시는 나의 트레이너 성령님!

하루하루 단단한 영의 근육이 다져져 가는 것이 느껴진다.

이제 곧 멋진 '영짱'으로 거듭나리라!^^

오늘의 '덤벨'은 한홍 목사님의 말씀.

그런데 운동이 힘들기는커녕, 너무 재밌어서 하루 종일 하고 있는데, 이래도 되나요?

트레이너: 집중훈련 기간에는 그래도 되느니라!
　　　　　안 자고 안 먹고 해도 돼!

선수: 넷, 충성!^^

6월 21일

기도의 점입가경: 기도를 하면 할수록 하나님의 응답이 더욱 분명하고 구체화되더라. – 박희천 목사님

기도시간의 점입가경: 기도를 '오래'하면 할수록 성령님의 은혜가 더욱 깊고 풍성해지더라. 한 시간·두 시간·세 시간의 은혜가 30배·60배·100배로 뻥튀기되더라.^^ – 강미경

7월 11일

인생, 정말 내 뜻대로 안 되는 거다.

하나님 뜻대로 되는 거다.

아침에 일어나는 것도, 밤에 잠드는 것도 내 의지대로 계획대로 안 된다. 아버지께서 재워주셔야 잘 수 있고, 깨워주셔야만 일어날 수 있는 '운명'이다. 인생이란….

오늘 정말 일찍 푹~ 자고 싶어서 일찌감치 누웠다. 적당히 피곤했고, 그대로 잠들면 딱 좋겠다 싶었는데 도무지 자 지질 않는다. 애쓰다 쓰다 결국 일어나 앉아 찬송 부르고 기도하고 말씀 듣다가, 결국 이 글까지 남긴다. 평소엔 무난히 '수면모드'로 전환되곤 하던 상태였는데 오늘은 도무지 안 되는 것은, 아버지께서 다른 뜻이 있으신 까닭이다. 정말 내 호흡도, 걸음도, 일거수일투족이 다 아버지의 손안에 있다. 내가 할 수 있는 일이란 그저 그분만 쳐다보고 있다가 그 손끝의 지휘 따라 움직이는 것뿐. 그것을 한 번 더 깨닫고 고백하고 기록하게 하시려고 안 재우신 모양이다.

　이제 다 했으니, 그만 자도 되죠?^^

7월 24일

　4년간의 수고가 일단락 지어지는 내일, 마지막 시험을 앞두고 잔치 베풀어달라고, 잔치 열어 지난 세월 흘린 땀과 눈물을 위로해달라고 며칠 전부터 마구 떼를 썼더니, 그리곤 무슨 맛난 메뉴로 즐겁게 해주실까 기대했더니, 역시나 아버지의 스타일과 스케일은 나와 차원이 다르시다. 잠시 입만 즐겁고 말 육신의 잔치가 아니라 영혼의 잔치, 오늘 천국으로 올리어도 여한이 없을 성령의 잔치를 성대히 베풀어주셨다.

　그동안 잠시 중단되었던 내 '다윗의 장막'을 한층 업그레이드된 새로운 모습의 '파워 사이클워십'으로 부활시키시며, 더 바랄 것이 없는 4차원의 잔치를 베풀어주셨다.

　내 아버지는 가면 갈수록 더 좋은 것 주시는 분, 어제 먹다 남은 것 먹이지 않으시고 매일 새 밥 지어주시는 분, 내 입에 꼭 맞는 새 반찬 차려주시는 분, 마음껏 배불리 먹게 하시는 분, 내가 먹는 것

보는 것만으로도 배부르다 하시는 분, 나를 행복하게 하는 것이 아버지 삶의 목적이라 하시는 분, 그렇게 사랑하시려고, 마음껏 사랑 주시려고 날 창조하셨다고, 아버지의 형상 따라 아름답고 존귀하게 지었노라고 말씀해주시는 분, 그래서 너는 사랑스럽고 완전한 나의 형상·나의 분신·나의 것이라고, 내 마음과 손바닥에 새긴 보배요 보석이라 고백해주시는 아버지께서 분명히 살아계신다.

나를 기쁘고 행복하게 하시며 기뻐하시고 행복해하시며!

7월 25일

아버지의 기적적인 도우심으로 시험을 잘 마쳤다. 할렐루야!

첫 출발을 최선의 결과로 하게 하셨듯이, 마무리 역시 최상으로 하게 하신 좋으신 아버지!

준비한 것과 단 한 문제도 다르지 않게 내주셨고, 어제 성령님의 '위문공연'으로 두어 시간밖에 못 잤지만^^, 그럼에도 생생하게 맑은 정신으로 한 단어도 헤매지 않고 다 쓰게 하셨고, 오늘까지 연이어 영과 육의 성대한 잔치를 베풀어주고 계신 정말 좋으신 하늘아버지!

오늘 바다 너머 계신 내 육신의 아버지는 칠순을 맞으셨는데, 이 불초소생은 전화 한 통밖에 드릴 게 없어 너무 송구하여 죄송하단 말도 안 나왔던 제 참담한 심정, 다 아시죠?

태평양을 그릇 삼아도 다 못 담을 이 내 한을 곧 다 풀어주실 하

늘아버지의 우주로도 못 다 담을 사랑만 믿고, 이 불효녀는 오늘도 다리 뻗고 잡니다!^^

7월 27일

두 종류의 사람이 있다.
새벽이 깨우는 사람과, 새벽을 깨우는 사람
앞사람은 뒷(자리 맡은) 사람
뒷사람은 앞(에 설) 사람!^^

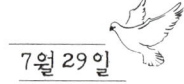
7월 29일

빛에 대해 요샌 많이 묵상하게 하신다.
빛은 말씀 그대로 모든 어둠을 내쫓는다. 환하고 강렬한 빛 속에 있는 동안에는 그래서 걱정을 하려야, 기분이 나쁘려야, 고독을 씹으려야 '시스템'이 작동 안 되는 것을 매번 느낀다. 빛과 함께하는 그 순간만큼은 오로지 행복호르몬이 나를 지배한다.

그런데 어둠이 엄습하여 빛이 거두어지기가 무섭게, 아까 '피신'했던 우울·고독·짜증·슬픔… 들이 단체로 쳐들어와 부랴부랴 전투태세를 갖추고 싸워야 하는 것도 날마다 겪는 일이다. 그래서 빛이 있는 동안에는 깨어 즐겁게 살고, 빛이 질 땐 잠으로 피할 수 있도록 사랑의 창조주께서 설계하신 거라고 나는 굳게 믿는다.

그러니 무슨 이유를 갖다 대든, 해가 뜰 때 하루를 시작하고 해가 지면 잠자리에 드는 것이 최고의 하루 계획표라고, '중증 야행성'인 나도 소리 높여 외치는 바이다!

요 며칠 늦잠꾸러기로 괴로워하면서….ㅠㅠ

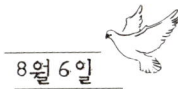
8월 6일

올해 독일은 여름 없이 그냥 가을로 넘어간다.

한국은 작년보다 더 더운 여름으로 고생들 한다는데, 여긴 너무 시원해서 사실 섭섭할 지경이다. 여름이 너무 시원하기만 해도 정말 재미없고 지루하네! 그래서 은근히 늦더위를 기다리고 있는데….

한 번씩 화끈하게 푹푹 찌기도 하고 매섭게 춥기도 한 것이 사는 맛을 돋우는 양념인 것 같다. 결론은!

고로, 최고의 '요리사' 되신 하나님께서 알아서 '고춧가루'·'후춧가루'를 인생에 적절히 뿌려주시는 것이니, 잠자코 주시는 대로 감사히 먹으면 다 피가 되고 살이 될 것!^^

8월 7일

성령님께서 임하시면 비로소 기도가 호흡이 된다.

의식과 무의식, 영과 혼이 늘 주파수를 하나님께 맞추고 끊임없이 그분을 듣고 그에게 말하며, 잠들면서도, 꿈에서도, 잠에서 깨면서도 찬양하고 있는 '거룩한' 나를 보는 황홀한 삶이 시작된다. 꿈조차도 이제 자주 '개꿈'의 차원을 넘어 점차 의미심장해지는 감격을 맛보게 되는데, 어젯밤 그런 멋진 꿈을 주셨다.

파란 하늘 아래 많은 사람이 모여 주님께서 오신다고 하늘을 쳐다보고 있었다. 하늘엔 크고 작은 흰 뭉게구름이 가득했고, 나도 하늘을 우러르며 "주님, 주님을 믿습니다. 주님을 기대합니다." 고백드리는 순간, 구름이 각 사람 머리 위로 내려오더니 황금빛 면류관으로 변해 쓰이는 게 아닌가!

크기는 그야말로 제각각.

내 옆엔 사람 몇이 함께 쓰고도 남을 만큼 큰 관을 쓰는 사람도 있었고, "에이, 그냥 구름이지 뭐!" 하고 안 믿는 사람들도 역시나 있었는데, 그들에겐 '그 믿음대로' 그냥 구름으로 머리 위에 동동 머물러 있었다. 그걸 보며, 와, 정말 믿음대로 되는 거구나, 감탄(?)하고 있자니 내 머리 위에도 중간 크기의 면류관 하나가 내려와 쓰이는 게 아닌가! 그걸 쓰곤 좋아라 하다가 깼는데… 정말 생각할수록 웃음이 절로 나는 멋진 꿈이 아닐 수 없다!

하나님께서 주시는 꿈은 특징이 있다.

첫째, 너무나 생생하고

둘째, 군더더기가 없고

셋째, 생각할수록 그 의미가 심장하고 또렷해진다.

아버지, 감사해요. 지금까진 꿈에 좀 인색하셨는데 앞으론 이런 근사한 꿈, 이왕이면 '일일 대하드라마'로 부탁해요!^^

야호! 내게도 금면류관 주셨다.

비록 크기는 아직 만족할만한 수준이 아니지만, 도전할 목표가 있으니 소망스럽다. 늘 푯대를 주시고 달려가게 하시는 아버지, 언젠간 제 옆에 있었던 그 'XXL 사이즈' 면류관이 제 것이 되리라 믿~씁니다!^^

8월 8일

♪ 속죄함~ 속죄함~ 주 예수 내 죄를 속했네~

찬송하고 있자니 찬영,

"뭐, 숙제함? 예수님이 숙제를 하셨다고?" 한다.

듣고 보니 그것도 말 되네.

♪ 숙제함~ 숙제함~ 주 예수 내 숙제 다 했네
  할렐루야 소리를 합하여 함께 찬송하세~!^^

오늘 아침식단은 하용조 목사님의 사도행전 강해.

어젯밤 늦은 새벽까지 성령의 불로 활활 밝히시며 '신 사도행전'에 푹 빠져들어 읽게 하시더니, 그리곤 '사도행전 29장'(아님 290장이라도…^^;)의 주인공 되는 삶을 열렬히 사모하게 하시더니, 오늘 기가 막히게도 동일한 메뉴로 아침까지 든든히 챙겨 먹이신다.

"성령은 성숙한 자에게만 임하시는 게 아니다. 오합지졸에게도 임하시고, 임하시면 성숙한 사람이 된다."

할렐루야!

세심하신 아버지!

자랑을 안 하고 넘어갈 수가 없다. 열심히 충만히 '사이클예배'를 드리던 중, 힘도 펄펄 남고 시간도 아직 이른데 갑자기 잘 나오던 인터넷이 뚝뚝 끊기면서 "인제 그만!"이라는 강력한 사인을 보내오셨다. 최소한 한 시간은 더 할 수 있는 상황이라 의아했지만, 분명한 사인이었기에 기쁘게 순종하고 막 씻고 들어오니 "따르릉" 모처럼 한국에서 걸려온 아빠 전화다. 어쩜 내 아버지들은 두 분 다 이리도 자상하고 세심하신지… 이런 아버지들을 두고 내가 무슨 걱정

을 어찌할 수 있으랴! 요샌 걱정거리 앞에서도 걱정이 안 돼서 걱정이다.^^

온 우주의 창조주와 매일 '교신'하며 사는 생활, 그 우주가 마치 나를 위해 돌아가는 것처럼 느껴지는(사실 그렇겠지만!^^) 이 황홀함 속에, 염려와 두려움은 끼어들 틈이 없도다!

현실적으론 낙심할 일·절망할 일·스트레스받아 죽을 일들이 쌓였음에도 누려지는 이 이해 못 할 기쁨·감사·평안 때문에 오늘도 나는 잠 못 이룬다.

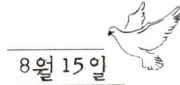
8월 15일

시험도 다 끝냈으니 얼른 실습도 해야 하고, 뭔가 새로운 일을 시작해야 할 것 같아 마음이 급한데 아버지는 '세월아, 네월아' 하시는 것 같다. 여전히 하루 온종일을 말씀·기도·찬양으로 아버지를 알아가는 데만 쓰게 하시니….

거기에 큰 기쁨과 열망을 부으시지만, 가끔씩 시간낭비하는 게 아닌가 싶어 마음이 불편하고 초조해질 때마다 그러신다.

"네 시간이 다 내 시간인데, 내가 왜 내 시간을 허비하겠느냐? 가장 알차게 잘 쓰고 있느니라…!"^^

자고 깨는 것도 맘대로 할 수 없는 처지에 무엇을 작정하고 계획하랴. 그저 이끄시는 대로 아장아장 따라갈밖에….

주와 같이 길 가는 것 즐거운 일 아니더냐
어린아이 같은 나를 생명길로 이끄시니
꽃이 피는 들판이나 험한 골짜기라도
주가 인도하는 대로 주와 같이 갈 뿐이라
룰루랄라~!^^

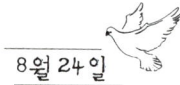
8월 24일

오늘도 나는 잠 못 자고 있다.

아버지께서 내게 행하신 일들, 행하실 일들을 생각하면 잠으로 빠져들다가도 화들짝 놀라 깨어나는 판이니 무슨 수로 잠을 자랴! 일찍 자고 일찍 일어나고 싶지만, 요샌 아버지 '등쌀'에 번번이 실패.^^

현실적으론 양 사방 둘러봐도 진퇴양난의 위긴데 어찌 이리 맘이 태평인지…. 그저 매일매일 아버지 품에서 그날그날 주시는 아버지 젖(?) 먹고 사는 젖먹이가 된 요즘, 갓난애가 젖 잘 먹고 쑥쑥 크는 것 외에 달리 뭘 할 수 있으며, 할 필요가 있으랴. 나머지 일은 아버지께서 어련히 알아서 잘하시랴 하는 믿음만으로 사는 하루하루.

그렇게 전적으로 믿고 맡길 때 완벽한 인도하심을 날마다 체험한다. 해야 할 일을 하게 하시고, 가야 할 곳에 가게 하시고, 만나야 할 사람을 만나게 하시고, 사야 할 것을 사게 하시고, 먹어야 할 것을 먹게 하신다. 그러니 내일이 기대되어 잠 못 이루는 것은 당연한 일!

내일은 문제가 없다는 것도 아니다.

오히려 기도하라고, 많이 하라고, 그래서 신나는 응답 많이 맛보라고 문제도 다양하게 내주신다. 그러면서도 항상 문제보다 더 큰 평안·감사·기쁨 주시니, 이것이 아버지께서 살아 계시는 증거, 날 사랑하시고 다스리시는 증거가 아니고 무엇이랴!

세 시다. 새벽.

이젠 잘래요. 꿈에서 계속 만나요~!^^

8월 26일

거북이가 토끼를 이긴 이유:

거북이는 깃발을 보았고, 토끼는 거북이를 보았다.

그러니까 이 이야기의 교훈은

푯대 되신 주님만 바라보고 달려가라는 것!

이렇게 '거~룩한' 이야기인 줄 몰랐네….^^

8월 27일

오늘 밤 하나님께서 내게 나타나

솔로몬에게처럼 물으신다면:

"내가 네게 무엇을 해주면 좋겠냐?"
성령님께서 가르쳐 주신 명답은:
"제가 성령님과 함께 사도행전의 복을 누리기 원합니다."
그러면 아버지께선 이러신단다.
"네 뜻이 갸륵하구나. 사도행전뿐이랴.
나와 함께 성경 전체의 복을 다 누리게 해주마."
와우~!^^

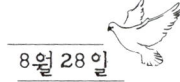
8월 28일

　10여 년 만에 이해인 수녀님의 아름다운 글을 읽었다.
《향기로 말을 거는 꽃처럼》오랜만에 향기로운 말을 내게 걸어오셨다. 진한 향에 잠이 확 다 달아나고 새벽 3시, 기록으로 그 향을 담는다.
　우리 글의 향내, 주님의 향기에 취해서 또 울었다.
　아름다우신 주님… 내게 그 아름다운 의의 옷 입히시려 기꺼이 벌거벗기우신 주님… 내게 화관 씌우시려 가시관 쓰신 주님… 나를 향기롭게 하시려 피비린내 십자가 끝까지 견디신 주님… 가슴 저미게 고맙고 감사해 많이 울었다. 내게 이 거룩한 눈물을 주신 성령님… 그 성령님을 아낌없이 부어주신 하늘아버지… 그 사랑 때문에, 앞으로 더욱 베푸실 그 무한한 사랑 때문에 실컷 울었다.

오늘도 나는 이렇게 아버지 때문에 잠 못 이루며, 아버지의 사람을 통해 아버지의 사랑을 흠향하며 기도드린다.

늘 주님의 향기에 취해 살게 하소서!

그 향기 온 세상에 드날리며 살게 하소서!

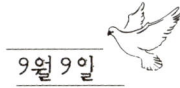

찬영 왈, "엄마, 이상해요. 하기 싫은 거 할 때는 시간이 오래 걸리고, 하고 싶은 거 할 때는 시간이 짧게 걸려요. 이상하지요?"^^

아버지, 부디 우리 찬영이에게 '시간이 짧게 걸리는 소명'을 주셔서 '시간이 짧은 생'을 살게 하소서!

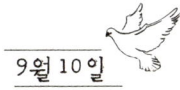

"세련된 멋은 불필요한 것을 다 제거하고 단순화하는 것이다."

디자이너 아르마니의 말이라는데, 아무래도 아르마니가 성령님의 멋을 벤치마킹한 것 같다.

성령님은 늘 단순하게, 소박하게 그러면서도 우아하게, 품위있게 살라 하시니….^^

9월 24일

한 치 앞을 예측할 수 없는 안갯속 같은 삶.

'먼 훗날'은 보여주시면서도 '바로 앞'은 안 보여주시는, 알다가도 모를 주인의 작전 속에 그저 한순간 한순간 주인의 지시만을 기다렸다가 한 걸음 한 걸음 내딛는, 미리 계획할 수도 걱정할 필요도 없는 단순한 종의 삶….

그러나 그 오리무중 가운데서도 씨줄과 날줄을 멋지게 엮고 희한하게 얽어 매일매일 '명품'을 짜 가시는 주인의 손길을 느끼기에, 기대함으로 가는 즐거운 안개길이다.

믿음의 길은!

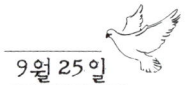
9월 25일

고달픈 단순노동자의 삶을 뼈저리게 체험하며 사는 요즘, 그것을 경험하게 하시는 아버지의 높은 뜻·깊은 속은 무엇일까 헤아려 본다. 앞으로 내가 섬겨야 할 사람들을 제대로 이해하고 사랑할 수 있게 하시려는 작전이란 짐작이 점점 확신이 되어가는데… 그러나 그리 먼 길은 아니리라. 정상에 거의 다다랐을 때의 숨참과 힘듦이 느껴지는 걸 보니….

소망 가운데 내일도 일 갈 준비!

10월 9일

한글날이다.

1926년 '가갸날'로 시작되어, 1946년 한글 반포 500주년 기념으로 공휴일로 정해졌다가, 1991년 공휴일에서 제외된 날.(정말 유감이다!)

먼 이방 땅에서 남의 나라 글자에 시달리느라 상한 맘을 위로하면서, 홀로나마 이 고마운 날을 자축하고 기념해본다.^^

나는 정말 한글이 사랑스럽고 자랑스럽다.

쓰면 쓸수록 읽으면 읽을수록 어쩜 이리 쉽고도 다재다능한지, 분명 성령님의 감동으로 창조된 글이리란 확신을 떨칠 수가 없다. 이런 한글의 우수성은 외국에서도 널리 인정한다는데, 선지자가 고향에서 푸대접받듯 정작 제 땅에서는 제 대접을 받지 못하는 것 같아 마음 아플 때가 많다.

외국에 있으면서 우리나라 방송을 들어보면 더 확연히 느껴지는 게, 어느 방송·누구를 막론하고 너무 불필요하게 많은 외래어·외국어를 섞어 쓴다는 사실이다. 설교조차도 영어를 모르고선 제대로 이해할 수 없을 때가 많아 내심 씁쓸할 때가 한두 번이 아닌데….

지구가 한 마을을 넘어 한집안이 되어가는 시대라 막을 수 없는 흐름도 있겠지만, 아무리 생각해도 가장 큰 요인은 한글에 대한 자부심·자긍심의 결여라고밖에 결론 내릴 수 없을 것 같다.

이곳에서 중국학생들 한자 쓰는 거 보면 정말 아찔할 때가 많은데, 언젠가 20대 초반의 한 중국학생에게 한자를 대략 몇 자나 아느냐고, 한 수천 자쯤 되느냐 물었더니 아주 가소롭다는 듯 코웃음을 치면서, 셀 수는 없지만 최소한 만 자 이상은 될 거라 해서 날 어지럽게 만든 적이 있다. 정말 세종대왕 계셨던 게 너무 감사하고, 한국 사람 된 게 얼마나 감격스러운지….

하나님께서 복음 전하는 도구로 이 한글을 '요긴하게' 쓰시리란 예감이 든다.

이 좋은 걸, 그 좋은 일에 안 쓰실 리가 없다!

4권

활짝 꽃을
피웠다

11월 9일

실습을 위해 한국에 온 지도 벌써 한 달.

계획된 시간의 삼 분의 일이 어느새 지났다. 몸도 맘도 여유가 없는 요즘, 매일 짤막한 한마디 말씀으로 깊은 깨달음을 주시는 은혜가 크다.

나는 마음이 온유하고 겸손하니….(마태복음 11:29)

사람을 가장 돋보이게, 아름답게, 매력있게 만드는 최고의 두 덕목은 바로 온유와 겸손임을 실습 중에도 더욱 절감하게 되어 내내 그것에 대해 묵상하던 중, 바로 이 말씀을 주신다. '나는 마음이 밝고 명랑하니'도 아니요, '담대하고 화통하니'도, '명철하고 섬세하니'도 아닌, 모든 덕목을 단 두 개로 압축했을 때의 진과 선, 그것은 바로 온유와 겸손임을 공표하시는 말씀이라고 나는 믿는다.

가장 사랑스럽고 존경스러운 자, 온유하고 겸손한 자!

가장 주님을 생각나게 하는 자, 온유하고 겸손한 자!

오직 성령의 기름부으심으로만 만들어지는

진정 온유하고 겸손한 자!

주님과 한 멍에를 멜 때만 배울 수 있는

참된 주님의 온유와 겸손!

제게도 가르치소서!

11월 10일

몇 년 만에 한국산 일기장을 장만했다.

감격스럽다!

역시 문구류는, 아니 문구류도 한국이 싸고 좋다.^^

디자인 탁월하고, 재질 고급스럽고, 값도 독일에 비하면 비교도 안 되게 싸다. 아, 우리나라 좋은 나라!

3년 전 왔을 때완 또 다르게 쑥 발전한 모습, 한 해가 다르게, 아니, 하루가 다르게 높아져 가는 위상을 느낄 수 있어 가슴 벅차다. 엄청난 변화의 속도에 현기증이 날 정도다. 이 땅에 갖고 계신 아버지의 선하고 멋진 뜻이 무지 기대되는 역사의 순간을 살고 있다. 이 작고, 상처 많고, 여전히 문제투성이인 나라를 당신의 도구로 쓰시려고 작정하신 주님, 기대하고 찬양합니다!

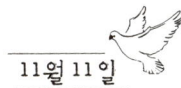
11월 11일

드디어 《목적이 이끄는 삶》을 읽는다.

'유행'이 지난 뒤 혼자 누리는 '철 지난' 유행의 맛도 나쁘지 않다.^^

무신론자의 대명사라 할 만한 러셀이 아주 충격적인, 그러나 솔직하고도 똑똑한 말을 했네.

"신의 존재를 인정하지 않으면 삶의 목적에 대한 질문은 쓸데없는 것이다."

그렇게 내키는 대로 막살다 가고 싶어서 신의 존재를 부인했을까? 여하튼 명언이다.

그렇다면, 삶의 목적을 추구하고 고민하는 것은 주를 알고 모신 자만이 누리는 거룩한 특권이 아닐 수 없다.

나를 이끄는, 내가 따를, 내가 살고 죽을 목적되신 주님이 계신 게 너무 든든하고 좋다.

러셀의 그 불안한 자유에 비하면!

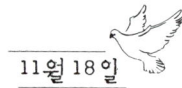
11월 18일

내 마음에 오늘 심긴 말씀,

…너희에게 겨자씨 한 알만한 믿음이라도 있다면 이 뽕나무 더러 '뿌리 째 뽑혀서 바다에 그대로 심어져라' 하더라도 그대로 될 것이다….
(누가복음 17:6)

믿음이 있으면 불가능한 일에 도전하게 되고, 그러면 그것이 이루어질 것이란 약속이다. 기적 이전에 먼저 도전을 말씀하신다. 그러므로 믿음은 '감히 해보는 것'이다. 모두가 불가능하다고 말리고 비웃는 그 일을, 오직 주님께서 내게 하신 말씀에 의지하여 행하는 것!

내 믿음 덕에 그 불가능이 가능케 되는 것을 그들이 보고, 그 능력의 근원 되신 주 앞에 무릎 꿇게 될 것이다!

11월 24일

독서기도.

요즘 내가 즐겨 드리는 기도의 형태다. 아버지와 나누는 또 다른 형식의 데이트다. 십여 년 만에 다시 읽는 《내면세계의 질서와 영적 성장》으로 아버지와 도란도란 대화의 꽃을 피우며 밤이 무르익는다.

어느새 호흡이 된 기도, 날마다 신실하게 응답하시는 아버지, 아직 응답되지 않은 기도에 대해서도 확신으로 평안을 누리게 하시는 아버지의 존재감으로 충만해지는 시간이다.

계속 비우는 작업으로 30대를 정리하게 하신다. 20대까지 빼곡히 채워 온 (별 쓸데없는) 것들을 하나씩 덜어내고 가볍게 함으로 더 큰 자유와 부유를 누리게 하신다.

20대, 행위와 소유의 시간
30대, 침묵과 비움의 시간
40대, 이제 나를 통해 주께서 말씀하시고 성령께서 역사하시는 시간이 되리라!

정말, 장족의 발전이다! 나이 먹는 보람이 여기에 있다! 헛살진

않았다!^^

앗, 방금 맥도날드 목사님도 독서기도에 대해 말씀하신다. 내가 원조가 아니었구나… 조금 실망….

그러나 동지가 있다는 반가움이 더 크다!^^

11월 27일

말·말·말!

평화도 이루고 다툼도 일으키는 말, 사람을 거룩하게도 하고 더럽게도 하는 말, 죽이고 살리는 말… 말에 대해 묵상하던 중, 말로 죽은 하나나를 보게 하신다.

> …나는 너를 땅 위에서 치워버리겠다. 나를 거역하는 말을 한 벌로 너는 이 해가 가기 전에 죽으리라. (예레미야 28:16)

'말 잘하면' 상도 복도 생명도 얻고, '말 못하면' 화도 저주도 죽임도 당한다. 말씀이신 주님, 말의 주인이신 하나님께….

자나 깨나 말조심, 뱉기 전에 다시 보자!^^

주님, 제 말에 주님의 향기와 온기와 생기를 불어넣어 주소서!

11월 30일

한 주를 은혜 가운데 무사히 마치고 누리는 달콤한 쉼….

정신이 육체를 이긴다.(가끔은.^^)

몹시 피곤했지만 내 영의 열정이 몸의 한계를 누르고 새벽을 넘어간다. 지연이를 통해 공급해주신 영의 만나들, 전병욱 목사님과 오정현 목사님의 책들을 묵상하며 오늘도 깊은 독서기도를 드린다.

성령의 불로 뜨겁게 지펴주신다.

기도 가운데 매일 더 선명하고 확실하게 보여주시는 비전… 날이 갈수록 더 뜨거워져 감당하기 어려운 갈망… 오직 주님 때문에 살고, 주님 덕분에 살고, 주님 위해 사는 것이 푯대가 된 삶!

그 푯대를 향해 이번 한 주도 힘 다해 맘 다해 달려왔다.

다 보시고, 다 아시고, '더' 갚아주실 주님만 바라보며!^^

12월 19일

하나님께서 뜻이 있어 …할 마음을 품게 하시니, 사람들이 아무리 간청해도 굽히지 않더라.(*사무엘하 24:1-4)

가슴에 불을 붙이심은 이루시겠다는 약속이다.

안 이루시려면 불부터 끄신다. 찬물을 끼얹으신다.

그래서 생각을 떨칠 수 없을 땐 현실이 된다. 그것이 아버지께서 우리와 함께 일하시는 방식이다. 너무나 멋지고 맘에 쏙 드는 방법이 아닐 수 없다!

아시죠? '아버지 짱'이라고 여기는 제 맘!^^

12월 22일

다 기록할 수 없는 크고 작은 행복으로 오늘도 내 잔이 넘친다. 아버지의 사랑을 주체할 수 없어 잠 못 이루는 밤이 자꾸만 쌓여간다. 다 말하지 않아도, 표현 다 못 해도 내 맘 다 알아주시는 아버지, 아버지 맘 알려주시는 아버지, 그렇게 아버지와 하나 되게 하시려고 십자가 지신 주님의 나심을 오늘 사랑하는 지연·정희·형원·형민·찬영이와 미리 근사하게 기뻐했다.

주님, 와주셔서 감사해요!
이 땅에, 그리고 제게!

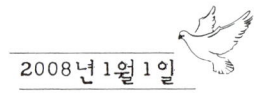
2008년 1월 1일

주께서 나를 기뻐하시는 줄 내가 압니다.
내 적들이 나를 이기지 못하기 때문입니다.

내 진실함을 보신 주께서 나를 붙드시고

주의 얼굴 앞에 영원히 세우십니다. (시편 41:11, 12. 우리말성경)

새해 아침 내게 주시는 주의 약속,

주께 드리는 나의 고백이다.

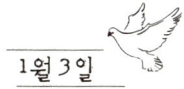
1월 3일

실습과 모든 일정을 '완벽하게' 마치고 다시 독일로 돌아가는 비행기 안이다. 한국에서의 지난 3개월도 날마다 '기이한 인자하심'으로 채우셨던 주님. 남은 독일의 삶에도 더욱 그리하실 것이며, 기내에서도 그 인자하심은 중단없이 계속되고 있다.^^

편안한 자리 주셨고, 찬영이가 감탄하며 먹은 맛난 메뉴 주셨고, 한 그릇 더 원하는 찬영일 위해 누군가의 입맛을 앗으셔서 두 그릇 푸짐하게 먹여주셨고, 즐겁게 놀다가 지금은 곤히 단잠 자게 하시고, 내겐 로렌 커닝햄의 《벼랑 끝에 서는 용기》로 벼랑 끝이 두렵지 않은 용기 주고 계시고, 떠나기 전날 극적으로 챙겨주신 《조준모 2집》으로 그 용기가 더욱 백배하게 하시니, 오직 주만 예배하며, 오직 주와 함께, 오직 주를 위해 살 독일에서의 남은 삶도 엄청 기대된다!^^

1월 4일

석 달 만에 다시 온 독일 내 집.

문명에 살다가 오지에 온 듯 낯설고 힘들다. 모든 것이 가라앉고 죽어 있는 듯한 이곳의 겨울과, 간소하고 소박하다고 여겼던 주변의 모든 것이 허전하고 썰렁하기 그지없다. 아, 그동안 내 조국 한국이 너무 모든 것에 넘치는 부자가 된 탓이니 웃어야 하나 울어야 하나….

어찌 되었건 '내가 하늘에서(비행기에서^^) 이 땅에 내려온 것은 내 뜻대로 온 것이 아니라 내 아버지께서 보내셔서 온 것이니' 그 아버지께서 친히 격려해주신다.

"내가 너를 고아와 같이 버려두지 않고 늘 함께하마. 초막이나 궁궐이나 내가 함께 있는 곳이 천국 아니니? 내가 빛이니 내 안에서 걸으면 거칠 게 없을 것이다…."

늘 듣던, 그러나 또 새로운 말씀으로 내 빈 마음·낮은 마음을 그득히 채워주신다. 새로이 이곳에서 행하실 '사랑의 기적'을 기대할 것밖에 없는 삶, 빈 것은 넘치게 채우시고 낮아진 것은 높이 세워주시는 좋으신 주님을 더욱 경험할 일만 남은 복된 내 삶임을 다시 한 번 일깨워주신다!

1월 5일

'독일과의 동침'이 새로이 시작되었다.

이젠 어렴풋이 끝이 보이는, 어쩌면 마지막이 될지도 모르는, 그렇다면 아쉬운 동행!

철저히 누리라고 하신다. 내가 네게 준 선물이니 마음껏, 원없이, 한없이 누리라고 지시가 떨어졌다!

자, 그래서 나의 '독일 누리기'가 시작되었다!

구석구석, 순간순간, 아쉬움도 미련도 후회도 없을 만큼 철저히 누리리라! 우선 생활주변을 다시 정리하고 가볍게, 정결하게, 거~룩하게 청소부터 시키신다.^^

돌아온 첫날, 저녁 8시에 잠들고 아침 5시 반에 일어났다. 찬영이도, 나도. 둘 다 시차 적응 따위가 필요없는 '국제적 체질'로 만드셨으니 앞으로 무지 기대된다. 늘 기도시키시는 대로, 온 세상 동서남북 사방팔방 다니면서 주님 자랑하며 살게 하시리라. 우리의 그 동분서주함을 통해 큰 영광 받으시리라!

역시나 독일답게, 혹시나 하고 왔건만 내내 흐리고 비가 흩뿌린다. 그러나 오늘은 늘 흘겨만 보던 잿빛 하늘을 사랑스러운 시선으로 카메라에 담았다. 이제 곧 눈부신 햇살 아래서 오늘을 추억하며 보게 될 그날을 믿음의 눈으로 바라보며….

뭐가 잘못된 건지 인터넷 연결도 안 되는 '암흑' 속에서, 사흘째 아무리 들어도 지겹지 않은 《조준모 2집》으로 한 줄기 빛을 비춰주고 계신다. 떠나기 직전 부랴부랴 챙겨주실 때 알아봤지만, 내 영의 '일용할 간식'이었던 것이다.^^

이렇게 양식은 물론이요, 간식까지 살뜰하게 챙겨주시는 자상하신 아버지와 동행할 독일광야 마지막 길도 주와 함께 가는 즐거운 길·신나는 길·보람찬 길이 되리라 믿어 의심치 않는다!

1월 7일

꽃집에서 전화 오다.

돌아온 걸 어찌 알고… 연락도 안 했는데… 다 아버지께서 일러바치신 게지!

좀 더 쉬고 싶지만 가라시니 가야지. 그래도 수월한 '리본 만들기'로 형편을 봐주셨다. 오랜만에 일하러 가는 것이 소풍 가는 것 마냥 '살짝' 설레는 은혜도 주신다.^^

찬영이는 석 달 만에 학교 갔다 오더니, 문 열고 들어서면서 잠깐 울먹인다. 적응하기 좀 어려웠단다. 잘 못 알아들었다고…. 그렇게 잘도 조잘대던 독일어를 석 달 만에 까먹다니… 아이들의 적응력이란!(적응력이라고 해석하고 싶다.ㅠㅠ) 그래도 내일 학교 안 가겠다 소린 안 하니 감사하다. 내일이면 언제 그랬냐는 듯 다시 조잘대겠지….(제발!)

도착한 지 5일째 계속 흐리고 바람 불고 비 온다. 정말 사람 살 땅이 못 된다. 겨울만은. 그런데 그 겨울이 일 년의 반이 넘으니 '허옇게 뜬' 독일사람들이 불쌍해서 가슴이 미어질 지경이다. 빛 찾아 떠나는 휴가에 인생 걸고 사는 게 하나도 과하지 않다. 다 주시진 않으신다. 알아서 적당히 빼신다. 아버지 못 잊도록!

아, 정말 이 독일생활이 끝나면 무조건 햇빛 쏟아지는 땅에서 살고 싶다. 일 년 내내 여름이라도 좋으니!(적도 부근만 빼구요….^^;)

빛이 되신 주님!

이 고약한 날씨 덕에 그래도 날마다 빛 되신 주님을 묵상하고 고대하고 갈망하고 사니, 그것이 약이 되긴 하다.

좀 쓰긴 하지만….^^

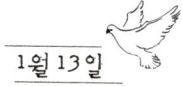
1월 13일

'거룩한 일상'을 혼신의 힘을 다해 살아내고 있다.

아버지를 생각하고 힘들어도 참고, 괴로워도 참고, 피곤해도 참고, 지루해도 참고, 외로워도 참고, 막막해도 참고, 복잡해도 참고, 심심해도 참고, 참고, 참으며… 하루하루 순간순간을 최선을 다해 살아내고 있다.

겨울엔 반 토막 아니라 삼 분의 일 토막인 독일의 하루가 금세 저물었다.

지난 며칠 간, 약속하신 '독일 누리기'를 발에 땀이 나다 못해 못이 박혀 "이젠 그만, 좀 쉬었다 합시다!" 외칠 때까지 시켜주셨다. 아버지 식대로 넘치게, 내 식대로 질릴 때까지!^^

그동안 못 가본, 안 가본, 지나친 주변 구석구석을 끌고 다니시며 이런 데도 있단다 보여주시고, 요런 것도 있지 챙겨주시며 놀아주셨다.

오늘은 육체에 달디단 쉼을 주시고, 내일과 모레는 단순한 육체노동으로 머리에 쉼을 주시고… 알아서 계획하시고 실행해 가시는 내 삶. 이끄시는 대로 따라가는 것만이 나의 할 일.

맞죠? 아버지!

저, 잘하고 있죠?^^

1월 19일

새해 달력이 없어 날짜 가는 걸 모르겠다.

사실 하루 이틀 가는 건 셀 겨를도 없다. 1월인가 하면 어느새 2월, 새핸가 하면 곧 연말인 속도로 날아가니….

내일 모처럼 맞는 손님, 꽃집동료 영애 씨 모녀들 접대준비하느라 즐겁게 분주했는데, 하나부터 열까지 최상으로 인도해주셔서 오늘도 '환상적인' 광야의 하루였지만, 마음 한구석 늘 자리하고 있는 일말의 고단함은 거친 광야길 가는 동안엔 벗을 수 없는 짐이리라.

이제 곧 광야의 짐 다 내려놓고 약속하신 '사방의 태평성대'를 누릴 가나안에 당도하리라!

그 믿음으로 오늘도 무거운 다리를 이끌고 힘 다해 전진하였다.

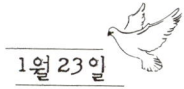
1월 23일

찬양을 틀어놓고 듣는 것도 찬영이에게 좋은 교육이 되고 있다. 다른 놀이에 열중하면서도 수시로 무슨 뜻이냐고 가사를 물어 온다. ♬"부흥 있으리라 이 땅에…."를 듣더니 "뭐? 구름 있다고? 구름이 왜 땅에 있어?" 해가며….^^

언제 들어도 들을 때마다 새롭게 영혼을 뒤흔드는 찬양들… 찬양 중에 임하시는 성령님… 어서어서 완전한 그곳에서 영원한 찬양 주 님께 드리며 살고파라!

이 내 맘을 향기로운 제물로 받아주실 아버지, 언제나 내 가슴과 눈시울을 뜨겁게 하시는 아버지의 사랑, 피곤하고 고단해도 부인할 수 없는 그 사랑을 어느 때보다 찬양 중에 진하게 느끼고 누린다.

오늘도!

1월 24일

찬영이 담임선생님을 오랜만에 만났다.

안동 사는 수정이네 들른 길에 도산서원 기념품점에서 사 온, 자수와 색동이 예쁜 헝겊필통을 선물하니 '기절하게' 좋아한다. 자신의 부전공이 섬유와 색상 관련이었는데 어떻게 알았느냐고, 너무나 맘에 쏙 드는 선물이라며 "당케 쉔!(Danke schön. 정말 고마워요)"을 연발한다.

어떻게 알긴, 다 아는 수가 있지….

다 아시는 분을 통해서!^^

2월 4일

'독일 누리기'가 계속되고 있다.

오늘은 독일 와서 처음으로 카니발 축제장으로 이끄셨다. 비 오고 바람 불고 매서운 날씨에도, 온갖 기기묘묘한 형상으로 분장한 사람들로 거리가 화사했다.

찬영이도 '잔칫집' 가는 예의상, 한국에서 막 물 건너온, 독일에선 유일무이한 하얀 곰털모자 쓰고, 코에 빨간 하트 그리고, 눈에 '판다 칠'하고 볼에는 연지도 찍고 신나게 나서니, 다들 "쥐스!(Süß. 귀여워라)"를 연발한다.

가까운 행사장인 뒤셀도르프로 가는 길, 기차도 전철도 택시처럼 준비해주셔서 어렵잖게 도착을 해보니, 역시나 기대 이상의 잔치를 눈이 휘둥그레지게 차려 놓으셨다. 이 좋은 구경을 왜 그간 할 생각을 못 했을까?

두 시간가량 신바람 나게 이어지는 현란한 차량과 악대행렬, 그리고 하늘에서(높다란 차들 위에서) 쉴 새 없이 쏟아져 내리는 만나(사탕·젤리·초콜릿…)를 정신없이 주워 모으며 찬영이도 나도, 실은 점잖은 찬영이보다 내가 더 신이 나서 손발이 꽁꽁 어는 줄도 모르고 정신없이 놀았다.

주워 모은 '만나'가 한 가방 가득하다. 돌아오는 기차 안에서 둘이서 경쟁하듯 쉴 새 없이 까먹어도, 오늘 같이 오려다 못 온 요안나·요세핀에게도 나눠줄 수 있을 만큼이다. 내 앞에서 뒤집은 우산으로 쏟아지는 사탕들 싹쓸이 챙긴 몰지각한 '주책 아저씨'만 아니었으면 내년 양식까지도 모을 수 있었는데…. 나도 내년엔 우산 하나 들고 갈까 보다!^^

크고 보니, 어릴 적 장밋빛 추억을 곶감 빼먹듯 힘 삼아 살아가는 인생인 듯하여 나름대로 애쓰고 힘쓰는 육아원칙 중 하나는 '어린 시절 좋은 추억거리 많이 만들어주기'다. 그런데 요새 날 향한 아버지의 그 마음을 자주 느낀다. 매일 새롭고 재미난 추억거리·자랑거리·얘깃거리들로 내 인생을 풍성하게 채워주시려고 애쓰시는 아버지의 애틋한 마음과 뜨거운 열심이 느껴져 가슴 뭉클할 때가 많다. 아, 내가 이렇게 철들어 가나 보다!

매일 처음인 듯 설레며 기다리는 시간

모든 것 잠든 뒤 고요히 아버지와 만나는 이 시간

그 무엇과 비할 수도 바꿀 수도 없는 완전한 행복의 시간

내 짐 대신 지시는 아버지 앞에 다 내려놓고

엎드립니다. 쉽니다….

누더기 벗기시고 잔치 옷 입히시는 그 사랑 앞에

내 모습 이대로 나아옵니다.

새롭게 하시고 완전케 하시는 능력 앞에

기대와 소망으로 달려옵니다.

그 사랑 나를 채워 온 땅에 흘러가기를 바라며

그 능력 나를 통해 온 세상 덮기를 간구하며 나아옵니다.

모든 것 되시는 아버지 앞에

몸과 마음으로, 찬송과 예배로, 간구와 갈망으로 나아옵니다.

언제나 기다리시는 아버지께

반갑게 맞아 꼭 안아주시는 아버지 품에

오늘도 내가 달려와 안깁니다!

2월 5일

　가정예배 때, 하나님 앞에서 힘껏 춤춘 다윗을 비웃은 미갈이 평생 아이를 낳지 못하는 벌을 받았다는 말씀을 나누었더니, 찬영, 의

분에 찬 목소리로 외치기를,

"그래도 다행인 줄 알아야지. 죽지는 않았으니까!" 한다.

미갈, 들었지? 그만한 걸 감사해라.^^

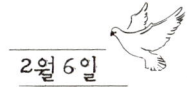
2월 6일

　내가 일하러 가는 날, 찬영이는 혼자 일어나 학교 갈 준비해서 다녀와 엄마가 올 때까지 기다리는 것이 쓸쓸하단다. 그래서 매일 저녁 드리는 가정예배 때 잊지 않고 "하나님, 내일은 쓸쓸하지 않게 해주세요. 재밌게 해주세요." 기도하는 찬영이, 그래도 씩씩하게 잘 해내고 있다.

　사람은 가끔 쓸쓸해야 하나님을 안 잊는 거라고, 그 훈련이 잘 끝나면 많은 사람과 왁자지껄 잔치하며 살게 해주신다 했더니 알아듣는다.

　아, 오늘 내 설교에 내가 은혜 받았다.^^

　좋으신 아버지께서 반드시 그렇게 해주시리라!

　'때가 되면' 안 쓸쓸하게, 안 심심하게,

　'너무너무 재밌게' 해주시리라!

2월 9일

오랜만에 신 선생님네 들렀다.

찬영인 어제 엄마에게 배운 세배를 위르겐(Ürgen) 아저씨께 '강제로' 넙죽 실습하고 "새해 복 많이 받으세요!" 덕담까지 '한국어로' 한 뒤, 4유로나 세뱃돈을 받아 입이 다물어지지 않았고…. ^^

그 후 잠깐 산책한 동네, 전형적인 독일인 마을은 어찌나 예쁘고 평화로운지 내가 가서 살 '천국 동네'를 연상하게 했다. 하나하나가 독특하면서도 절묘하게 어우러지는 집들, 주인의 개성과 정성으로 멋지게 단장된 정원들….

이보다 더 아름다운 그곳, '그림 같은 집'에서 '사랑하는 님'과 함께 한 백 년이 아니라 '영원히' 살 그날을 꿈꾸며 간절한 기도로 거닐었다.

당신은 나의 고향
오랜 세월 여긴가 저긴가
기웃대며 찾아 헤매던 저의 본향입니다.
아버지께서 인도해주신
친히 손잡고 이끌어 다다르게 해주신
이제 두 다리 쭉 뻗고 편히 쉴
완전한 내 푸른 초장, 맑은 물가입니다.
아버지께서 창세 전에 예비해두신

때가 이르매 누리게 하신

언제나 사모하며 복종할

영원한 나의 주인입니다.

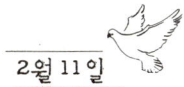
2월 11일

사랑은 인정해 주는 것이다.

사랑받고 인정받고자 몸부림치며 사는 인생.

그런데 하늘아버지께서도 우리의 사랑과 인정을 구하며 몸부림(?!)치신다. 제발 내 말을 믿어달라고, 내 마음을 알아달라고, 나를 아버지로서 사랑해달라고, 내가 하나님 됨을 인정해달라고, 너를 완전히 사랑하고 인정하는 존재는 나밖에 없음을 알아달라고 창세기부터 계시록까지, 태초부터 오늘 내게까지 거듭거듭 외치시고 애원하시며 부르짖으신다.

네가 그렇게 나를 사랑하고 인정하기만 하면 네가 원하는 다른 모든 것은 거저 다 줄 테니, 넘치게 줄 테니 내게 오라고, 내게로 돌아오라고 외치고 또 외치시는 아버지의 목소리를 요즘 구약의 선지자들을 통해 생생히 듣고 있다.

그 음성이 들려지는 기적을 누리고 있다!

2월 12일

광야와 가나안은
한 세트라 따로는 안 파신단다.^^

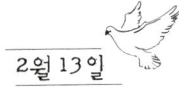
2월 13일

불교식으로 말하자면, 광야는 인생사 가장 큰 4가지 고뇌로 가득 찬 고해다.
함께 있고 싶은 사람과 함께 하지 못하는 고뇌
같이 있기 싫은 사람과 같이 있어야 하는 고뇌
하기 싫은 일 해야 하는 고뇌
하고 싶은 일 못하는 고뇌….
이 혹독한 훈련의 장·단련의 풀무·연단의 시기를 지나면
내가 정금같이 나오리라!

2월 14일

가정예배 때, 얼마 전 들려주었던 '포도나무와 가지 비유'를 다시 복습하며 찬영이에게 물었다.

"예수님은 포도나무, 우리는 뭐지?"

찬영, 잠깐 난처한 표정으로 고민하더니 자신 있게 외치기를,

"포도!"

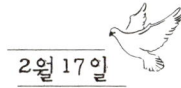

인연의 주관자: 이끄시어 만나게 하시고, 흥미진진한 이야기를 엮으시고, 해피엔딩의 결말을 맺으시는 하나님.

마음의 주관자: '그럴 마음'이 동하게도 하시고 없게도 하셔서 역사를 이끌어 가시는 아버지를 룻기를 통해 다시 한 번 복습하고, 사무엘서로 넘어와 '천국보험'을 얼른 또 하나 든다.

나와 내 후손은 오직 하나님만 길이길이 잘 섬겨 영원히 복 받는 가문이 되게 하소서! '엘리네'처럼 중간에 길 어긋나서 돌이킬 수 없는 화를 입는 일이 내 집안에는 없게 하소서! (*사무엘상 2:12-36)

기다림!

광야학교에서 반드시 이수해야 하는 필수과목!

이거 제대로 '이수' 안 되면 '졸업' 절대로 안 된다고 엄히 경고하신다.^^;;

아버지의 지시가 떨어질 때까진 죽은 듯 기다릴 줄 알기. 실수가 없으신 하나님의 뜻하신 바 있음을 믿고, "행동개시!"·"진격!"을 외치실 때까지 납작 엎드려 잠잠히 기다릴 줄 아는 것이 믿음의 정수·최고봉임을 체득하는 곳, 광야다.

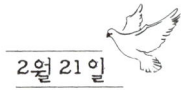
2월 21일

한 달여 만에 갑자기 정희에게 전화를 해보고 싶은, 해봐야겠다는 생각이 뜨끈뜨끈 끓어서 무거운 걸음을 떼어 며칠 만에 밖으로 나가(요샌 웬만해선 밖에 안 나가는 생활이다. 일 다니는 데 지쳐서…) 국제전화카드를 사 와서 전활하니, 며칠 전 새로 취업이 되어 내일 그곳으로 떠나는 날이었다며, 어찌 그리 타이밍이 정확하냐고, '영빨'이 보통 아니라고 해서 한바탕 웃었다.

다 아버지 '실력'이시지!^^

그동안 오직 믿음과 인내로 기다려온 정희가 마음껏 헤엄칠 수 있는 물을 이제야 주신 것 같다. 앞으로 정희에게 차려주실 아버지의 잔칫상, 내게도 떨어질 '고물'이 무지 기대된다.^^

2월 23일

 다음 주 화요일이 '2008 유럽 코스타(유학생 수양회)'가 열리는 날이나, 지난 4년간 잘 누렸으니 이번엔 얌전히 집에서 공부해야지 하고 '착한 맘' 먹고 있었는데, 착한 맘이 아니었던 모양이다. '씰데없는' 소리 말고 가서 잘 배우고 즐기다 오라고 아버지께서 오늘 갑자기 등을 확 떠밀어주셔서, 못 이기는 척 바쁜 준비가 시작되었다.

 일 년에 한 번 '큰 맘 잡수시고' 손수 차려주시는 광야의 잔칫상이니, 가서 정성 다해 준비해 놓으신 것 배불리 먹고 '몸보신' 해 오라신다.

 정말이지, 아버지밖에 없다!^^

2월 24일

 말씀 앞에서 보내는 주일.

 출애굽기 모세 이야기.

 다 아는(?) 뻔한 이야기가 오늘 전혀 새 이야기가 되어 살아 펄떡인다.

 모세가 광야에서 왜 40년을 보내야 했는지 아니?

 퀴즈를 내신다.

 "모세를 죽이려고 찾던 사람들이 다 죽을 때까지 걸린 시간이야.(*출애굽기 4:19) 더 일찍 갔더라면 죽었을 거야. 그러니 그 40년은 모세를 위한 최적의 시간이었지. 이렇게 내가 한 치의 오차도 없이 다 알아서 주관하고 있으니, 너도 그냥 날 믿고 따라오면 되겠지? 지금 있는 곳에서 하루하루 즐기며 살고 있으면 돼. 때가 되면 어김없이 다음 장면으로 넘어갈 테니까. 지루할 때도 있는 줄 안다만, 그때도 일들은 소리 없이 착착 진행되는 중이니 맘 푹 놓고 조금만 더 인내하렴. 내가 네게 작정한 일, 미리 계획해둔 일들은 내가 반드시 다 이룬다….”

흥미진진한 '새' 모세 이야기, 아니, '나의 이야기'를 이렇게 친히 재미나게 들려주신다.

한 달간 요양 가 계시는 신 선생님께로부터 반가운 전화가 왔다. 독일 중부의 작은 요양도시 보르켄(Borken)에서…. 좋으시단다.

그 좋음이 목소리에 고스란히 담겨 있다.

목소리에도 표정이 있다니까!

오는 주말, 문병을 핑계로 놀러 가기로 했다.^^ 요양병원 측에서 마련한 마부르크(Marburg) 관광일정이 들어있는 날이다. 야호! 드디어 그곳에 가보게 하실 모양이다. 20대 중반, 그곳에서 공부하던 한 선배에게서 들어 알게 된 이후 꼭 한번 가보고 싶었던 아름다운 중세 대학도시 마부르크!

이제 10여 년 만에 '때가 되니' 길을 여신다. 크고 작은 내 모든 소원도 그렇게 '때가 되면' 다 이루시리라!

사느라 여유 없는 내 봄 소풍계획까지 이렇게 알아서 짜고 계신 아버지는 역시 유능한, 아니 전능한 내 매니저!^^

다시 모세에게로 돌아와 보니, 아직도 사사건건 '나는 입이 둔하고 말주변이 없어서 일 못한다'고 하나님께 대드는 중이다.(*출애굽기 6:12, 30) 겁도 없이!

대체 40년 동안 얼마나 입을 다물고 살았으면 저리되었을까 싶어 가슴이 저리기도 하고, 한편으론 그 긴 세월 동안 자신을 '방치'해 두신 하나님께 '삐친' 내심의 표현일 것도 같아 이해가 '좀' 가는 대목이기도 하다.^^

어쨌든 이렇게 '자신감 상실'의 차원을 넘어 거의 '자아 분실'의 지경까지 이르렀을 때야 비로소 하나님께서 찾아오신 모양이다. 토기장이가 그릇을 빚기에 진흙이 가장 말랑말랑해진 상태라고나 할까?

그런 모세에게 역시 고수이신 아버지, 세게 나오신다.

내가 너를 나처럼 세우겠다고(*7:1), '내'가 없어지니 그 자리에 '하나님 자신'을 넣어주신다.

40년 광야살이의 대가가 절대 억울하지 않은 '거래'다.

아니, 최고의 '투자'다!

예배는 잔치다.(*10:8, 9)

두 단어를 같은 뜻으로 쓰신다.

예배는 하나님 앞에서, 하나님 자신을, 하나님과 더불어 기뻐하고 즐거워하는 것이라 하신다.

위기는
하나님의 영광을 생생히 맛보여주시려고
아버지 힘자랑하시려고 세팅하신 무대장치
'위대한 기회'다.(*14:4)
곧 베푸실 기적의 잔치의 '전야제'다.
위기가 클수록
잔치의 맛과 흥은 특별할 것이다!(*13-31)

하나님의 영양 식단:
오전에는 탄수화물 만나, 저녁에는 단백질 메추라기
그런데 저녁에는 '그냥' 메추라기인데
아침에는 '배불리 실컷 먹을' 만나를 주셨다.(*16:8, 12)
아침은 든든히 먹고, 저녁은 적당히 먹으라신다!^^

빈손으로 보내는 것도(*12:35, 36)
빈손으로 오는 것도 싫어하신다.(*23:15)
주기도 받기도 즐겨 하시는 아버지
그러나 마음에서 우러나와서 하는 선물만 받으신단.(*25:2)
선호하시는 품목은 붉은 계열의 색상(자주·보라·진홍·분홍…)과
향료·보석….(*3-7)

나도 다 좋아하는 것들인데… 난 역시 아버지 딸이야!^^

그런데 나를 항상 "예쁘다, 향기롭다, 보배롭다" 하시는 걸로 봐서, 결국은 나를 좋아하신단 얘기를 이렇게 빙~ 돌려서 하시는 거… 맞죠?

난 눈치도 빨라. 역시 아버지 닮아서!^^

아버지께 늘 향을 피워 두라 하신다.(*30:7, 8)
좋은 향은 마음을 기쁘게 한다시며.(*29:18)
이젠 우리의 기도가 그 향이라시니(*요한계시록 5:8)
아버지께 좋은 향 많이 피워 드리자.
아버지의 '웰빙'을 위해서.
그게 효도다!^^

모세에게 '너는 내 마음에 드는 자, 잊을 수 없는 이름'이라고 사랑고백하셨다.(*출애굽기 33:17)

아, 역시 사랑의 근원답게 고백도 멋있게 하신다니까!

외웠다 써먹어야지.^^

사실 내게도 모세 부럽지 않은 멋진 사랑의 고백을 해주셨었다. 성령님을 만난 지 얼마 되지 않았을 무렵, 마침 구약 읽기를 다 뗀 어느 날 아침, 계속 신약으로 넘어갈까요? 여쭈며 목차를 죽 훑어보는데, 갑자기 룻기가 눈에 쏙 들어왔다. 읽어라! 하시는 확신과 함께. 불과 며칠 전에 읽은 터라 의아했지만, 뭔가 새로 하실 말씀이 있으신가 보다 짐작하고 펼쳤는데, 완전히 새로 나온(?) 새 로맨스·새 러브스토리였다.^^ 어찌나 재밌던지 푹 빠져들어 순식간에 다 읽고 나선 나도 모르게 한숨을 내쉬며 그랬다.

"아버지, 룻은 참 보석 같은 여자네요…."

그런데 내 말이 떨어지기가 무섭게

"너도 보배야!"

하시는 게 아닌가! 전혀 뜻밖의 대꾸에 깜짝 놀라 내가 다시 급히 반문하기를,

"아니, 제가 무슨 보배예요? 적어도 룻 정도는 돼야 보석이라 할 수 있죠."

그랬더니 그러셨다.

"네 이름을 생각해 보렴. '아름다울 미 美'에 '아름다울 옥 경 瓊', 그거 내가 네게 친히 지어준 이름이다. 너는 '아름답고 아름다운 나의 보배'다!"

그 청천벽력 같은 아버지의 고백을 영으로 듣고, 얼마나 놀라고 얼마나 감격해 얼마나 울었는지…!

내 이름은 그날 그렇게 다시 태어났다.

사실 늘 못마땅하고 마음에 안 들던 이름이었다.

우선 너무 흔했다.

내 이름이 처음 불리던 그 무렵, 이 이름 좋다는 게 어떻게 소문이 났는지^^, 초등학교 시절 한 번도 반에서 '나 홀로 미경'이었던 적이 없었다. 둘이었던 적도 없었다. 적어도 셋 이상의 '미경이 들'이

언제나 '바글바글' 모여 있었다.ㅠㅠ 그 이후로도 '강미경'이는 물론, '육미경'·'공미경'… 에 이르기까지 대한민국에 존재할 수 있는 거의 모든 미경이들을 두루 만나며 살아오는 동안, 나는 누가 뒤에서 "미경아" 하고 부르면 절대 뒤돌아보지 않았다. "강미경!" 해야 '혹시 난가?' 하고 돌아볼까 말까 한 이름이었던 것이다.

게다가 나이가 좀 들고 나니, 생긴 것도 차가운데다가(내가 보기엔 따뜻하기만 한데 왜들 그러는지….^^) 이름의 어감이 너무 '강'하다는 말을 듣는 것도 정말 싫었다.

더욱이 무슨 뜻이냐고 물어오면 또 당황스러웠다. 다른 미경이들이 흔히 쓰는 '공경할 경'이나 '경사 경'이 아닌, 희귀한 '아름다울 옥 경'이라니! 앞의 '아름다움'에다 '아름다움'이 또 겹쳐 그리 썩 아름답지 못한 처지를 어찌나 민망하게 하는지, 그래서 그냥 '옥 경'자라고 얼버무리게 만든 이 유별난 이름이 급기야 독일땅에 와선 더 모진 수난을 끌어들여 날 애먹이니….

이 '혀 꼬인' 종족들이 도무지 발음을 못 하는 거다. 그나마 최선을 다해 불러준다는 것이 '미콩', 아니면 '미캥', 심지어 '미쿵'이니 부르는 저나 듣는 나나 도저히 감당하기 어려워 차라리 '미영', 아님 아예 '미'라고 불리고 살게 했던 이 고민스러운 이름이 어찌 사랑스러웠겠는가!

그런데 그 이름을 하나님께서 '제대로' 불러주신 것이다. 사람에게 가장 아름다운 음악이라는 자기 이름, 그 이름을 지어주시고 불러주시는 하나님, 불러주실 뿐만 아니라 별 볼 일 없는 이름을 별처럼 빛나는 이름으로 바꿔주시고, 그 이름을 친히 이루어 가시는 분께서 그렇게 내 이름을 새로 불러주셨다.

  성령께서 오셔서 지난 37년간 숨겨져 있던 의미를 드러내 바로 깨닫게 해 주신 그날 이후, 이젠 너무나 자랑스럽고 사랑스러운 내 이름, 아버지의 열심으로 곧 완성해주실 소망스럽고 영광스런 이름이 되었다!

  할렐루야!!^^

2월 25일

  성령께서 하라시는 대로 하고 사니 참 편하고 좋다.

  골치 아플 일도, 걱정할 일도 없다.

  엄마 말씀에 순종하는 아이의 평안이 충만하다.

  깨우시면 일어나고(밤낮을 안 가리시지만), 재우실 때 자고(안 재우실 때도 많지만), 차려 주시는 대로 먹고(날마다 별미다. 주로 어제의 맛을 잊게 하시는 '수법'으로.^^), 하라시는 일, 가르쳐 주시는 방법대로 하면서 사는 삶, 정말 자유롭고 만족스럽다. 찬송가 가사처럼 "예수 따라가며 순종하는 삶이 참 즐겁고 복된 삶" 맞다!

2월 26일

여긴, 2008 유럽 코스타 현장!

헤센(Hessen) 주에 있는 키르히하임(Kirchheim)이다.

일 년이 또 아버지 은혜 안에 무사히 흘러 이곳에 다시 와 앉으니 감개가 무량하다.

우와, 올해 유럽 코스타가 20주년이란다.

그럼 그렇지, 이 역사적인 날에 내가 빠지면 안 되지, 그래서 굳이 날 보내셨구나… 혼자 즐거운 착각을 해보면서 주위를 둘러보니, 어, 바로 앞에 김요셉 목사님께서 앉아 계시네. TV를 통해서만 자주 뵀던 분인데, 이렇게 뒷모습이나마 이 이역만리에서 가까이 뵈니 콧날이 시큰해 온다.

그런데 시차를 못 이기시는지 꾸벅꾸벅 졸기 시작하셨는데… 그 와중에서도 정기적으로 머리를 크게 한 번씩 끄덕이시며 강사님의 열변에 호응을 보내주고 계신다. 역시 프로는 다르셔!^^

저녁집회 시간,

와! 조준모 형제님 드디어 등장하셨다. 화면에서보다 더 훤칠하고 멋있으시다. 역시 TV는 바보상자라니까!^^

웬 은혜가… 첫 시간부터 예사롭지가 않다. 첫 경배와 찬양의 곡들이 어쩜 내가 가장 좋아하는 몇 안 되는 곡이 다 나왔다. 더군다나 20대 초반에 가장 사랑했던 '그 시절 그 곡'까지…. 최근엔 들어

보기 힘은 명곡,

♪ 주를 찬양하며 나 이제 고백하는 말
　주를 사랑합니다
　나의 모든 것 되신 주님께….

　오기 며칠 전 특별한 기름부으심으로 찬양과 기도 중에 주셨던 곡들이다. 언제나처럼 마치 나를 위해 준비하신 잔치이듯이 그렇게 베풀고 계신다. 사모하여 모여든 각 사람 모두에게 그렇게 하고 계시리라. 더군다나 가슴이 타도록 사모하고 갈망하는 영혼에겐 더욱 그리하시리라. 침노하는 자가 천국을 차지하여 누리는 법칙은 이곳에서도 동일하게 적용되리라!
　저녁식사 때, 바로 옆자리에 김요셉 목사님께서 계시기에 와주셔서 반갑고 감사하다고 인사드리니 좋아하신다.
　잠은 다 깨신 듯 생생하시다.^^

'부르심'은
그것을 안 하면 죽을 것 같은 절박함과 확신을 동반한다.
이건가 저건가 헷갈리는 건 부르심이 아니다.
세상이 다 말려도 하지 않고는 못 배기는 그것
가진 것을 다 팔아서라도 얻고야 마는 그것이 바로 소명이다.

코스타 첫날, 완벽했다!

숙소도 찬영이와 내가 작년에 산 중턱까지 집 찾아 등산하면서부터 내년을 위해 미리 간절히 기도해두었던 '바로 그곳'이다. 행사장에서 가깝고 분위기도 그만인 방갈로 2층 지붕 밑 다락방! 찬영이가 신나 하는 발코니도 있고, 게다가 둘만 오붓하게 쓸 수 있는 곳.

안내팀에선 인원이 너무 많아 둘만 쓸 수 있는 방은 절대 없노라고 '안 된다' 못 박았지만, 와보니 아버지께서 '다 되게' 해 놓으셨다.^^

입 짧고 잠 짧은 찬영이도 어쩜 저리 잘 먹고 잘 자는지, 저녁도 예사롭잖게 잔뜩 먹었는데 와서는 빵 하나를 또 후딱 먹어 치우고 쿨쿨 잘도 잔다.(사실 코스타 시간표가 '유격훈련' 수준이니 코피 안 터지는 게 은혜.^^)

모두 아버지의 안아주심, 업어주심임을 이젠 분명히 안다. 그것을 깨달아 알기까지 꽤 오랜 시간이 걸렸다. 많은 사건과 눈물이 필요했다. 그러나 이제 먼 길을 돌아와 편히 앉은 여기, 따스한 아버지 품 안이다.

둘째 날, 어린이 코스타에 와보니 아이 중에도 이미 싹이 파랗고 노란 것이 분명히 보인다. 아버지가 목회자라는 한 남자아이는 이제 열 살이라는 녀석이 어찌나 매사에 부정적이고 냉소적이며 불평

투성인지, 잠시 함께 있는 동안에도 불편해서 혼났다. 여기 있는 동안 찬영이랑 친구 맺어주려고 다가갔다가 얼른 물러났다. 아이라도 그 품행으로 성품을 나타낸다는 잠언 말씀이 가슴을 찔러왔다. 남의 애 탓하기 전에 찬영이를 위한 간절한 기도가 절로 터져 나온다.

코스타의 가장 큰 재미 중 하나는 뭐니뭐니해도 사람 만나는 재미다. 제각각 다양하게 아름다운 하나님의 사람들 만나는 재미가 그만이다. 하늘아버지를 만난 사람, 그 사랑을 맛보아 아는 자들을 만나 그 기쁨과 감격을 함께 나누는 즐거움은 정말 가슴 벅찬 행복이다.

그와 더불어 다양한 성숙의 과정 중에 있는 이들을 본의 아니게 비교해 보는 것도 참 흥미롭다. 이미 푹 잘 익어 단물이 뚝뚝 듣는 사람도 있고, 익어가는 중이라 새콤달콤한 사람, 아직은 좀 떫고 풋내나는 사람 등. 물론 그중에서도 가장 흥미진진한 만남은 바로 나 자신을 만나보는 거다. 많은 사람과 다양한 상황 속에서 평소에 보기 어려웠던 나의 시고 떫은, 가끔은 달콤한 맛을 보게 되는 것은 참 설레고도 두려운 일이다.

들을 귀가 은혜로 열리면, 라디오 전파처럼 끊임없이 흐르는 하나님의 음성을 들을 수 있다. - 이용규 선교사님
아, 이 말이 무슨 말인지 이제야 알겠다.
은혜로다!

둘째 날도 은혜 가운데 저물었다.

찬영이도 신나고 재밌어서 집에 안 가고 싶다니, 코스타 5년 경력에 이미 코스탄 체질로 바뀐 듯….^^

지난 세월 동안 성령님께서 친히 스승 되셔서 나를 부지런히 키워 오셨음을 확인하게 되는 흐뭇하고 뿌듯한 잔치다. 이번 코스타는….

찬영인 세상에서 제일 맛있는 음식이라는, 그러나 안타깝게도 평소엔 금지된 한국산 컵라면을 "이게 웬 라면이냐!"며 후루룩 짭짭 신나게 들이키곤, 코를 골며 잘도 잔다.

내 침대 위가 비스듬히 낮게 경사진 지붕 밑이라 아침에 찬영, 문안 인사 올리기를 "엄마, 낮은 데 머리 안 부딪치고 잘 잤어요?" 한다. 이 녀석이 제 엄마가 칠칠치 못한 걸 어느새 다 간파한 거다.

이미 듬직한 내 보디가드다!^^

2월 28일

셋째 날, 아침부터 이 웬 은혠가!

몰랐는데 오늘 점심은 금식이란다!! 오, 마인 고트!!!

어쩐지 오늘 아침식사는 평소의 두 배로 자꾸 들어가서 너무 절제 없이 먹었나, 조금 자책하고 있었는데 역시나 다 이유가 있었던 인도하심이었어. 3일 금식쯤은 '코웃음 치며' 하던 20대완 달리, 요샌 배고픈 건 한 시간도 못 참는 나를 불쌍히 여기신 게야. 먹고 마시는 것도 친히 뜻대로 주장하시라고 늘 기도한 것을 이렇게 신실하게 응답하시는 좋으신 아버지…!

혼자 감격하다 말고 주위를 둘러보니, 벌써 눈에 힘이 풀린 듯한 옆의 어린 형제자매들 어떡하나… 아버지, 저들의 기도에 무조건 다 응답해주소서! 중보기도로 도울 수밖에…. ^^

♪ 하나~님은 너를 인도하는 분
　광야~에서도 폭풍 중에도….

은혜롭게 울려 퍼지는 조준모 님의 노래를 듣던 찬영, 외치기를 "뭐? 뽀뽀 중에도 라고???"^^

저자 직강 해설: 내려놓음 = 열어놓음. 아버지의 모든 것에!
- 이용규 선교사님

2월 29일

마지막 날이다.

자명종을 잊고 안 가져왔는데, 역시나 이번에도 아버지께서 친히 나의 정확무오한 자명종이 되어주셨다.^^

그리고 약속하신 대로 영과 육을 맛나고 기름진 메뉴로 자알 먹여주셔서 통통하게 살 올라 돌아가게 되었다. 다시 떠나는 길이 약간 허전하지만, 네가 어디로 가든지 항상 널 따라다니마 하신 아버지의 약속을 생각하면 다시 든든해진다.

 나 무엇과도 주님을 바꾸지 않을게요.

 아버지의 신실한 친구, 주님의 순결한 신부 될게요.

 고백 드리며, 다시 길을 떠난다.

사랑의 향기 흩날리며

5권

3월 3일

　드디어 내게도 CD 플레이어 시대가 막이 내리고 MP3 시대가 열렸다!

　참 지독히도 느리게 디지털 시대를 마지못해 엉거주춤 따라가는 나, 웬만하면 기계하곤 안 엮이고 살고 싶은 자칭 자연주의자! 그래서 많은 이들의 자자한 원성에도 불구하고 여태 휴대폰 없이 꿋꿋이 버티고 있는 나, 그런 내게 드디어 주님께서 '강권적으로' MP3 시대를 열어주신 것이다!

　꽃집 가서 일하는 긴긴 시간 동안, 지루한 건 못 참는 나의 생존을 위해 없어선 안 되는 음악. 그러나 아무래도 CD 플레이어가 너무 거추장스러워, 뭐 좀 더 편리한 방법 없을까요? 기도했더니, 갑자기 멀쩡하던 플레이어를 고장 내버리시고는 말로만 듣던 MP3로 날 이끄셨다.

　사실 그게 어떻게 쓰는 물건인지도 전혀 몰랐고, 그 '복잡한 것'을 혼자 주무를 엄두가 안 나, 나와는 전혀 상관없는 '괴물'인 양 여기고 살았는데, 아 글쎄 기도 중에, CD를 컴퓨터에 녹음해서 간단히 사용할 수 있는 '착한' 물건이라고, 너도 할 수 있다고, 겁먹지 말고 한번 도전해보라고 정보와 함께 용기를 주셔서 큰맘을 먹은 것이다.

　아니, 이게 웬 구석기적 얘기냐고?

　나는 지금 이런 정보까지도 성령님께 직접 '하사'받아야 살 수 있

는 광야에 살고 있다.(어쩔래?^^)

여하튼 그래서 집 근처 가게로 뛰어가 '아무거나' 하나 사 와서는 온종일 작업을 하는데도 도무지 녹음이 안 되는 거다. 분명 다 맞게 했는데 왜 안 되는 거야. 왜!!!

컴맹에다, 기계치에다, 혼자인 설움까지 북받쳐 올라 퍼질고 앉아서 다리 뻗대며 엉엉 울고 싶은 것을 간신히 참고 가게로 쳐들어가 자초지종을 따져보니, 세상에, 어이없게도 기계가 불량품이었던 거다. 으이구, 내가 정말… 아부지, 도대체 왜, 왜 그러시는 거예요…?!

왜 그러셨냐면,

내가 '아무거나' 막 쓰는 게 싫으셨던 거다. 노래만 나오면 되지 뭐, 하곤 투박한 구형모델에, 건전지를 갈아 끼워야 하는 불편함에, 기능도 시원찮은 싸구려를 무식해서 용감하게 막 골랐더니 그게 아니라시는 거다.

그래서 아버지께서 어떤 걸 사 주셨냐면!

일단 시내 큰 전문점으로 데리고 가시더니, 표면이 다이아몬드처럼 반짝이고(내 눈엔 그렇게 보인다.^^), 세련의 극치를 달리는 디자인에, 컴퓨터에 연결해 간단히 충전도 할 수 있는 최신기능(?)에, 가격도 지난번 그 '엉터리'와 크게 차이 나지 않는 최상품, 내 눈엔 그것보다 더 잘나 보이는 게 없는 극상품으로 마련해주셨다. 그것도 이번 주일만 '반짝' 판매되는 '스타' 상품으로!^^

아버지께서 하시는 일이 늘 이렇다.

날마다 맛난 메뉴로 상 차려주시는 분께서 막 먹으려던 접시를 싹 빼앗아 가실 때는 한 가지 이유밖에 없다.

더 맛난 것 먹이시려는 것뿐.

그것을 경험하고 알아가는 삶,

그렇게 아버지 마음 헤아려 가는 삶,

광야의 여정이다.

3월 4일

독특한 은혜의 자리로 오늘은 나를 초대하셨다.

꽤 그럴듯하다고 여겼던 내 자아에 대한 착각을 여지없이 무너뜨리시며, 화끈 얼굴이 달아오르는 내 속사람, 정말 아무것도 아닌, 주님 떠나가시면 빈 그릇·질그릇일 뿐인 나, 황무지·황야 같은 내 자아를 밝히 보는 은혜를 베풀어주셨다.

참으로 처음부터 끝까지 주의 은혜로만 들어가고 나가는 존재임을, 오직 주님께서 입혀주신 의의 옷으로 수치를 가리고 사는 벌거벗은 존재임을 처절하게 보게 하신, 가슴 찢어지게 아프지만 알아야 할 것을 아는 은혜를 오늘 내게 베푸셨다….

은혜로만 들어갑니다

은혜로만 섭니다

완전하신 주 앞에
거룩하신 주 앞에
오직 십자가 은혜
보혈의 공로로만
내가 섭니다….

3월 9일

요양 가 계시는 신 선생님 방문을 겸해서, 아름다운 독일 소도시 보르켄(Borken)과 마부르크(Marburg)를 일박이일로 돌아보고 무사히 돌아왔다. 어찌나 평화롭고 예쁘던지, 잠시 그림책 속으로 빨려 들어간 듯 현실의 모든 시름 내려놓고 푹 쉴 수 있었다. 아버지께서 때를 따라 베풀어주시는 광야의 오아시스 같은 여행이었다.

그런데 돌아오는 길, 갈아타려던 기차가 안 오는 걸 모르고 엉뚱한 걸 타곤 반대방향으로 한 시간여 달리는 극을 연출, 예상보다 몇 시간 더 걸려서 집에 도착했지만, 그 덕에 독일 기차 종류대로 원 없이 타 보고, 독일땅 구석구석을 질리도록 누비면서 빨간 지붕·푸른 들판의 그림 같은 풍경을 아무 감동이 없어질 만치 실컷 봤으니 손해 본 건 없다. 뭐든 아쉽지 않게 '넘치도록' 해주시는 아버지의 사랑이라 여기고 감사!

…했지만, 실은 "Pechtag!(재수없는 날)"이라고 투덜거리는 찬영

이와 함께 이마를 맞대고, 아마 틀림없이 하나님께서 우리가 범사에 감사하는지 시험하시는 중일 거라고, 우리 잘해서 합격하자고 파이팅하며 '작전회의' 한 후에 '전략적으로' 드린 감사도 2% 있었으나, 여하튼 그 덕에 서로 바빠 대화할 시간도 내기 어려웠던 아들 녀석과 실컷 마주앉아 밀린 얘기를 나눈 좋은 기회도 되었으니, 두루두루 즐거웠던 여행, 아버지께 200% 감사드려요!^^

오늘 예배드렸던 보르켄의 한 작은 교회 앞, 마더 테레사의 시가 가슴에 새겨져 따라왔다.

Das Leben ist ein Kampf,
lebe ihn.
삶은 투쟁이니
그것을 살아라.

Das Leben ist eine Freude,
koste sie.
삶은 기쁨이니
그 값을 지불하여라.

Das Leben ist ein Versprechen,
halte es.

삶은 약속이니
그것을 지켜라.

Das Leben ist auch eine Traurigkeit,
überwinde sie.
삶은 또한 슬픔이니
그것을 극복하여라.

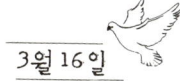
3월 16일

광야는 침묵을 배우는 곳.

모든 헛된 지절거림을 멈추고 잠잠히 하나님만 바라보게 하는 곳….

아버지, 요즘 제 입이 붙은 것 아시죠? 말하기가 싫을 정도로 피곤하여 입을 다물고 사는 것, 견디는 것 아시죠? 오직 아버지 얼굴만 바라보고, 아버지 입술만을 향해 활짝 귀를 열어둔 채, 제 영으로만 외치고 부르짖는 소리 들으시죠…?

"나만 믿고 따라오너라."

듬직한 아버지의 한마디에,

내 침묵의 은이 찬양의 금으로 화한다!

3월 23일

2008년 부활주일!

김진홍 목사님을 통해 내게 선포해주시는 올해의 메시지는 "슬픔이여 안녕!"

주님께서 십자가에서 내 슬픔 다 지고 가셨다. 그리고 오늘 완전한 기쁨 안고 부활하셨다!

주님만 생각하면 없던 기운도 나는 은혜, 주님을 묵상하는 것보다 더 큰 즐거움이 없는 은혜, 내 삶 곳곳에 녹아있는 주님 사랑의 흔적들이 또렷또렷 떠올라 감격을 주체할 수 없는 은혜, 완전하고 영원한 사랑으로 나를 책임지고 계시는 은혜를 깨닫는 은혜, 나보다 더 나를 잘 아시고 사랑하시는 분이 계심을 실감하는 은혜를 부활절 밤 누린다.

3월 29일

우리가 누구를 뽑을까요, 가 아니라

주님께서 누구를 뽑으셨는지 알려주십시오. (*사도행전 1:24)

성령이 오시면

삶의 주어가 바뀐다.

스데반의 죽음을 경건한 사람들이 슬퍼하며 크게 통곡했다.(*8:2) 스데반이 성령으로 충만한 가운데 영광 속에 평화롭게 죽는 것을 보았으면서도, 죽음과 이별이라는 사건 앞에 슬픔으로 반응하며 경건한 사람들이 크게 통곡했단다.

그렇다면 경건은, 슬픈 일에 진정으로 슬퍼할 줄 아는 것이다.

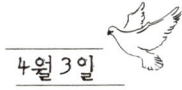
4월 3일

"문학은 '내가 목마르다!' 하는 외침에 불과하다.
그 목마름을 채우는 생수는 오직 예수다…."
거듭난 이어령 씨의 고백이다.

인간과 인간 사이에 존재하는, 그 어떤 친밀한 관계에도 가로놓여 있는, 무슨 열정과 사랑으로도 녹이지 못하는 막·넘지 못하는 유리벽 같은 것, 완전히 하나 될 수 없게 하는 그 무엇에 절망한 인생이 하늘아버지와는 영원하고도 완전한 하나가 될 수 있음에, 존재의 근원적 고독을 해소하는 믿음의 세계로 들어섰다는 가슴 뭉클한 고백을 문학의 대가답게 문학적으로 하신다.

노년의 지성에게서 하나님 안에 갓 태어난 어린 아기의 순수한 영성을 본다.

신비한 믿음의 세계다.

4월 5일

아버지께서 날 위해 졸지도 주무시지도 못하고(?) 땀 흘려 일하고 계시는 수많은 증거 중 지극히 작은 한 현장을 포착해 보면….

며칠 전 참기름 한 병을 샀다. 한국 제품보다 다소 싸면서 믿을만하다는 싱가포르 제품을 샀는데, 마개를 여니 안에 맥주병 뚜껑 같은 게 또 덮여 있는 거다. 여기 사는 동안 한 번도 그런 뚜껑 딸 일이 없었기에 병따개가 없어 난감했다. 인제 와서 이것 때문에 산다는 것은 있는 짐도 줄이는 판에 말도 안 되고, 아래층에 가서 빌리자니 피차 번거롭고, 근처 가게 가서 살짝 따고 오자니 그것도 우습고, 떠오르는 방책들이 다 맘에 안 들어 고민하던 중, 꽃집에 일가서 만난 영애 씨네 혹 있나 물으니 그냥 숟가락으로 따면 된단다. 그것도 기술이 있어야지, 나 같은 초보가 쉽게 할 수 있을까 미심쩍었지만 그런 방법이라도 있다니 감사해요… 하고 있는데, 오늘따라 꽃집에서 몇 년 묵은 창고를 정리한다고 야단이다. 그리곤 혹 필요한 물건이 있으면 가져가라고 내놓았다. 주로 철 지난 화분이나 조화들이라 뭐 쓸 만한 게 있나 둘러보는데, 저 구석 어느 빈 화분 안에 든 물건 한 더미가 번뜩인다. 뭔가 싶어 보니, 세상에, 한 무더기의 병따개들이다! 아니, 꽃집에 웬 병따개? 지난 5년간 수많은 상품을 만들었어도 이것과 연관된 물건은 한 번도 없었거니와, 그것이 왜 또 하필 오늘 몇 년 만에 죄다 밖으로 나와서 내 눈에 띈단 말인가?

그걸 집어 드는 순간, 아버지께서 보내시는 사랑의 텔레파시가 손

끝을 타고 찌리릿 흐르는 걸 느끼면서 "이제 숟가락으로 그만 따고 이걸로 따." 하고 영애 씨에게도 하나 건네며 얼마나 웃었는지….

 '사실 이런 일을 다 기록하자면 기록된 책은 이 세상을 가득히 채우고도 남을 것이라!' (미경복음 끝장 끝절 말씀)^^

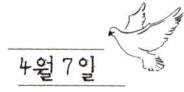

전갈과 불뱀이 우글거리는 광야를
아버지 품에 안겨서
쉴 새 없이 내 옆을 스쳐 지나가는 그것들
동물원 호랑이 보듯 하며 간다.
그걸로 곧 내 노리개·장신구 만들어
가슴에 자랑스레 달아주실
아버지의 사랑과 능력 믿고
설렘으로 간다.

"역사는 성령에 사로잡힌 창조적 소수에 의해 움직여 간다…."
옥한흠 목사님의 뜨거운 설교를 들으며 나도 뜨겁게 기도드린다.

오, 주님, 나도 그 멋진 '창조적 소수'에 끼워주소서.
내 가정·가문에 성령의 기름을 부으사
주님의 역사를 주도해가는 '거룩한 소수'가 되게 하소서!
날마다 드릴 내 불타는 기도제목이 되었다.
주께서 불을 붙이셨다.
이루시려고!

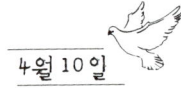
4월 10일

잔잔한 바다는 노련한 사공을 만들지 않는다고 하시며
나를 '노련하게' 하시려고 심심찮게 풍랑을 허락하시는
아버지 마음이,
찬영이를 씩씩한 남자로 키우고 싶어서
기회 닿는 대로 자주 극기캠프에 보내려고 하는
내 마음이리라!

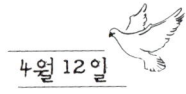
4월 12일

계시록을 통해 힘과 소망과 위로를 주신다.
날마다 읽고 또 읽어도 좋기만 하다. 사랑하는 이의 편지처럼!

다 알고 계신단다. 내 모든 수고와 인내와 사랑을 잘 알고 계시며 다 갚아주시겠단다. 속히 오신단다. 반드시 오신단다. 그러니 인내하라신다. 끝까지 견디라신다. 상 주시겠다고, 억울하지 않게 갚아주시겠다고 누차 약속하시며, 항상 함께하며 힘주시겠다 거듭 격려하시니(*요한계시록 2-3장), 그 약속 의지해서 내가 산다.

천국의 성벽은 갖가지 보석, 도성은 온통 수정 같은 순금, 열두 대문의 열두 진주는 각각 다른 진주들, 그 도성의 태양은 하나님의 영광이라 밤이 없는 그 곳(*21:18-25), 어찌 사모하지 않을 수 있을까?

천국의 소망이 넘치니 이 땅의 풍파가 우스워 보인다. 내가 영원히 살 하늘궁전이 있으니, 이 땅에 잠시 텐트 치고 머무름이 이래도 그만 저래도 그만이다.

고생과 수고가 다 지난 후
광명한 천국에 편히 쉴 때
주님을 모시고 나 살면서
영원히 누릴 빛난 그 영광을
오늘도 갈망하며 삽니다.

4월 13일

급기야 "내가 아버지 때문에 못살아요!"를 외치게 하고야 마신다.

아버지 마음을 감당할 수 없도록 자꾸 부어주셔서 "나 이제 벅차서 못 견디겠어요. 좀 쉬엄쉬엄 해요!"라는 고백까지 이끌어내고야 마시니, 정말 우리 아버지는 매사에 '넘치는' 분이시다.^^

피곤해서 빨리 자고 싶은데, 내일도 꼭두새벽에 일가야 하는데, 이미 보이신 것만으로도 호흡이 가빠 죽겠는데 자꾸만 새록새록 양파껍질 벗기듯, 아버지께서 날 위해 계획하고 작정하고 계시다는 크고 놀랍고 아름다운 일들을 속삭여주셔서 가슴이 쿵쾅거려 누워 있질 못하겠다.

결국 또 일어나 앉아 기도하고 기록하며
'해산'을 고대하여 설렘으로 '잉태'케 하신다.

4월 15일

오랜만에 아파 본다.

살짝 온 목감기가 온종일 꽃집에서 떨고 난 후 '살짝 몸살기운'으로 진전했는데, 아래위 세 개씩 껴입고 두꺼운 양말 찾아 신고 목도리까지 두르고 전기요 최고온도에서 두 시간 찜질하고 나니 좀 살 것 같다.

내일 아침까지 푹 자려고 했는데 그게, 자고 깨는 게 어디 내 맘대로 되나. 딱 두 시간 재우시곤 그만 일어나 '약 먹어라' 하신다.

아~ 하니, 달콤한 '아가 약'을 입에 넣어주신다. 나의 사랑, 나의 어여쁜 자야, 일어나 함께 가자(*아가서 2:10)시며, 사랑의 기적이 충만한 은혜의 땅으로 내 손 꽉 잡고 이끄신다.

아, 가슴 벅참·기대 충만으로 가누기 힘든 하루하루다. 아플 때나, 건강할 때나, 잘 될 때나, 꼬일 때나, 생생할 때나, 피곤할 때나 한결같이 부으시는, 누려지는 은혜. 3차원적 현실의 모든 상황과 문제를 뛰어넘게 하는, 그것들이 더는 내 삶의 주제가 될 수 없게 하는, 내 시선과 관심을 끌지 못하는 4차원의 기적이다. 더 좋은 것·더 나은 것을 맛본 후에 그보다 못한 것은 미련없이 던져버리게 되는 이치다. 모든 상황에서도 감사하고 기뻐하고 기대하게 되는 삶, 성령님께서 하시는 일이 아니라고 한다면 다른 무엇으로 설명할 수 있으랴!

그렇게 날 사랑하신다.

내 눈에도 훤히 보이는 나의 허물·약점·흠들이 마치 안 보이시는 것처럼, 아예 없는 것처럼, 그래서 완전한 것처럼, 그리고 나밖에 없는 것처럼 사랑해주신다.

시도때도없이 미풍처럼 부드럽게 때론 폭풍처럼 강렬하게 사랑한다고 고백해주시며, 그 따스한 품에 안겨 안도의 눈물을 쏟게 하시는 아버지···. 그렇게 숨이 막히도록, 가슴이 터지도록 그저 받아 누릴 수밖에 없는 막무가내의 사랑을 퍼부어주신다. 배고파 우는 아이에게 젖 물리는 어머니의 가슴으로 안아주신다. 언제나처럼 변함없이, 그러나 늘 처음처럼 설레게 사랑해주신다. 내일이면 또 잊어버릴지 모르는 철부지 딸에게 사랑한다고, 마지막인 것처럼 온 힘 다해 외쳐주신다.

여기에 기록하는 글도 아버지께서 친히 내 손잡고 써가고 계심을 느낀다. 언젠가 이것을 통해 행하실 또 하나의 '멋진 일'을 위하여, 그것을 통해 받으실 아버지 자신의 영광을 위하여 친히 기록해 가신다. 어제 내게 비로소 살짝 귀띔해주셨지. 그 놀랍고 가슴 뛰는 작전을!

그러나 아버지의 '시간관념' - 천 년이 하루 같고 하루가 천 년 같은 - 을 고려할 때, 그 때와 시기는 도무지 짐작할 수가 없다.

때가 되면 때도 알려 주시리라!^^

4월 16일

매일 저녁 드리는 찬영이의 기도에 안 빠지는 내용은,

"하나님, 오늘 하루도 지켜주셔서 감사합니다. 내일도 학교에서 재밌게 놀게 해주세요. 학교 마치고 친구 ○○랑 재밌게 놀게 해주세요. 집에서도 재밌게 해주세요…."

중심 주제가 '재밌는 삶' 이다.

그렇게 우리는 재미나게, 신나게, 즐겁게 살도록 지음 받은 존재임을, 오직 우리를 지으신 이께서만 우리를 완전히 만족하게 행복하게 해주실 수 있음을 절감하게 하는 '인간실존의 근원적 기도'가 아닐 수 없다.^^

4월 17일

힘겹게 내가 길어 올려야 겨우 목을 축일 수 있었던 우물의 삶을, 이제 내 속에서 날마다 솟아나 넘치는 샘물의 삶·강물의 삶으로 바꾸어주신 성령님!

정말 생각할수록 이게 웬 '자다가 생긴 떡'이며, '넝쿨째 굴러 온 호박'이며, '하늘에서 쏟아진 복벼락'이냐 싶어 가슴이 벅차다.

아, 성령님 오시면 많아지는 눈물도 그 '넘치는 생수'인가보다!^^

4월 18일

은혜가 충만할 땐 창 밖의 나무를 봐도 말씀이 생각난다.

나는 포도나무요 너희는 가지다….(요한복음 15:5)

정말 가지가 여러 가지(?)다.

굵은 것·가는 것·갓난 것·묵은 것·미끈한 것·거친 것 등 참 다양하다. 보아하니 그 다양함이 나무에게 균형 잡힌 아름다움을 선사한다. 그리고 모든 잎과 꽃은(이제 곧 열매도) 가지에 달려 있다. 나무둥치는 이 '가지가지의 가지들'을 붙들어 지탱하고, 뿌리에서 영양을 받아 공급해주는 역할을 한다. 이 시스템이 원활하게 돌아갈 때 나무는 보기에도 아름답고, 약과 양식이 되는 잎과 꽃과 열매가 풍성해진다.

창밖 나무를 교재 삼아 큐티가 풍성하다.^^

4월 20일

알아야 할 필요를 느껴 이단연구에 관한 글들을 장시간 읽다 보니, 어느새 나도 모르게 마음에 어둠이 스미는 섬뜩함을 느끼곤 얼른 사이트를 빠져나왔다. 아무리 선한 목적에서라도 어둠에 오래 접하고 있는 것은 나를 함정에 빠뜨리는 매우 위험한 일임을 오싹하도록 절감하면서!

영의 세계는 실체다. 성령이든 악령이든!

언젠가 '티베트 유물전시회'에서도 같은 경험을 한 적 있다. '선교지 문화탐방'이라는 나름의 '거룩한' 목적을 갖고 돌아본 전시회였지만, 문화라는 옷을 입은 갖가지 우상과 악의 형상들로 가득 찬 그곳에서 몇 시간을 보내고 난 그날 밤, 귀신들에게 혹독한 시달림을 받는 악몽을 혼이 쏙 빠지도록 꾸고는, 앞으로 어떤 이유 여하를 막론하고 특별한 소명으로 보내심을 입지 않은 한, 악의 세계에는 발도 들이밀지 말아야겠다고 단단히 결심한 적이 있다. 말씀 그대로 '악은 모든 모양이라도 버리는 것'이 나의 경건을 지키는 지름길이라 확신하면서!

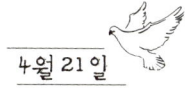

광야에서 보내는

30대 끝자락에

여자 나이 사십을 잔치 끝난 허무와 절망 대신

잔치 준비의 열정과 소망으로 준비하게 하시는

내 하나님은 정말 멋진 분!^^

내 영의 눈을 뜨게 하신 이곳 '독일광야'!

이로써 나는 독일에 큰 사랑의 빚진 자가 된 셈이다. 그래서 늘 이 땅을 위해 기도하며 살고 있고, 이곳을 떠나서도 독일을 위한 중

보기도는 계속돼야 할 나의 사명이라 여긴다.

이 나라를 아버지께서 긍휼히 여기사 은혜 베푸시는 것을 잊지 마시기를, 어여뻐 여기사 복 주시는 것을 멈추지 마시기를, 내 운명·연인·정신적 고향·제2의 조국으로 맺어주신 이 나라를 '나를 봐서라도^^;;' 늘 뜨겁게 사랑해주시기를!

4월 24일

연이은 노동 끝에 몸도 맘도 바닥에 붙어버려 일으킬 수가 없었는데… 새벽 4시, 언제나처럼 오늘도 주님께서 친히 날 깨우시고 말씀의 생수가로 부르신다.

이사야 말씀으로 먹이시고 어루만지신다. 단어 하나하나가 살아 꿈틀대며 내 혈액 속으로, 세포 속으로 들어와 피가 되고 생기가 된다. 초강력 링거주사다. 말씀은! 영과 육을 '한방'에 살리는!

"벌레 같고 지렁이 같은" 내게, 아무 힘없이 바닥에 붙어사는 존재와 같은 나에게 만유의 주께서 친히 찾아와 말씀하신다.

두려워 마라. 내가 너를 도와준다… 내가 너를 날이 선 새 탈곡기로 만들어 모든 산을 짓부수어 뭉그러뜨리고 모든 언덕을 가루로 만들게 하겠다. 너는 내 앞에서 기뻐 뛰놀며 나를 믿고 뽐내게 되리라.(*이사야 41:13-16) 아멘. 아멘!

4월 25일

기도는 호흡임을, 그리고 영과 육은 긴밀히 연결된 관계임을 무섭게 체험한 며칠이었다.

시간에 쫓기고 몸이 과하게 피로해지자 기도에 집중할 수 없는 날이 이어졌고, 기도가 원활하지 못하게 되자 정말 숨이 막히면서 모든 것이 제자리를 잃고 뒤죽박죽이 되어갔다. 그러다 몸이 충분히 쉬고 나니 기도의 문이 다시 열리고, 기도의 호흡이 제대로 소통되자 다른 모든 일도 하나씩 제자리를 잡아가기 시작하는, 호흡이 안 되는 상황에선 다른 어떤 활동도 정지될 수밖에 없는 당연한 이치를 무섭도록 경험한, 두 번 다시 겪고 싶지 않은, 겪어선 안 될 '질식의 공포·죽음의 문턱·지옥의 입구'였다.

그래서 일을 줄이기로 했다. 설령 그것이 하나님의 일, 주께서 맡기신 일이라 할지라도 '숨 막히게' 몰두하는 것은 자살행위, 곧 죄라 결론 내리며!

주님께선 내가 주님 외에 그 무엇에도 매여 있기를 원치 않으신다. 무리하여 널브러지는 것을 기뻐하지 않으시고, 모든 것을 자유와 질서 안에서 규모 있게 하길 원하신다. 그럴 때 필요를 부족하지 않게 채우신다. 배불리 먹고도 7 광주리, 12 광주리 남게 하신다.

지난 내 광야 세월을 돌아봐도 그렇다.

그걸 자꾸 까먹는 게 문제다!ㅠㅠ

4월 26일

어제 꽃집에서 봄날 선물·주말 선물로 챙겨주신 큰 화분이 오늘 아침 나가보니 생전 처음 보는 예쁜 꽃을 피워 나를 맞았다.

마치 밤새 누가 색종이로 접어놓은 것 같은 앙증맞은 그 꽃송이 하나하나가 아버지의 ♡이 되어 우수수 내 가슴에 날아와 앉는다.

"예쁘지? 널 위해 만들었단다." 하시는 음성이 함께 살포시 내려 앉는다.

4월 27일

모든 계명을 다 지키는 것보다도 어려운 한 가지, 모든 선한 일을 완성하는 마침표는 내 돈을 남에게 주는 것… 그것은 내 살을 뜯고, 내 피를 쏟아주는 것과 다름없기에 십자가 지는 고통, 십자가의 사랑… 그런데 그것을 요구하신다. 하늘의 보화로 부활할 것을 약속하시며… 그러나 가진 것이 많을수록 하기 어려운 것… 그래서 그것은 참믿음의 시금석… 바늘귀처럼 좁은 천국문… 아버지의 뜻대로 행하는 '진짜 믿음'으로만 입장 가능한 좁은 천국문에 낙타의 혹은 통과하기 어려운 것… 날 위해 쌓아둔 재물이 그 혹이니 혹을 떼고 천국시민이 되라 하시는데… 그 혹이 그리도 아까워서… 그리도 떼기 힘든 것….(*누가복음 18:21-25, 마태복음 19:21-24)

주인이 주고 간 돈을 그냥 땅에 묻어 둔 자의 죄명은 반역죄, 왕의 원수 된 죄, 주가 왕 되신 것을 반대한 죄다. 그를 향해 주께서, 내가 왕이 되는 것을 반대하던 내 원수들은 끌어내어 내 앞에서 죽이라 하신다.(*누가복음 19:20-27)

돈을 묻어 둔 것은 그러니까, 주의 주되심을 인정치 않는 내면의 죄가 겉으로 드러난 것에 불과한 것이었다!

성령이 스승 되셔서 진리를 가르치실 때면, 그 말씀 한 절 한 절이 생명의 양식되어 나를 먹이고, 좌우에 날 선 검 되어 영과 혼과 관절과 골수를 깊이 찔러 쪼개실 때면 3차원의 시공간을 잊고 만다. 정신 차리고 보면 밤이 깊어 있거나 날이 밝아 있고, 더운지 추운지 배가 고픈지 잠이 오는지를 잊은 채 4차원의 세계에서 맛보고 누리는 말씀의 향연에 취하여, 그만 거기에 영원히 머무르고만 싶어진다. 그래서 다시 돌아온 이 세계가 한없이 구슬퍼지는데….

그러나, 밤 깊도록 동산 안에 주와 함께 머물고 싶으나 주님께서 가라 명하시니, 가서 살아 많은 열매를 맺어 오너라 보내시니, 열심히 장사하여 많은 이윤을 남겨오길 원하시니, 늘 함께하며 힘주겠다 약속하시니 하늘의 영광 사모하여 땅의 영광을 잊고 힘 다해 삽니다.

영광일세 영광일세
내가 누릴 영광일세

은혜로 주 얼굴 뵈옵나니

지극한 영광 내 영광일세!

4월 28일

나는

주님 모시고 가는 어린 나귀임을 잊지 말게 하소서.

사람들의 환호·갈채가 나를 향한 것이 아님을

나를 타고 가시는 주께 드려지는 것임을 명심하게 하소서.

그것이 내 것인 줄 잠깐 헷갈리는 순간

목이 뻣뻣해지고 온몸에 힘이 들어가

그만 주님이 앉아계시기 불편해져 다른 나귀로 갈아타신다면

그 무슨 낭패요 망신인 것을 늘 기억하게 하소서.

모든 영광은 주님의 것임을 한시도 잊지 말고

주님과 함께 가는 것을 지극한 내 영광 삼고

주께서 가장 편하게 앉아계실 수 있는 자세를 끝까지 유지하여

주님 모시고 목적지에 무사히 도착하는

행복한 어린 나귀 되게 하소서. (*누가복음 19:28-38)

4월 29일

주님께서 잡히시고 심문받으시고 십자가에 처형당하시는 대목의 말씀들을, 요샌 차마 읽질 못하고 그냥 넘어가고 만다.

참 희한한 일도 다 있지.

예전엔 재미없고 지루해서 건너뛰던 본문을, 이젠 2천 년 전 그 고통이 지금 내게 너무 생생하고 처절하여 지나치지 않을 수 없게 되었다니….

내게 일어난 일이지만 나도 이해하기 어려운 정말 기이한 일이 아닐 수 없다!

⟨*누가복음 24장⟩

…너희는 어찌하여 살아계신 분을 죽은 자 가운데서 찾고 있느냐?(5절)

아, 언제 읽어도 가슴 뛰게 멋있는 말씀이다.

그런데 답답한 사도들 같으니라구!

부활하신 주님을 만난 여자들의 이야기가 부질없는 헛소리려니 하고 믿질 않았대. 자고로 여자 말 들어 손해 볼 일보단 자다가 떡 먹을 일이 더 많은 법이거늘!^^

그러나 역시 뭐가 달라도 다른 베드로만은 벌떡 일어나 무덤에 달려가서 안을 들여다보기까진 했다. 그러나 그 역시 수의 밖에는 아무것도 없는 걸 보고서도 '어떻게 된 일인가' 이상히 여기며 그냥 집으로 돌아가고 말았단다.

어떻게 되긴 뭐가 어떻게 된 일이야? 이쯤 되면 적어도 알아차렸어야지. 주님께서 '쉬쉬' 비밀로 하고 가신 것도 아니고 누누이, 재삼, 재사, 죽었다 사흘 만에 다시 살아나실 것이라고 예고를 하셨건만 어찌 다들 이리도 둔한지…!

나는 지금 내 흉보고 있다.

성령께서 열어주시지 않으면 그도 나도 다, 못 보고 못 듣고 못 깨닫는 바보·멍청이·빈 그릇·껍데기… 에 불과한 것이 우리의 실상 아니던가… 지금 베드로가 단지 베드로만이겠는가!

'엠마오 가는 길(*13-32)'은 언제 읽어도 신나고 재밌는 이야기다. 각본과 구성도 흠잡을 데 없거니와, 무엇보다 주님의 자연스러운 연기가 탁월하게 돋보이는 명드라마다.

주님께서 부활하신 것도 모르고 예루살렘을 떠나 엠마오로 '털레털레' 내려가고 있던 두 제자에게 "짠, 얘들아, 나다! 놀랐지?" 하고 다짜고짜 분위기 없이 나타나시지 않고, 어느샌가 슬쩍 다가오셔서는 모른 척 나란히 걸어가신다. 그러면서 "무슨 이야기들을 하고 있느냐?"며 능청스레 말을 거신다. 아직 전혀 감 잡을 기미도 안 보이는 두 제자의 "요 며칠 동안에 예루살렘에서 일어난 일을 모른단 말이오?"라는 웃기는 대답에도 전혀 요동치 않으시고 시치미를 뚝 떼시며 (아마 틀림없이 놀라신 듯^^) "무슨 일이냐?"고 되물으신다.

주님의 연기력은 이미 '수로보니게 여인 사건(*마태복음 15:21-28, 마가복음 7:24-30)'에서도 과시하신 바 있지만, 여기서도 역시 대단하시다. "나사렛 사람, 예수에 관한 일이오."로 시작되는 그들의 기나긴 넋두리를 다 들으신 후에야 비로소 슬며시 정체를 드러내시며 "아이고, 이 어리석은 자들아. 내가 말한 것을 그렇게도 못 믿겠더냐?"고, '연기 중'에라도 믿음 없는 것에 대해서는 속상함을 못 이기시고 불편한 심기를 드러내고야 마신다. 그러나 주님의 목적은 언제나 책망이 아니라 믿게 하는 것에 있으니, 주님 자신에 대한 성경의 기록들을 자세히 설명해주신다.

그런데도 이 '어리석은 자들'은 아직도 이 분이 누구신지 감을 못 잡고 그저 이 분이 왠지 좋아서 좀 더 함께 있다 가시라고 붙든다. 붙들면 언제나 붙들리시는 주님께서 함께 식탁에 앉아 빵을 떼어주시니, 그제야 비로소 눈이 열려 "아니, 이게 누구십니까? 주님, 주님 아니십니까?" 하고 소란을 피우나, 어느새 우리의 주인공 주님은 아련한 여운만을 남겨두신 채 자취를 감추고 마셨으니….

인제야 제자들, 그분이 길에서 우리에게 말씀하실 때 얼마나 가슴이 뜨겁더냐? 해가며 소란스레 '뒷북'을 쳐댄다.^^

아, 멋있는 주님, 사랑의 주님, 뜨거운 주님, 열정의 주님!
그래서 주님의 영인 성령께서 임하시면 냉랭하게 얼어붙은 가슴에 확 불길이 번지면서 시도때도없이 눈물 콧물이 쏟아지는 모양이다. 과열방지·화재진압 방편으로….^^

와, 이렇게 누가복음 뗐다.

내일은 재미난 요한복음! 음~ 정말 기대된다.

성령님의 새로운 해석, 참신한 버전의 가르침, 너무 재밌다.

이렇게 날이 가면 갈수록, 알아 가면 갈수록 나는 점점 더 그분께 반하고 매료돼 간다.^^

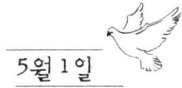
5월 1일

나와 '밀애'를 나누고 계신 성령님께서 세계 각처에서 주의 백성과 동시에, 그러나 각기 다른 '개별맞춤'의 뜨거운 밀애를 나누고 계신 한 현장을 오늘 목격하다! CTS TV 〈내가 매일 기쁘게, 김도현 형제편〉을 통해….

그가 밀애를 나누고 있다는 분의 얘기를 들어보니 내게 오신 그분과 같은 분임이 분명하다. 김도현 형제의 '밀애 콘서트'에도 가서 그 사랑 더 엿보고 싶은데, '좀' 멀구나….^^

이제 곧, 한 분에게 한 사랑 받는 '밀애 동지들'과 얼굴을 맞대고 함께 그분을 예배하며 받은 사랑 서로 나눌 그날엔 얼마나 좋으랴! 형제가 연합하여 동거함이 어찌 그리 아름답고 기쁘랴!

〈*요한복음 4장〉

먼 길에 지치신 예수께서 인생길에 지친 한 여인을 찾아가셨다.

기다리신다.

'마침 그때', 아버지의 때, 만세 전에 예비된 그때에 그 여자가 물을 길으러 나온다.

생수의 근원이신 분께서 그녀에게 우물물 한 잔을 부탁하신다. 다른 이들(제자들)은 다른 일을 만들어(먹을 것을 사오라고) 떼어 놓으시고, 그녀와만 일대일로 진지하게 만나주신다. 먼저 말 걸어주시고, 그녀의 얘기를 유도하시며, 귀 기울여 들으시고, 또 주님의 말씀을 들려주신다. 세상이 그어놓은 금을 지우시고 새로운 그림을 그리시는 분께서, 서로 상종하는 일 없던 그녀를 기꺼이 상종해주신다. 풀어보려 할수록 꼬여만 가는 인생문제를 친히 풀어주시고, 새 삶과 사명 주시려 찾아와주셨다.

굳이 예배의 장소를 가리지 않아도 될 때를 여시며, 다만 영으로 참되게 드려지는 예배를 요구하러 오셨다. 우물가에서도, 집에서도, 러닝머신 위에서도, 자전거 위에서도, 골방에서도, 광장에서도, 달리면서도, 엎드려서도 성령으로 진리 안에서 아버지께 드리는 예배를 기뻐 받아주시는 때를 열며 와주셨다.

그분을 만나고 나니 그녀는 잠잠할 수가 없어, 피해 다녔던 사람들 속으로 뛰어들어가 내게 말씀하신 분, 나를 만나주신 그리스도라 하는 메시아를 선포한다.

그 말을 듣고 사람들이 예수께로 모여든다. 이제는 그들이 직접 그분의 말씀을 듣고, 이분이야말로 참으로 구세주시라고 고백한다! 할렐루야!

5월 4일

　봄햇살이며 온통 싱그런 주변의 녹색 천지가 요즘 눈이 부실 지경인데, 아~ 고향의 봄(나물들) 그리워라!^^

　이제 7월이면 이곳 생활도 7년이 되는데….

　아버지, 언제까지인가요?

　이 타향살이, 광야생활은 얼마나 더 남았나요?

　때와 기한은 아버지 소관이라 하시더니 정말 거기에 대해선 철저히 함구하신다. 예측불허!

　그러나 그날이 도둑같이 이르리니, 어느 날 갑자기 들이닥쳐 오리라! 반드시 오리라! 그러니 늘 '깨어 등불 켜고' 살 것!

　그래서 나는 '눈에 불을 켜고' 매일 짐을 줄이며 장 볼 때도 단시일에 소비할 수 있는 양으로만 계산하며 산다.

　언제든 떠나라 하실 때 '사뿐히' 떠날 수 있도록!

　⟨*요한복음 5장⟩

　예수께서 38년 된 중풍병자를 보시고 낫기를 원하느냐고 물으신다. "네!" 한 마디면 될 걸, 이 병자는 구구절절 말이 쓸데없이 길다. 믿음의 근원을 엉뚱한 곳, 연못에 두고, 오직 내가 아는 한 가지 해결책, 물이 동할 때 맨 먼저 연못에 들어가는 것만을 바라고 있으나 주님은 전혀 '엉뚱한', 한 번도 생각 못 해 본 '웃기는' 해결책을 제시하신다. 그냥 일어나 요를 걷어들고 가라신다.

그러나 그 말씀에 순종했더니, 전 생애를 파괴해온 막강한 문제가 순식간에 사라져버렸다! 할렐루야!!…는 이럴 때 외치는 건데, 이 기막힌 무리 좀 보라. 이런 환희와 감동의 순간에 박수는 못 쳐줄망정, 분위기 왕창 깨는 바보·△△·□□□ 같은 소릴 하는, 어디나 있는 사람들이 여기도 있다.

병 나아 기절할 지경으로 기뻐하고 있는 사람에게 유대인들이 오늘은 안식일이라 요를 걷어들고 가면 안 된다고 시비를 건다. 정말 기가 막혀 말은 안 나오고 웃음만 나온다.^^ 사람 마음이 얼마나 강팍해질 수 있는지를 적나라하게 보여주는 '엑스트라'들이다.

기적의 주인공의 병의 원인은 죄였다고 주님께서 진단해주신다. 근본원인까지 확실하게 짚어서 제거해주시는 역시 '명의'시다. 지금은 화제의 주인공이 되어 '왕창 조명'을 받지만, 다시 재발하여 '말짱 도루묵' 되는 험한 꼴 안 당하도록 미리 '예방주사'까지 놔주시면서 엄중한 처방을 내리신다. 다시는 죄를 짓지 말라고, 안 그러면 더 흉한 일이 생길지도 모른다고!

죄는 말씀하신 대로 '흉한' 결과를 가져온다. 그러나 주님께 나오면 그 '흉한' 것도 '환희'의 재료로 바꿔주신다.

하나님과, 그 아들 예수님과, 그의 영이신 성령님께서 열심히 하시는 일들이 이런 거다. 죽은 이는 살리고, 병든 이는 고치고, 우는 이는 웃기고….

이렇게 멋진 일 하느라 바쁘신 멋진 분들이니 이분들께 나오면 살고, 낫고, 웃을 일밖에 없다!

5월 5일

인간이란, 그리스도 밖에서는 자기 죄에서 헤어나지 못하고 죽을 존재들이다. (*요한복음 8:21)

바로 '실존철학'이 찾아 헤매는 답 아닌가?

이렇게 쉽고 명확한데, 철학자들의 이야기는 왜 그리 길고도 복잡한 것일까? 모르면 그냥 모르겠다고 하고 아는 분에게 와서 배울 것이지!^^

주님의 양 떼와 '남'의 양 떼

인간은 그렇게 두 떼(?)로 나뉜다.

주님의 양들은 주인의 목소리를 알아듣고 따라온다.

그러면 주인은 영원한 생명을 준다. (*10:26-28)

나사로의 죽음은

"오히려 잘 된 일"이다. (11:15)

주님 안에는 '잘 된 일' 아니면

'오히려 잘 된 일'이 있을 뿐이다.

흩어진 자녀를 한데 모으시려

주께서 찢겨 죽으셨다. (*52)

택하신 자들을 주 안에

한 뜻·한 마음·한 덩어리 되게 하시려고
대신 자기 몸을 갈가리 찢으셨다.

5월 7일

⟨*요한복음 15장⟩

주께 붙어만 있으면 저절로 많은 열매가 맺힌다.
그러니 주님의 멍에는 '쉽고 가벼운 멍에'가 맞다.
실질적으로 일은 주님께서 다 하시는 거고, 나는 그저 주님 치맛자락(?)만 꼭 붙들고 있으라시니 주님 앞에선 그래서 어린애가 될 수밖에 없다.
게다가 '착하게' 잘 붙어있으면 선물로 무슨 소원이든지 구하는 대로 다 주시겠다니, 사실 '알라딘의 요술램프'의 원조가 바로 우리 주님이시다.^^ 주께 붙어있으면 주님 소원이 내 소원 될 터이니 주님 자신의 뜻을 안 이루실 수 없는 이치지. 그러니 너희는 언제나 내 사랑 안에 머물러 있으라고 신신당부하신다.

네, 주님, 저의 한 가지 소원도 바로 그것입니다. 주님의 집에서 주님의 아름다움 바라보며 영원히 주님과 함께 사는 것!
그렇게 하면 주의 기쁨으로 내 마음에 넘치게 하신단다. 그 기쁨은 폭풍 속에 있든, 물과 불을 지나든, 사망의 음침한 골짜기를 걸어

가든 변질이 없는, 이 세상에선 '모방생산'이 불가능한 '천국표 명품 기쁨'이다.

그 기쁨 가지고 이 세상에서 살라 하신다. 떠날 궁리하지 말고 진득하게, 주님이 떼실(?) 때까지 머물러 살면서 썩지 않을 열매를 많이 맺어라 하신다.

그 사명 잘 감당할 수 있도록 성령께서 오셔서 주님을 증언하시어, 내 믿음이 흔들리지 않게 도와주신다. "예수 예수 믿는 것은 받은 증거 많게" 해주신다. 온 세상이 아니라고 덤벼들어도 나는 맞다고 맞설 수밖에 없는, 확고한 사랑의 증거들을 날마다 더해주신다!

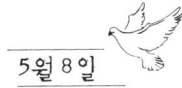
5월 8일

막달라 마리아!

계속 그녀에게 집중하게 하신다.

마리아처럼, 아니 마리아보다 더 주님을 사랑하고 싶은 열망을 내게 부어주신다. 주님 향한 그녀의 마음을 생각할 때마다 내 가슴에 확 불길이 일면서 뜨거운 눈물이 솟구친다. 나도 그렇게 주님 사랑하고 싶어서, 나도 주님께 그런 사랑 받고 싶어서 견딜 수 없는 갈망을 주신다.

주님 곁에서 주님 얼굴 바라보며 주님 말씀 듣기를 그 어떤 일보다 즐거워했던 그녀, 자신의 모든 것·가장 귀한 것을 주저 없이 남김없이 드리고도 부족하여 하염없는 눈물로 주님 발을 씻기며 자신의 영광, 머리카락으로 서슴없이 그 발을 닦았던 그녀, 요란한 말이나 소란한 분주함 없이도 오직 묵묵한 행함과 조용한 섬김으로 누구보다 뜨겁게 주님을 사랑했던 그녀, 사람들의 이런 비난·저런 조롱에도 변명도 항의도 없이 오로지 주님만을 생각하고 바라봤던 그녀, 주님이 영광 받으실 때나, 수치스런 십자가에 달리실 때나, 심지어 허무한 시체가 되어 무덤에 누우셨을 때도 한결같은 사랑으로 주님 가장 가까이 머물렀던 그녀, 오직 주님 한 분만으로 꽉 차서 다른 것이 비집고 들어올 틈이 없었던 그녀의 맘! 그녀의 삶!

내게도 주려 하신다!

5월 9일

꼭 읽어보고 싶었던 조용기 목사님의 《4차원의 영적 세계》를 독일어 판(Die vierte Dimension)으로 구해주셨다.

왜 독일어냐고 처음에 살짝 투덜댔는데, 아버지께서 하시는 일은 언제나 '돌 하나로 (최소한) 새 두 마리 잡기'임을 다시 한 번 확인하게 된다.^^

내용적으로도 '4차원의 은혜'가 넘치지만, 언어적으로도 '공부하는 줄 모르게' 엄청난 공부가 되고 있다. '4차원의 세계'인만큼 언어도 '4차원적'이지 않을까 해서 지레 겁먹었던 게 불평의 이유였는데,

쉽고 일상적인 용어들로 잘 번역되어서 그 어떤 회화책보다 더 실감나게 살아 있는 독일어를 배우게 된다.

성령께서 도우셔서 내용에 푹 빠져 은혜 받다 보면 한국언지 독일언지를 잊어버리는 기적도 왕왕 연출되니, 아버지의 일하심은 언제나 이렇게 '임도 보고 뽕도 따는' 것이다.^^

〈*요한복음 21장〉

밤새 헛그물질하고 망연자실해 있는 제자들에게 주님께서 찾아오셨다. 패자부활의 기회, 인생역전의 새날 주시려!

이전 고생에 비할 바 아닌 영광을 맛보게 되었다. 주님 시키시는 대로 하니! 양과 질에 최상의 결과를 거두게 되었다. 내 힘으론 한 번도 이뤄 본 적 없는! '잔고기'가 아닌 '큰 고기'가 '적당량'이 아닌 '과한 양'으로 몽땅 내 그물에 모여들었다!

그것만 해도 정신 못 차릴 판에, 늘 하시던 방식대로 한술 더 푹 뜨셔서 친히 아침식사까지 차리시곤, 와서 아침 먹으라고 정답게 불러주신다.(아침을 챙겨 먹자!^^)

빈 배뿐 아니라, 밤샌 헛일에 낮은 마음·고픈 배까지도 그득히 채우시는 '토탈 서비스'를 베풀어주시는 분이 주님 외에는 없음을 잘 알기에, 아무도 누구시냐고 묻는 사람이 없다. 그 주님께서 가까이 오셔서 빵을 집어주시고 생선도 건네주시며 식사 시중을 드신다. 발을 씻기시던 것처럼….

그렇게 든든히 먹이시고 나서, 기분 좋게 느긋해졌을 때야 비로소 천천히 본론으로 들어가신다. 피곤한 게 문제냐고, 배고픈 게 대수냐고, 급한 일부터 해결하자고 서두르지 않으셨다. 닦달하지 않으셨다. 최상의 때를 아시고 기다려주셨다.

자, 이제 드디어 베드로에게 얼마나 하실 말씀이 많으실까 만은, '그 많고 많은 말, 하고 싶은 말' 다 내려놓으시고 오직 사랑만을 말씀하신다. 주의 일을 맡기실 자에게 능력보다, 의지보다, 그 무엇보다 주님 향한 사랑을 확인하신다. 사명감당의 성패·열매의 품질은 그 사랑의 크기와 강도에 비례하는 것임을, 사랑의 힘은 죽음보다 강함을 몸소 체험하셨기에….

그리고 사명을 주신다. 새롭게, 제대로, 원없이 주님을 사랑할 수 있는 재도약의 기회를 주신다. 남은 생애를 기꺼이 걸만한 일을 맡겨주신다. 주님만 사랑하면 할 수 있는 일을 주신다….

주님, 제가 주님을 사랑하기를 간절히 원하나, 과연 제가 주님을 사랑하는지 저는 그것조차도 장담할 수 없는 존재이오니, 주여, 은혜를 베푸사 제가 주를 사랑하게 하소서!

누구보다 더, 무엇보다 더, 이전보다 더

주님을 사랑하게 하소서!

5월 10일

오직 성령, 성령, 성령이라고
찬양 중에도, 기도 중에도, 말씀을 묵상할 때도
계속 '밑줄 좍좍 그으시며' 반복 강조하시는
믿는 자의 '전공 필수과목'은 성령이다.

〈*사도행전 2장〉

성령께서 임하시면 많은 사람이 놀라고 어안이 벙벙할 일들을 행하시나, 빈정거리는 사람들도 꼭 있다. 성령님이 하시는 일이라고 온 세상이 다 인정하고 손뼉 치고 환영하지 않는다. 그러나 성령이 부어지면 가만히 있을 수가 없다. 뜨거운 불이 타고 세찬 바람이 부는데 어찌 잠잠할 수 있나?

성령은 회개하고 예수의 이름으로 죄 용서받아 깨끗하게 청소된 새 마음에 새 주인으로 오신다.

성령강림절을 앞두고 성령님은 내게 미리 도착하셨다. 언제나처럼 '슈퍼파워'로 임하셔서, 날 '슈퍼우먼'을 만드시며, 끊임없이 아버지와 교신하는 '슈퍼타임'을 이끌고 계신다.^^

깨어나기 싫은 '춘몽'이요 하산하기 싫은 '변화산'이나, 주님의 계획·마음은 다른 데 있음을 안다. 이렇게 충만히 부으심은 곧 쓰시기 위함이란 것을… 많은 열매 얻으시려 땅 고르고, 거름 주고, 가지 치고 계시는 중임

을… 때가 되면 알아서 깨우시고 하산시키실 작정이심을 다 안다!^^

6권

싱그럽게
물오르더니

5월 11일

엄마가 하나님께 풍덩 빠져 있는 요즘,
찬영이는 친구들에게 풍당 빠뜨려 놓으셨다.^^

엄마가 별 필요 없도록 갑자기 온 동네 아이들이 찬영이에게 푹 빠져서는, 밤 9시가 넘도록(요즘은 이 시간까지 훤~하다.) 돌아가며 찬영이를 목놓아 부르면서 놀자고 찾아온다. 이집저집 불려 가서 밥까지 잘 얻어먹고 자러만 들어온다.^^

오늘도 내가 성령님과 '노느라' 잠시 세상을 잊고 있는 사이, 단짝 여자친구 - 키가 15cm는 족히 더 큰, 별로 썩 어울리지 않는 - 말괄량이 라우렌과 온종일 집 안팎을 들락거리며 정신없이 놀길래 뭘 했나 나중에 봤더니, 안 쓰는 찬영이 장난감들 한 보따리 모아서 둘이서 '벼룩시장'을 하고 왔다. 집 근처 슈퍼마켓 앞에 전을 펴고 두 시간여 팔았다는데 '가던 날이 장날'이라 휴일인 오늘, 슈퍼도 문 닫고 왕래하는 사람도 없어 하나도 못 팔았단다. 애들 몇이 와서 물어보긴 했는데, 이 초보장사꾼들이 욕심만 앞서 비싸게 부른 탓에 한 명도 안 샀단다. 쯧쯧….

어쨌든 이 '거사'가 찬영이로선 엄두도 못 낼 일인데, 라우렌의 꼬임에 순진한 우리 아들이 넘어간 게 틀림없다.

독일애들이 이렇다. 찬영이 나이만 돼도 스스로 안 쓰는 물건들 챙겨서 집 앞에서라도 전 펴고 팔아 용돈 벌 줄 안다.

'무서운' 종족이라니까!^^

그렇지 않아도 여기 사는 동안 찬영이에게 꼭 한번 실습시켜주고 싶었던 일인데, '바쁜' 나 대신 '시간 많으신' 아버지께서 오늘 날 잡아 친히 알아서 해주셨다.

어찌 신실하신지!

내가 미처 신경 다 못 써도 이렇게 직접 찬영이를 돌보며 키워주시는 분이 계시니, 그래서 나는 '믿는 구석' 있는 탓에 '천하태평' 엄마다. 숙제도 찬영이가 더 조바심내며 챙기고, 그 옆에서 나는 "괜찮아, 괜찮아, 사람이 살다 보면 숙제를 못 해 갈 때도 있고 그런 거야." 해 가며 속 편히 살고 있다.^^

그러나 우리 찬영이, 큰 인물 될 거다.

믿음의 사람·성령의 사람·사랑의 사람 되라고 엄마가 기도만큼은 확실히 하고 있으니까!

5월 12일

하나님의 '생의 목적'은 우리를 복 주시는 것이다.

그는 복의 근원이시므로, 우리에게 복을 주셔야만 '존재의미'가 있는 분이시다. 그러니 복을 주고 싶으셔서 애달아 하신다. 제발 복 좀 받아 가라고, 복 받을 준비 좀 하라고 사정하신다. 준비만 되면 마구마구 부어주고 싶어 못 견디시겠다고 간청하신다.

복 받을 그릇은 오직 깨끗한 그릇.

예수의 피로, 성령의 생수로 '설거지'되어
이제 하나님으로만 채워지길 기다리는 빈 그릇이라 하신다.

성령은 운명을 바꾸시는 분.
태어날 때부터 앉은뱅이 된 자를 뛰게 하시고, 소경 된 자를 보게 하시는 능력이시다.(*사도행전 3:1-10)
그런데 내 운명이 바뀌는 것은 나만의 일, 나 혼자만의 행복이 아니다. 그것을 지켜보는 많은 사람의 운명을 함께 바꿀 일이다. 그것으로 주가 영광 받으실 일이다.
그러므로 힘 다해 구해야 할 일이며,
반드시 응답하실 일이다!

말 많고 시비 걸던 자들도 기적으로 몸이 성해진 사람을 보고는 아무 말도 할 수 없었다.(*4:14) 확실한 증거 앞에 더 무슨 핑계를 댈 수 있으랴.
주님, 제 삶도 그 확실한 증거 삼아주소서!
온 세상 만민이 내게 일어난 일을 보고
주님의 살아계심과 능력과 사랑을 부인할 수 없게 하소서!

기적으로 운명이 바뀐 사람은 마흔이 넘은 사람이었다.(*22)
누가 서른에 잔치가 끝난다고 했는가?
예수 안에서는 날마다 새 잔치가 열린다!

이 세상에 가난이 존재함은

넘치게 받은 자들이 내놓지 않기 때문이다.(*34, 35)

다 쓰지도 못할 그것에 매여 자신은 물질의 노예가 되고

없는 이들은 가난의 종이 되게 하면서….

성령님은 우리가 어디로 가서 무엇을 해야 할지 자세히 일러주시는 분이다. 선수가 어떻게 뛰어야 할지 코치가 소상히 가르치시지 않겠는가?

다만 따를 마음이 없으니 안 들리는 것뿐이고, 따를 마음 없는 줄 아시니 말씀 안 하시는 것뿐이다. 시키시는 대로 할 준비만 되어 있으면 언제 자고 깨어야 할지, 무엇을 먹고 마셔야 할지, 언제 일하고 쉬어야 할지, 어떻게 기도하고 예배해야 할지… 완벽한 타이밍과 완전한 노하우로 삶을 지도하신다.

빌립에게 성령께서 인적이 없는 곳으로 가라 하셨을 때 궁금하고 의아했을 것이다. 그러나 순종하고 가보니 이유를 알게 되었다. 그곳에서 만나야 할 사람을 만났다.

이젠 그에게 가까이 다가가라 하신다. 한 단계 순종해야 다음 단계를 지시하신다. 한꺼번에 두 가지 못 외우는 것 아신다.^^

달려가 보니 할 일이 보인다. 보이신 할 일을 힘 다해 하고 나니 두 사람 모두에게 기쁨이 넘쳤다.(*8:26-40)

성령님과 '한 팀'으로 사는 멋진 삶의 멋진 표본이다.

5월 13일

성령께서 일하시는 순서가 있다.

처음 내게 충만히 임하셨을 때는, 그동안 머리에 머물러 있던 하나님 아버지의 사랑을 가슴으로 끌어내리시며 그 사랑에 드디어 온몸이 찌릿찌릿하게 하시면서, 상사같이 어렵고 두렵던 '하나님'을 비로소 사랑스럽고 친밀한 '아빠 아버지'로 부르게 하셨다. 너무 가까이 있으면 불편하던 관계를, 이제 잠시라도 떨어지면 못 사는 사랑의 관계로 꽁꽁 묶으셨다.

그것을 어느 정도 몸에 배도록 누리고 나자, 다음에는 십자가 지신 예수님의 사랑, 평생 들었지만 피부 바깥으로 미끌거리며 늘 겉돌기만 하던 지루하고 진부한 그 이야기가 내 귀에 난생처음 들려오는 충격적인 이야기, 나만을 위한 엄청난 사건이 되게 하셨다. 그래서 '우리를 위해서도', '널 위해서도' 아닌, '날 위해' 달려 계신 피비린내 진동하는 십자가 밑에 밤낮 엎드려 울부짖게 하셨다. 날 향한 주님의 사랑이 이제 주님을 향한 내 사랑이 되어 - 그 크기와 강도에 있어선 전혀 비할 바 아니지만 - 이제 무엇보다 주님의 신부 되기를 갈망하게 하셨다.

세 번째 성령님의 '대 심방'인 이번엔, 내 남편 되신 주님만 위해 살고 싶은, 완전한 복종으로 그만을 사랑하며 섬기고 싶은, 오직 그분만을 자랑하며 선포하고 싶은 열망으로 나를 활활 불태우고 계신다.

예전엔 혹시나 주께서 나를 보시고 "네가 거기 있구나. 내가 너를 보내노라." 하실까 두려워 주님과 시선이 마주칠 새라 애써 주님 얼굴을 외면하던 내가, 이젠 "주님, 주님, 저 여기 있어요! 저 보이세요?" 목청껏 외치며, 혹시라도 못 보실까 두 손을 흔들어가며 "주님, 제가 여기 있으니 제발 저도 써주세요. 저도 보내주세요. 주님만 증거하고 자랑할 그곳으로 얼른 보내주세요." 애원하면서, 제발 내 모습 이대로 받아만 주신다면, 써주시기만 한다면 이 한목숨 다 바치겠다고 무슨 맘인지 나도 모를 겁 없는 선서를 눈물로 하고 있는 것이다.

이렇게 내 생애 가장 아름답고도 충격적인, 희한하고도 찬란한 5월을 보내고 있다. 그렇게 꼬박 일 주일간을 내게 와 머무시며 나를 사랑의 포로로 완전히 사로잡으셨다. 그 무엇도 그 누구도 우리의 사랑을 훼방치 못하도록 '바위틈 은밀한 곳'에 날 숨겨두시고, 날마다 찾아오셔서 사랑의 음성 들려주시고 사랑의 마음 쏟아주시며 내 사랑도 다 가져가셨다. 독차지하셨다. 몽땅 취하셨다.

이젠 쓰실 차례다.

그 기대로 나는 요즘 잠 못 이룬다.

성령충만이란 바로 이런 것이로구나, 아하, 이런 것이구나… 또 한 차원 새롭게 알아가며 감탄하고 있다. 그것은 얼마나 행복하고 기쁘고 감사하고 벅차고 아름답고 멋지고 영화로운 것인지!

이 맛을 꼭 봐야 한다. 매일, 평생, 영원토록 보며 살아야 한다.

모든 것을 다 팔아서라도 이 진주를 반드시 사서 가슴에 품어야 한다. 잃어버리지 않게 꼬옥!

5월 14일

기도 중에 딴 생각하는 베드로,

배가 고파 먹을 것 생각하던 그에게 '먹을 것'으로 주의 뜻을 알려주시는 재미난 하나님!

난 이런 아버지의 유머가 참 좋다.

게다가 분명하고 확실하신 것도 정말 맘에 든다.

나중에 잘못 봤나 헷갈리지 않도록, 딴소리 못하게 세 번이나 정확하게 보여주셨다.

보기는 분명히 봤는데 뜻을 몰라 어리둥절하고 있을 때 '바로 그때', '마침' 그 뜻을 알려줄 이들이 도착한다. (*사도행전 10:10-17)

한 치의 오차도 없는 아버지의 이 기막힌 시간감각도 나는 진짜 사랑한다. 아버지의 시나리오엔 그래서 이 '마침'이라는 상황이 자주 연출된다. 우연을 가장한 필연의 이 순간은, 그러니까 치밀하게 계획된 '명감독'의 '명장면'인 것이다. '명화'에 빠질 수 없는!^^

역사는 하나님의 이 '마침'과 '바로 그때'가 꼬리에 꼬리를 물고 진행돼 간다.

성령이 충만할 때는 자기를 잘 안다. (*26)

내 주제·내 실존을 밝히 알아 겸손할 수밖에 없게 된다.

각지에서 말씀을 전하는 주의 증인들을 주께서 보살피셨으므로

많은 사람이 주께로 돌아왔다.(*11:19-21)

내 사역의 열매는 이렇게 주님께서 맺어주시는 것이다.

내게 맺힌다고 내가 맺는 것이 아님을 한시도 잊지 말고

다만 내게 맺히게 하시는 그 은혜에 감격하여 충성하자!

성령충만한 바나바와 바울이 함께 힘을 합쳐 일 년 동안 신도들과 지내면서 가르치니, 그들이 그리스도인, 예수 닮은 자들이 되었다.(*25, 26)

이렇게 둘씩 짝지어 일 시키시는 주님이 난 참 좋다.

주님께서 일 보내실 때 지어주시는 짝은

최상의 팀 효과를 낼 수 있는

눈빛만 봐도 서로 척 아는

'죽이 착착 잘 맞는' 짝이리라.

아, 기대로 충~만하다!^^

천사도 참 재밌는 피조물이다.

감옥에서 잠든 베드로의 옆구리를 (콕콕? 푹푹?) '찔러' 깨운다.(*12:7) 우아하게 '톡' 건드려 '스르르' 일어나게 할 수도 있었을 것 같은데….^^

그리곤 그 와중에서도 허리띠 띠고, 신 신고, 겉옷도 잊지 말고 다 가져 나오라고 시킨다.(*8) 이 상황에서 그게 뭐 그리 대수일까 만은, 갖고 들어온 물건 하나도 빼놓지 말고 다 가져 나오라고 알뜰히

도 챙긴다. 현실의 사소해 보이는 순간순간, 부분부분을 하찮게 여기지 않으신다는 하나님의 마음으로 나는 받는다. 오병이어의 그 장엄한 기적의 현장에서도 남은 음식물 찌꺼기(?) 하나 버리지 않고 다 모아 거두신 주님의 마음과 같은 마음이리라.

이렇게 '하늘에 계신' 우리 아버지는 우리가 '이 땅에서' 먹고 입고 사는 것을 중요하게 여기신다. 영만 거룩하다 하시며 육을 무시하지 않으신다.

성령께서 충만히 임재하실수록, 그래서 작고 사소한 일상을 더욱 두렵고 떨리는 마음으로 살게 된다. 컵에 물 한 잔 따르는 일에도 하나님께 예배하듯 정성을 기울이게 되고, 그 물 한 잔 마심에도 감사와 감격이 북받치게 된다.

그것이, 지극히 작은 일에 충성할 때 큰 일을 맡기시는 하나님의 준엄한 법칙, 땅의 삶으로 하늘의 삶을 결정하시는 아버지의 엄중한 공식이리라.

5월 15일

하늘의 은혜가 임하니, 자연현상도 날 위한 천사들의 특별공연, 오케스트라 연주로 들린다.

소낙비는 성령의 단비로 내리고, 바람은 성령의 세찬 바람 되어 불어온다. 은혜의 단비에 나뭇잎들이 내 영혼처럼 춤을 춘다.

아유, 깜짝이야! 방금 '큰 북'을 세게 치셨다.

한국에서는 듣기 힘든 우렁찬 천둥이 이곳에서는 흔하다. 여긴 사람들만 기골이 장대한 게 아니라, 채소도, 천둥·번개·우박 같은 자연현상도 그 크기와 강도가 남다르다. 재밌는 땅이다.

방금 제 이름이 불렸다고 이젠 '우두두' 우박이 쏟아지기 시작한다. 실로폰 연주처럼 흥겹다.

들을 줄 아는 관객이 있으니 다양하게 하시네.

아버지, 신나신 모양이다!^^

5월 16일

오랜 회의와 토론으로도 제자리걸음이던 '어리석은 문제'가 성령충만한 한 사람(베드로)의 한 마디로 일시에 평정되다!

명쾌한 논리와 분명한 확답에 온 회중이 할 말을 잃고 조용해졌다.(*사도행전 15:1-12)

얽히고설킨 복잡한 인생사, 불필요한 설왕설래를 단 '한칼'에 끝내버리시는 성령님의 역사·능력, 정말 통쾌하다!

성령께서 바울에게 아시아에서 복음을 전하지 못하게 하심은(*16:6, 7), 아시아를 '복음 마라톤'의 마지막 주자로 택하셨음이리라. 유럽이 선두주자로 복음을 넘겨받아 얻어 누리는 복의 끝자락을 나는 지금 독일땅에서 맛보고 있는데, 저물어가는 영광이나마 얼마나 찬란하고 풍성한지, 이제 마지막 주자에게 주실 영광은 과연 어떠할까 기대하지 않을 수 없다.

   갈수록 더 좋은 것, 더 넘치게 주시는 아버지시니
   이전의 영광과 족히 비교할 수 없으리라!

   성령께 사로잡히면, 때와 장소를 안 가리고 예배의 영이 임한다. 몹시 얻어맞고, 깊은 감방에 갇힌, 한밤중에도, 길을 가다가도, 잠을 자다가도, 운동을 하다가도….^^
   성령 안에서 예배하는 그때 '기초부터 온통 뒤흔드는' 능력이 하늘을 가르고 내려와 막강한 문제들을 다 풀어버린다.
   예배자의 옆에 있던 사람들에게도 그 복의 파편이 왕창 튀어서 그들의 삶도 변한다.(*23-26)
   보이지 않는 성령의 생생히 보이는 임재다.

   두 부류의 사람이 있다.
   말씀을 듣고 비웃는 사람과
   마음이 찔려 받아들이는 사람(*17:32)
   십자가 왼쪽 강도 팀과
   오른쪽 강도 팀으로 나뉜다 할 수 있겠다.^^
   승자는 이미 정해져 있다.

말씀 보고 기도하고 찬양하고,

또 말씀 듣고 찬양하다 틈틈이 막간을 이용해서 먹고 자고….

이 사이클이 너무 체질에 딱 맞다.

체질을 바꿔달라고 기도했더니 너무 거~룩하게 바꾸신 것 같다.^^ 소박하게 먹고, 최소한으로 자고, 단순하게 입고 살아도 세상 누구도 부럽지 않다.

행복하고 충~만하다.

주체할 수 없을 만큼!

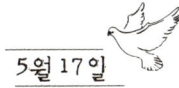
5월 17일

주님께서 나를 부르고 계신다.

"나의 증인 된 삶, 그 선택 받은 감격의 삶에

이제 너도 함께하자."고 나를 불러주신다.

기도로, 찬양으로, 말씀으로

청소를 할 때도, 설거지를 할 때도

밤에도 낮에도

꿈에도 생시에도

의식에도 무의식에도

모든 순간에 모든 것으로 나를 부르고 계신다.

벅찬 감격과 영광의 자리에 나를 초대하신다.

풍성한 주님의 잔칫상에 나도 초청해주신다.
"내 사랑아, 네 멍에는 내가 멜 테니
너는 쉽고 가벼운 내 멍에를 메고
영원히 함께하자."고 부르고 또 부르신다.
네, 주님. 나의 사랑이여
기꺼이 함께 가겠나이다.
노래하고 춤추며 가겠나이다.
주님의 힘센 팔 의지하고 그 넓은 품에 안겨서
어디든 이끄시는 대로, 언제든 가자시는 대로
온몸과 온맘 드리며 즐겁게 가겠나이다.
기쁘고 기쁘도다, 항상 기쁘도다.
주 내게 오셨으니 참 기쁘도다!
내게 이 거룩한 소명을 주신 주님께
매 순간 순종함으로 내 사랑 드리리라.
주님만 따라감으로 내 충성 다하리라.
주님께서 기뻐하시네.
기쁨을 이기지 못하시네.
나를 뜨겁게 사랑한다 하시네.
생명 주신 그 사랑으로, 모든 것 주신 사랑으로
영원토록 완전하게 사랑한다 하시네.
나는 그 사랑 받기 위해, 그리고 전하기 위해
주께서 택하시고 이 땅에 심으신

아름다운 나무라 하시네.

많은 열매 주님께 드려야지.

아름답고 향기로운 열매 많이 맺어 드려야지.

잘했다 칭찬하시며 면류관 씌워주실 주님께

전부 드려야지.

주님 기뻐하시며 다 되돌려 주시겠네.

누르고 흔들어 넘치게 갚아 주시겠네.

주님의 모든 것을 아낌없이 주시겠네.

그렇게 주님은 주시는 분이고, 나는 받는 존재이네.

주님, 주고 싶으셔서 먼저 달라 하시네.

"내 것이 다 네 것이니 먼저 다오." 하시네.

주님께 다 드립니다.

받으소서. 주님 뜻대로 쓰소서.

오직 그것이 제 기쁨이 되었으니

오, 주님. 제가 어쩌다 이렇게 되었답니까!^^

내가, 내가 아닙니다. 딴사람이 되었습니다.

주님 말씀하신 대로

새로운 존재, 새 피조물이 되었습니다.

새로 태어났습니다.

성령으로 다시 창조되었습니다.

주님께서 하셨습니다.

주의 영광을 위해, 또 나의 기쁨을 위해!

주님 사랑합니다.

주님 사랑합니다.

주께서 날 먼저 사랑하신 그 사랑으로

나도 더욱 주님을 사랑하게 하소서!

그 눈부신 빛이 비쳐오니

다른 모든 것에는 눈이 멀고

오직 주님밖에 안 보여서

세상과 나는 사라지고

구속한 주만 계신다고 외치는(*사도행전 22:6-16)

나처럼 '미친' 사람 여기 또 하나 있네.

반가워라!^^

5월 18일

   지난 세월 수없이 불러대고 쳐댔던(중2 때부터 서른까지, 주일예배·수요예배·주일학교… 까지 반주를 도맡아 하는 '복'을 누렸으니….)찬송가 수백 곡이 이제야 한 곡 한 곡 절절한 나의 고백으로, 구절구절 간곡한 내 영의 기도로 다시 태어난다. 그 '지루하고 낡은' 곡들이 이젠 눈물 없인 못 부르는, 또 환희와 감격으로 외치는 새 노래가 되었다.

내가 거듭나니 모든 것이 덩달아 다시 태어나고 있다.
참으로 놀랍고 놀랍다. 내게 일어난 일!

내 맘의 주님 소망 되신 주
주 없이 모든 일 헛되어라
밤이나 낮이나 주님 생각
잘 때나 깰 때도 주님 생각
세상의 영광 눈앞에 없네
언제나 주님은 나의 기업
주님만 내 맘에 계시오니
주 안에 내가 늘 살고 지고
영원한 주님 내 승리의 주
하늘의 기쁨을 주시었네
주님은 내 신랑 나는 신부
영원한 주님 참 귀하여라
- 찬송가 484장. 나의 버전^^ -

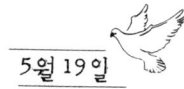
5월 19일

누가 내게 "요즘 어떻게 지내세요?" 묻는다면 이렇게 대답할 수밖에 없겠다.

"나, 요즘 너무 행복해요. 하나님께서 늘 나와 함께 계시면서 늘 말씀해주시고 내 말에 늘 귀 기울여주시고, 영과 육의 모든 필요를 최고의 것으로 매일 넘치게 채워주시니 더 바랄 게 없어요. 너무 행복하게 자알~ 살고 있어요."라고!

이곳이 천국 아닌가?

이 땅에 임한 하늘나라 아닌가?

그런데 참 역설적이게도 내 현실의 상황은 '하박국의 상황'이다. (*하박국 3:17-19)

없고, 없고, 없고, 없고… 없다!^^

오직 하나님만 계신다.

주님 한 분으로만 채워진 삶이다.

그런데도 위의 고백이 내 중심에서 터져 나오니, 이것이 믿음의 신비·하늘의 기적 아닌가!

바울의 고백: 지금 제가 여기에 서서 재판을 받고 있는 것은 하나님께서 주신 언약에 희망을 걸고 있기 때문입니다.(*사도행전 26:6)

미경의 고백: 지금 제가 여기에 앉아 이 글을 쓰고 있는 것도 아버지께서 주신 약속에 희망을 걸고 있기 때문이지요!^^

바울이 한낮에 주의 임재를 체험한 것처럼(*13), 주님은 '벌건 대낮'이나 '야심한 밤'이나 가리지 않고 오직 그분의 뜻에 따라 '각자의 적시 적소'에 임하신다. 그가 듣고 보고 겪은 것을 전하게 하시려고.

그때 사람들에게 '미쳤다'는 소리도 들으나(*24), 이해하자!

부모형제까지도 비웃을 수밖에 없는 상황이니….^^

그러나 그는(나도)

맑은 정신으로 진실을 말하고 있다!(*25)

바울은 셋집을 얻어 2년 동안 지내면서 아무런 방해도 받지 않고 하나님 나라를 선포하며 예수 그리스도를 가르쳤다.(*28:30, 31)

박해로 쫓겨 다니며 정처 없이 떠돌 때도 있으나, 이럴 때도 주시는 것이다.

지금 내게 주신 이 시간, 누구의 무엇의 방해도 없이 독일땅 한 셋집에서 고요히 주님과만 만나는 세월… 얼마나 소중하고 감사한지요.

이 시간에 나를 온전히 주의 것 삼으소서.

내가 오직 그리스도께만 속하길 원합니다!

5월 20일

내가 오직 주님으로 기뻐하고 즐거워하며 주님만을 구하고 사니, 주님은 알아서 내 모든 필요를 가장 좋은 때에 가장 좋은 것으로 채워주고 계신다. 그저 주님 앞에 엎드려 주님 음성 듣고 주님 찬양하는 것으로 지극한 행복 삼고 있자니, 그런 나를 이끌고 종종 오늘처럼 구석구석 다니시며 내가 구하고 생각한 것에 더 더 더 넘치도록 골라주시고 챙겨주신다.

  모든 것이 완벽하고 완전하다. 영과 육의….

  더 설명하고 표현할 길이 없다.

  그 사랑 맛본 사람만 내 감격 알리!

  그 영광 누린 사람만 내 심정 알리!!

  오직 주님만 내 맘 다~ ~ ~ 아시리!!!^^

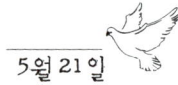
5월 21일

크신 주님이 내게 오시니

내 작은 그릇으로 감당이 안 돼 터져 버릴 것만 같다.

너무 벅차 내 존재가 산산이 분해돼 버릴 것만 같다….

주님 안에 내가 녹고 사라져

주님이 내가 되시는 삶

주님이 나를 사시는 삶

이루소서.

5월 22일

　창자가 끊어질 것 같은, 호흡이 곧 멈춰버릴 것 같은, 땀이 피가 되어 떨어질 것만 같은 기도도 성령께서 하시는 일이다.

　그땐 정말 기도가 노동이 된다.

　중노동이다.

　20대에 예수원에 가서 보았던 문구 "기도가 노동이요, 노동이 기도다."라는 말이 무슨 말인지 이제야 알겠다. 그런데 참 희한하게도 그런 중노동의 기도를 드리면서 땀을 비 오듯 쏟으며 몇 시간씩 (자전거를 타고^^) 달려도 전혀 힘들지가 않다. 이사야서에서 약속하신 대로, 팔팔한 소년도 넘어지고 펄펄한 장정도 나자빠질 상황에서도 여호와를 앙망할 때 '신비한 힘'을 부으셔서, 오히려 가면 갈수록 더 힘을 주체할 수 없는 상황을 늘 연출하신다.(*이사야서 40:28-31)

　나 오늘도 9시간 드렸다. '파워 사이클워십'을!

　주님이 내게 왜 이러시는지 나도 모른다.

　여하튼, 엄청 써먹으실 모양이다.^^

　더 알고 싶다.

　더욱 더욱 더 완전히 알고 싶다.

　하나님을, 예수님을, 성령님을!

　맛을 보면 볼수록 더 막을 길 없는 갈증으로 목이 탄다.

　내일은 오랜만에 일가라 하셔서 일가는데, 주님 안에 머문 지난 2주 동안 내게 행하신 일들이 너무 엄청나고 놀라워 마치 먼 여행

에서 돌아온 듯 이 세계가 낯설다.(먼 여행 맞지. 삼, 사차원을 오갔으니….^^)

뜻대로 하소서. 살든지 죽든지….
저는 아무것도 모르고 아무것도 못 하니
그저 제게 행하신 일, 행하실 일에
감사하고 찬양 드릴 뿐입니다.

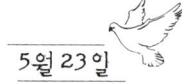
5월 23일

　일주일에 한 번씩이라도 기도·찬양·예배… 의 영적 생활을 하는 사람들의 평균수명이 7년가량 더 길단다.
　그럼 매일 몇 시간 이상씩 하는 나는 어떻게 되는 건가? 불로장생, 아니 불로영생으로 바로 들어가는 건가…?^^
　여하튼, 기대할 것밖에 없다. 주님 안에는!

여러 번 계획할지라도 하나님의 때가 아니면
길이 막혀 뜻을 이루지 못한다.(*로마서 1:13)
어리석은 내 뜻대로 다 되게 내버려두지 않으시고
일일이 간섭하시는 그 사랑의 손길이
내 평안의 근거!

특별한 섭리와 계획 가운데
요즘 나로 하여금 열심히 기록하게 하시는데
무엇을 어떻게 적어야 할지도 일일이 불러주고 계신다.
나는 그저 술술 받아 적고만 있다.
거기엔 망설임도 꾸밈도 없다.
물 흐르듯 자연스럽게 흘러간다.
이 맛에 믿음의 길을 간다.
이 멋에 믿음의 삶을 산다!

불멸의 것을 추구하는 자들에게는
영원한 생명을 주신다.(*2:7)
바로 이 맛이다!^^

성령으로 마음에 받는 할례가 참 할례다.(*29)
딱딱하게 굳은 마음 껍질을 벗기시고
부드럽고 연한 새 마음 주시는 성령의 수술을 받아
'너는 내 것'이라고
마음에 성령으로 아버지의 인감도장이 꽝 찍히는 것
아버지의 친필사인이 새겨지는 것
그것이 진짜 할례다.

주께서 죄 없다고 인정해주시는 사람의 행복이여!(*4:8)

오직 예수를 믿음으로만 당첨되는 '로또'여! (*9) ^^

그리스도와 함께 영원히 사는 생명을
하나님께 선물로 거저 얻게 되었다. (*6:23)
이 완전한 불멸의 행복이 내 것이 되었으니
어찌 찬양하지 않을 수 있으랴!
온몸과 맘으로, 온종일 영원토록 찬양을 드려도
아쉬움뿐이다!

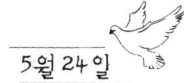
5월 24일

내 몸은

주님을 섬기라고 있는 것이다.
그 주님은
내 몸을 돌봐주시는 분이다. (*고린도전서 6:13)
우린 그런 사이다! ^^

5월 25일

　여러 목사님의 설교를 인터넷으로 듣다 보니, 재밌는 현상도 덩달아 보게 된다. 영적으로 충만한, 예수 그리스도의 십자가 복음이 중심에 선포되는 설교를 듣는 성도들의 표정은 밝고 환하고 살아 있다. 곧 자리에서 튀어 오를 듯 역동하는 생명력으로 꿈틀댄다. 보는 나도 덩달아 신이 난다.

　그런데 지적으로(만) 충만한 설교, '엉뚱한 것'이 중심을 점령한 설교를 듣는 사람들의 표정은 무덤덤·무감각·무표정하게 죽어 있다. 멍하니 시간을 '버티는' 모습이 역력하다. 보는 내가 맥이 빠진다. 참 재밌는, 그러나 두려운 대조다.

　와, 이 기막힌 말씀의 대응!

　하나님의 말씀을 잡상인처럼 파는 사람들이 많이 있고, 반면에 순수한 마음을 가지고 하나님 앞에서 그리스도의 이름으로 말씀을 전하는 자들이 있다고(*고린도후서 2:17), 주님께서 대번에 맞장구를 쳐주시네.

　주님의 가려운 데를 내가 싹싹 긁어 드린 모양이다!^^

5월 26일

온 세상 만민들아, 와서 들어보아라.

주님께서 오늘 내게 어떤 일을 행하셨는지!

작년의 '논스톱 찬양예배' 기록인 10시간의 벽을 오늘 드디어 가뿐히 뛰어넘어, 13시간의 새 기록을 주셨다네!

이번엔 지난번 '워킹예배'보다 더 강도 높은 '사이클예배'였다네.^^ 충만한 주의 임재 속에 완전히 잠겨 노래하고 춤추며 달렸다네. 힘, 하나도 안 들었다네. 새털처럼 가벼웠다네. 주님께서 친히 그 독수리 날개에 날 태우시고 날아오르셨다네. 주님도 기뻐셔서 덩실덩실 춤을 추시며 훨훨 나셨다네.

얼마 전 "주님, 이번에 새 은혜 주실 때 지난 기록을 넘어서야 하지 않겠습니까? 매번 더 풍성하게 채우시는 주님이시니 이제 그 기록을 깰 때가 되지 않았나요?" 하고 '믿음의 도전장'을 드렸더니 "오냐, 알았다." 하시곤 오늘 드디어 이루고야 마셨다네. 허벅지가 좀 땅기고 엉덩이가 약간 얼얼한 것 외에는 상함도 해함도 없다네.^^

할렐루야, 주님을 찬양하라!

우리의 간구에 언제나 한 술 더 얹어서 넘치도록 이루시는 주님을 찬양하라! 택하신 자녀들에게 그 임재와 사랑과 능력을 생생히 맛보여주시는 주님을 찬양하라!

별것 아닌 걸로 웬 호들갑이냐고 하는 분들아!^^

한번 해보시라.

'맨정신'으로 몇 시간이나 신나게 달릴 수 있는지를…. 엉덩이 아파서라도 못할 것이네. 그저 오래 달렸다고 해서 대단한 게 아니라, 그 긴 시간 내내 얼마나 간절한 찬양과 기도를 드렸는지, 성령의 도우심이 아니고선 흉내도 낼 수 없는 일이었다네. 세상과 나를 잊고 주님의 즐거움에 참여한 시간, 주님께서 나를 기뻐하시고 내가 주님을 기뻐한 시간, 장차 본향에서 누릴 영광과 행복을 살짝 찍어서 나마 맛본 황홀한 시간이었다네.

할렐루야! 내 영혼아,

내게 놀라운 일을 행하신 주님을 찬양하라.

호흡이 있는 모든 것들아,

살아계셔서 큰 일을 행하시는 주님을 찬양하라!!

하나님께서 나를 염려해주시니

내가 오직 염려할 것은

그리스도에 대한 순결과 충성을

저버리지 않을까 하는 것뿐이다.(*고린도후서 11:2, 3)

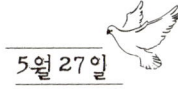

5월 27일

흥청대며 무절제하게 먹고 마시는 것도
성령을 거스르는 육체의 일이다.(*갈라디아서 5:21)

맞다!

제대로 '잘 먹는' 것이 거룩의 첫걸음이라는 확신이 사는 날이 더할수록 더해지고 있다. 배가 너무 부를 땐 기도가 안 되더라. 말씀도 귀찮더라. 하나님께서 좀 멀리 계셔도 살 것 같더라.

기름진 음식이 늘 상에 가득하고 먹기를 탐하는 지도자는 무슨 거룩한 말을 해도 우습게 보이더라. 별로 '지도' 받고 싶지 않더라….

주여, 우리의 위장에도 성령의 기름을 부으소서.

'거룩한 기름'으로만 가득 채워주소서!^^

하루 단위로 사는 인생이니

화도 그날 화는 그날 다 풀어라.

내일까지 남겨두면 썩고 구더기 끓어 처치가 곤란해진다.

욕심스레 모아놓은 만나처럼.(*에베소서 4:26, 27)

지금 내(바울)가 갇힌 것이, 마침내는 기도와 성령의 도우심으로 내게 구원이 될 것을 안다.(*빌립보서 1:19)

지금 미경이가 광야에 머무름도, '이하동문'일 것을 믿는다!^^

하나님께서 개 같다고 인정(?)해주시는 사람은

그리스도 외의 것을 주장하는 사람

형식적이고 세속적인 것에 의지하는 사람이다.(*3:2, 3)

5월 29일

아주 가끔 주님께서 숨어 계실 때가 있다.

주님이 함께하지 않는다는 것이 어떤 건지 맛보여주시려고 일부러 그러시는 줄 알면서도, 그 고통은 곧 고꾸라져 죽을 것 같은 무서운 고통이다. 십자가에서 주님이 "나의 하나님, 나의 하나님, 왜 나를 버리십니까?"라고 절규했던 그 고통을 알 것만 같은 몸서리쳐지는 단절의 고통이다.

주님의 큰 은혜에 익숙해져 둔감해지지 말라고, 처음처럼 늘 생생히 깨어 있으라고 아주 가끔 그렇게 '무서운 맛'을 보여주시는데, 그럴 땐 정말 정신이 번쩍 나서 주님 '치맛자락' 붙든 손에 힘이 더 꽉 들어간다.

그걸 노리시는 거다.^^

그 후엔 다시 전보다 더한 은혜로 감싸주시고 위로해주시지만, 주님이 안 계신 섬뜩한 빈자리는 생각만 해도 등골이 오싹하다.

5월 30일

주님의 증인 된 삶을 살겠다고 나를 드린 이후, 어김없으신 주님께선 절대 '손해 안 보시고' 복음 전할 자들을 알아서 속속 보내고 계신다. 우선 지금 내 수준에 맞게(나를 너무 잘 아시는 주님!^^) 아이

들부터 시작하라 하시며, 찬영이 친구들을 하나씩 보내신다.
　아이들의 마음은 참으로 연하고 열려 있다.
　어린아이 같아져라 하신 이유를 알겠다.
　오늘의 '행운아'는 스리랑카 아빠와 독일 엄마를 둔 레옹이었는데, 처음엔 예수를 모르고 안 믿는다 하더니 금세 예수님을 믿고 사랑하겠다고 순순히 긍정한다.(절대 내가 '협박'한 거 아니다!^^) 지난번 파키스탄 아이 다누잔도 분명 부모가 이슬람교도일 텐데도 예수님을 믿어 보겠다고(?) 고개를 끄덕끄덕.
　이렇게 집안에 가만히 앉아서 '세계선교'를 하는 호강을 누리고 있다.
　아, 기쁘고 행복하고 신나고 뿌듯해라!
　주님께서 이렇게 나를 써 주시다니!
　바울이 온갖 고생 다하면서도 주님께 쓰임 받는 사도 된 행복을 거듭거듭 '자랑'한 맘을 쬐~끔 알 것 같다.

　주님, 다 보내주소서.
　이 동네 아이들을 차례로 제게 다 보내소서.
　제가 기꺼이 그 특권을 누리겠나이다.
　그 복을 얻겠나이다.
　주님을 자랑하고 선포하는 그 천국을
　제가 놓치지 않고 침노하여 차지하겠나이다!

7권

온통 푸른 물이
들었다

6월 1일

소금이 짠맛을 잃으면 발에 밟힐 뿐이라.(*마태복음 5:13)
오늘따라 무섭게 다가오는 말씀이다.
소금이 제맛을 잃으면 안 쓰시겠다는 것뿐 아니라
발에 밟히는 모욕과 저주가 따른다고 경고하신다.
두렵고 떨림으로 매일 구원을 이루어가라 하신다.

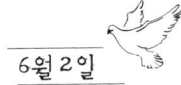
6월 2일

찬영이의 간증:
　어둑해질 무렵, 너무나 갖고 싶은 로봇을 사러 왕복 20여 분 거리의 가게로 용감히 혼자 다녀왔는데, 오는 길에 무서운 생각이 들었단다. 그래서 찬송을 힘차게 불렀단다.
　♪ 호산나 호산나 왕의 왕께 영광을…
　　주의 이름 높여 다 찬양하라….
　그랬더니 마귀 생각이 물러가고 안 무서워져서 씩씩하게 올 수 있었단다.
　할렐루야!^^

6월 5일

큰 인물치고 책 안 읽는 사람 드물고, 책 안 읽는 사람치고 큰 인물 되는 법은 더 드물걸?^^

바울도 책 챙기고(*디모데후서 4:13), 무엇보다 하나님께서 책을 무지 좋아하시니 말이다. 이 두꺼운 성경을 쓰시곤 시도때도없이 읽으라 하시는 걸 봐도 그렇고, 심지어 천국에도 책을 많이 두셨다니!

사람들의 행적을 많은 책에 기록하고 계시고, 구원받을 사람들의 이름도 굳이 생명'책'('파일'이나 '칩'도 아니고….)에다 써 놓으셨단다. (*요한계시록 20:12)

그걸 다 못 외우시겠는가!^^

여하튼, 책·좋은 책·성경책을 많이 읽자!

하나님의 종이며 예수 그리스도의 사도인 나 바울….(디도서 1:1)

내가 누구이며

무엇을 하고 살아야 하는 존재인지를 분명히 아는

'행복자'의 뻐기는 자랑으로 부럽게 들린다.

그리스도 예수를 위해서 갇혀 있는 나 바울….(빌레몬서 1)

역시 자랑이다.^^

6월 7일

사람이 무엇이기에

주께서 잊지 못하시며 돌보시는가?(*히브리서 2:6)
아, 사람 된 행복이여!
천사도 흠모하겠네.

예수를 생각하자.(*3:1)
늘 생각하자. 깊이 생각하자.
앉으나 서나, 자나 깨나, 사나 죽으나 예수를 생각하자.
모든 것을 넉넉히 이길 힘이
오직 거기서만 나오나니!

저주의 산물, 가시나무와 엉겅퀴는
아무 쓸모 없는 것의 대표·상징(*6:8)
주님께서 그 가시관 쓰심으로
헛수고·무의미의 저주가 내게서 떠났다.
유익과 의미로 충만한 복이 내게 임했다!

끈기 있게 기다려서 약속하신 것을 받았다.(*15)
저도 '죽기 아니면 받기'로 기다립니다.
다른 길·제3의 선택은 없는 것, 아시죠? 아버지!

6월 8일

그리스도의 나타나심이

역사의 절정이다.(*히브리서 9:26)

성령의 나타나심이

내 삶의 절정이다!

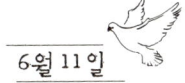
6월 11일

〈*야고보서 4장〉

들어가기 전에….^^

'2008 축구 유럽전' 오늘 경기에서 독일이 이겼나 보다.

밤 11시가 다 된 지금 정적이 울리고 환호가 터져 나오며 밖이 야단인 걸 보니….

한편, 오늘 최용덕 간사님의 딸 로아를 아버지께서 결국 데려가셨다는 소식도 눈물로 듣게 되었다. 로아 대신 그 좋은 곳에 절 오라 하시라고 간곡히 기도드렸건만, 결국 로아를 데려가셨다.

모든 짐 다 벗고 이제 완전한 행복 영원히 누릴 일만 남은 로아, 정말 네가 부럽구나.

언제나 슬픈 자는 남은 자·떠나보낸 이들이니 주님, 간사님과 가족들을 주의 완전한 평화로 위로하소서!

그런데 아버지, 전 언제쯤 오라 하실 건가요?

아직도 이 땅에 더 머물며 해야 할 일이 있긴 있나 보군요. 꿈에도 생시에도 사모하는 그곳, 조금 맛보여주신 것만으로도 이토록 갈망하게 되었는데, 주님 얼굴 친히 뵙고 그 영광 몸소 누릴 때에야 얼마나 얼마나 더 좋으랴…!

주님, 바로 답 주시길,

나는 너를 살리기도 죽이기도 할 수 있는 존재다. 너는 내일 네 생명이 어찌 될지 모르는 존재다. 오직 내가 허락해주어야 살고 죽으며, 이런 일 저런 일도 할 수 있는 존재다. 그러니 허영에 들떠 장담하지 마라.(*12-16)

넷!^^

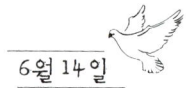
6월 14일

"내게 음악은 언제나 진행형."

데뷔 40주년을 맞은 조용필 씨의 고백이다.

"내게 예배는 언제나 진행형!"

탄생 (거의) 40주년을 맞은 나의 고백이 되었으니

태어난 보람, 살아낸 가치가 여기에 있다.^^

사람들은 그에게 많은 것을 이루었다고 하지만, 그는 여전히 허전해서 꿈을 향해 앞으로 나아갈 것이란다. 그 꿈도 결국 허전함만

줄 텐데… 어쩌나….

내 모든 것을 '올인'하며 달려갈 '참꿈' 되신 주님,

감사하고 사랑합니다!

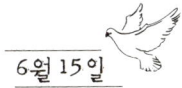
6월 15일

우리를 부르셔서

당신의 영광과 능력을 누리게 하신다.(*베드로후서 1:3)

괜히 부르신 게 아니다.

시시한 것으로 부르신 게 아니다.

그래서 이제 우리는

하나님의 본성을 나누어 받게 되었다.(*4)

아버지 마음이 내 마음

아버지 소원이 내 소원

아버지 기쁨이 내 기쁨

아버지 아픔이 내 아픔 되었다.

이것이 없는 자는

눈뜬장님이다.(*9)

말씀이 정말 꿀처럼 달다.

이미 다 아는 이야기, 수천 년 똑같은 성경구절들이 매번 읽을 때

마다 어쩜 이리 새롭고도 재밌는지, 아버지께서 날마다 차려주시는 '밥상의 신비'다.

너무 맛나서 시간을 잊고 밤새워 허겁지겁, 내가 말씀을 먹고 말씀이 나를 먹는다. 둘이 먹다 둘이 하나가 되도 모를 지경이다.^^

'생명의 밥'이신 주님과 '생수의 강'이신 성령님께서 이렇게 날마다 '신선한 메뉴'로 배달(?)되어 오시니, 두 분께선 그야말로 환상의 콤비·찰떡의 궁합이시다. '완전한 만족'을 주는 '완벽한 세트'시다.

기록된 말씀을 배불리 먹고 나면, 이젠 내게 친히 들려주시는 말씀에 목말라진다. 그래서 또 무릎을 꿇는다.

시냇물을 찾아 헐떡이는 목마른 사슴이 된다.

곧 생수로 배부른 행복한 사슴이 된다.^^

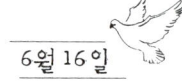
6월 16일

예수님의 족보 이야기. (*마태복음 1:1-17)

한 치의 오차 없는 하나님의 치밀한 계획대로, 14대-14대-14대로 이루어진, 다말과 라합과 밧세바가 은혜로 당당히 낀, 조상 중 한 사람도 잊힌 바 없이 다 기억되어 기록된, 아버지의 완전한 계획과 그 실행의 증거! 내 인생도 같은 분에 의해 계획되고 실행됨을 선포하는 이 '흥미진진한 족보 이야기'가 오늘 너무 은혜 된다!

6월 17일

유다 땅에서 가장 작은 고을

베들레헴에서 예수께서 태어나셨다.(*마태복음 2:6)
수도가 아니라 구석진 변두리 땅을 택해 오셨다.
서울출신 아니라 기죽은 자들에게 소망 되시려!
그러나 그 무명의 '빵집'이 '생명의 빵'으로 인해
역사의 명소가 되었다.

나를 따라와라.
그러면 내가 너희를 …로 만들겠다.(*4:19)
내 일은 주님 따라가는 것
주 일은 나를 만드시는 것
단순하다!

6월 18일

주님을 앞에 두고 몰아치는 파도에 '죽는다'고 호들갑을 떠니 주께서 심히 언짢아하신다.(*마태복음 8:23-26)
내가 그렇게도 하찮냐?
그렇게도 못 미더우냐?

섭섭해하신다.

주님을 기쁘게는 못 해 드릴망정 맘 아프게는 해 드리지 말아야지. 그래서 나는 오늘도 주님 때문에 노래하고, 주님 앞에서 춤추며, '파도 타고' 논다.^^

어, 그런데 주님께서 한번 꾸짖으시자 미친 듯 요동하던 파도가 완전 고요해져 버렸다.(*26) 그런 주님을 옆에 모셔 놓고 파도가 두려워 떤 것은 '도대체 이 분이 누구신지' 몰라서 그렇다.(*27)

주님, 주님을 알게 하소서!

마귀의 간청도 들으신 주님께서
돼지 떼로 들여보내 달라고 귀신들이 간청하니
"가라."고 허락하신 주님께서(*31, 32)
하물며… 하물며…
나의 간청이랴!

돼지 잃은 자들이 예수께 떠나달라고 하니
떠나셨다.(*34)
돼지와 함께 망할 '돼지들'이다.
진주를 발로 차버리는!

소경 둘이 따라오며 자비를 베풀어달라고 간절히 구하는데도, 못 들은 척하신다. 그래도 그들이 집안까지 따라 들어와 '귀찮게 치대

니' 그제야 돌아보신다.(*9:27, 28)

　주님은 이렇게 우리가 주님께 '치대길' 바라신다. 그걸 귀찮다 안 하시고 좋아하시며 은근히 기다리신다. 그러니 날마다 와서 바라는 걸 얻을 때까지 갖은 애교·아양·어리광… 을 떨며 내게 '치대라'고 아예 정식으로 요구하신다.

　그것을 믿음이라 하시며,

　달라는 것 곧 주마 하시며!(*누가복음 11:8, 18:1-8)

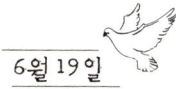
6월 19일

나를 가장 사랑하여라.

너 자신보다 나를 더 사랑하여라.
나를 위해 네 목숨도 버려라고
당당히 요구하심은(*마태복음 10:37-39),
내가 너를 가장 사랑한다.
나 자신보다 너를 더 사랑한다.
내가 너를 위해 내 목숨도 버렸다고
당당히 고백하심이다.

6월 20일

새벽 4시경만 되면 어김없이 창 밖 큰 나무에 깃들어 자던 새들이 깨어나 노래하기 시작한다. 어찌 그리 매일 시간을 정확히도 아는지 놀랍기만 하다. 아버지께서 친히 깨우시고, 그들만의 새벽예배가 시작되는 것이리라.

그 소리는 또 얼마나 서로 맑고 곱게 어우러지는지, 천상의 하모니다. 그 소란스러움이 그대로 잔치분위기라, 나도 기분 좋게 단잠을 떨치고 일어나 무릎 꿇어 그들의 예배에 동참하게 된다.

이곳을 떠나면 그리울 복 중의 하나다.

6월 21일

기도, 기도, 기도!

더욱더 충만하고 전투적인 기도!

기도의 목마름으로 부르신다. 하면 할수록 더 갈급해지는 신비스런 기도의 바다 깊은 곳으로 날마다 더 나아오라 손짓하신다.

사랑하면 늘 대화하고 싶은 것

기도가 호흡 되는 이치.

사랑하면 다 주고 싶은 것

기도가 응답되는 이치를 더욱 맛보라 하시며!

6월 22일

내 가치를 오직 홀로 정하시는 주께서
나를 귀하다 보배롭다 완전하다 하시고
너는 내게 귀엽고 아름답고 사랑스럽다 하시며
완전한 사랑 날마다 무한히 쏟아주시니
그 사랑 그저 받아 누리는 것밖에는
그 사랑으로 나도 주님 사랑하는 것 외에는
내가 할 수 있는 일이 아무것도 없네.
그런데 오직 그것만을 원한다고 하시네.
그 사랑 주시려고 십자가 지셨고
그 사랑 얻으시려 못 참을 고통 다 견디셨으니
그 사랑 마음껏 누리고 나누라 하시는 주님 앞에
이보다 더 행복할 수 없는 행복을 오늘도 고백하며
아멘, 주여. 내가 주를 사랑하나이다….
내가 주를 사랑하나이다….

이런 사랑 고백에 절대 그냥 못 계시는 아버지의 화답:
나는 내가 사랑하는 자, 내 마음에 드는 자를 택하여
그에게 사랑의 징표로 성령을 부어준다.(*마태복음 12:18)
성령 임함은 돌아온 아들에게 끼워주는 가락지
성령 부음은 왕의 딸로 등극 되는 대관식이니!

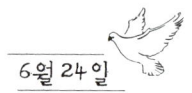
6월 24일

이런저런 생각들로 불필요하게 머릿속이 복잡해질 때면, 주님께선 언제나 단 한마디로 쓸데없는 소란을 평정해버리신다.

"염려 말고 나만 믿어!"

그 한마디 말씀에 머릿속 전원은 꺼지고, 내 영은 다시 감미로운 쉼을 누린다.

"나만 믿어."

이 얼마나 듬직하고 멋진 한 마디인가?

우리 주님 외에는 그 누구도 감히 흉내 내어 큰소리칠 수 없는!

그 주님을 내 주인으로, 목자로, 아빠로, 엄마로, 친구, 스승, 멘토, 매니저, 펀드 매니저, 코치, 트레이너, 요리사, 영양사, 코디네이터, 파티 플래너, 살림 이스트, 자명종…, …, 그리고 영원한 내 사랑, 남편으로 모시고 사는데,

걱정이 웬 말이며 두려움이 무엇이란 말인가!^^

⟨*마태복음 14장⟩

세례요한의 죽음!

주의 길을 예비한 자의 말로가 너무 처참하구나.

정말 천국이 없고 내세의 심판과 상이 없다면, 영원토록 한을 품고 이를 갈며 슬피 울어도 성이 차지 않을 자들은 믿음으로 살다 믿음으로 죽은 자들이리라.

주님도 마음이 아프셨나 보다.

이 소식을 들으시곤, 배를 타고 홀로 조용한 곳으로 가셨다. 기도하고 싶으셨겠지….

그런데 사람들이 거기까지 좇아오자, 그래도 물리치지 않으시고 다 만나주셨다. 자의로 왔든, 타의로 왔든, 제 발로 왔든, 데려옴을 당했든 주께 나온 자는 모두 고쳐주셨다.

그러니 팔자를 고치고 싶은가? 주께 나오라!

운명을 바꾸고 싶은가? 주께 오라! 일단 와 보라!

주님 형편 봐 드릴 것도 없이….^^

주님과 같이 있는 것이 좋아서 먹는 것도 포기하고 떠나지 않고 있자니, 알아서 먹여주시잖아? 이 세상 그 누구도 먹어보기는커녕 상상도 못한 기적의 메뉴로!

돌로도 빵 만드실 수 있으시면서, 내가 드린 것으로 기적 베풀고 싶으셔서, 나랑 멋진 일 같이하고 싶으셔서 "지금 네가 가진 것을 내게 다오." 하신다. 먼 훗날 가질 것을 계산하고 앉아 있지 말고, 지금 것이 작다고 적다고 볼품없다고 별것 아니라고 불평하지 말고 내게 가져와라, 내가 기적의 재료로 쓰마 하신다.

그런데 사람들에게 빵과 생선을 직접 주지 않으시고, 제자들에게 주셔서 나눠주게 하신다. 그러니 제자들의 할 일이란, 주께 받은 것 전하고 나누는 것이다. 쉽다!

주께 순종하자, 모두 만족하게 되었다.

주만 바라본 자, 모두 배부르게 되었다.

그 후엔 얼른 기도하고 싶으셔서, 아까 하시려다 못 하신 기도 '애타게' 하고 싶으셔서 제자들을 '재촉하여' 건너편으로 먼저 보내시고 군중을 돌려보내신다. 그리곤 산에 가셔서 조용히 혼자, 아니 아버지와 밤을 보내신다.

주님이 안 계신 사이 제자들을 덮친 풍랑이 도를 넘게 되자, 요청하기도 전에, 새벽 4시, 누가 도우러 오리라고 전혀 기대할 수 없는 때에 배가 없으니 아예 물 위를 걸어서 오셨다. 주님이 더 급하셨던 게다.

그 주님을 몰라보고 제자들은 유령이라고 소리를 지르며 난리다. 상상을 초월하는 모습으로 등장하시니 그럴 만도 하다.

그 모습을 보고 잠시 뜸들이시며 '즐기시지' 않고, 곧 "나다. 안심해라. 겁낼 것 없다."고 언제나처럼 먼저 평안부터 주신다.

역시 '튀는' 베드로, 주님의 그 깜짝쇼에 너무 감동한 나머지 자기도 주님처럼 한번 물 위를 걸어보고 싶다고, 다른 이들은 감히 꿈도 못 꿀 요청을 드린다. 그러나 믿음엔 약하신 우리 주님, 대번에 "오너라!" '쿨하게' 허락하신다.^^

긴말 필요 없이 믿음엔 응답으로 상대해주신다.

누가 뭐래도 대단한 베드로, 그 말씀에 의지하여 노한 바다 물결 위로 발을 내디디니, 그 믿음대로 물이 그의 발아래 복종하였더라! 그러나 오직 주님께만 푹 빠져 좌우뒤가 보이지 않던 그의 시선에 그만 무섭게 포효하는 풍랑이 주님보다 더 크게 클로즈업되는 순간, 안타깝게도 전세는 역전되어 발밑에 있던 물에 삼키우고 마니, 역시 싸움은 먼저 '눈싸움'이다. 백발백중·백전백승의 관건은 시선이다.

그러나 시선이 흔들려 물속에 빠져드는 그 처참한 순간에도 신실하신 주님께선 즉시 손을 뻗어 꼬르륵대는 베드로를 끌어올려 주시나, 그의 믿음 약함을 속상해하신다. 애타 하신다.

주님, '주님 밖에는 눈에 뵈는 게 없는' 순전한 믿음을 제게 주소서!

날 죽일 것 같던 풍랑이 주님 앞에 기가 죽는 것을 본 모든 이들이, 주 앞에 엎드려 절하며 하나님의 아들이심을 고백한다. 주님을 알게 되면 찬양과 경배는 '자동으로' 드려지는 것이다!

그렇게 주와 함께하는 사이 배는 어느새 목적지에 가 닿았더라.

(*요한복음 6:21)

내가 애쓰고 수고할 것이 무엇이냐!

인생사는 법칙, 이렇게 쉬운데 괜히 어렵게 말하고 복잡하게 만드는 사람들, 정말 나쁘다!

머리가!^^

6월 25일

'축구 유럽전'이 한창이라 온 독일이 들썩, 술렁인다.

집 창문이며 자동차, 심지어 자전거까지 독일국기로 도배를 했고, 터키와의 경기가 있는 오늘은 아예 국기 옷·국기 모자·국기 화장으로 치장한 젊은이들로 거리가 현란하다. 조용하다 못해 늘 적막하던 독일땅에 모처럼 생기가 넘치니, 미안하리만치 축구에 관심 없는 나도 덩달아 신이 난다.

찬영이가 묻기를 "엄마는 오늘 축구에서 독일이 이겼으면 좋겠어요? 아니면 터키편이에요?" 한다.

"우리야 당연히 독일에 살면서 여러모로 은혜를 입고 있으니 독일을 응원해야겠지?" 하니, "그래도 나는 독일친구들보다 터키친구들이 더 많아서 터키를 응원하기로 했어요." 한다.

나름대로 고민한 기색이 역력하다. 이 동네엔 터키사람들이 수적으로 주도권을 잡고 있는 탓에 그렇다. 어쨌든 덕분에 우리 집에선 공정한 응원이 펼쳐지게 됐다.^^

♪ 시온 성과 같은 교회….

경기가 시작된 모양이다. 물론 가사야 다르지만^^, 언제 들어도 장엄하고 숙연한 독일국가가 온 동네 우렁차게 울려 퍼지는 가운데, "독일 이겨라!" 마음속으로만 크게 한 번 외쳐주고 나는 꿋꿋이 말씀 본다!^^

238 싱그럽게 물오르더니

주께서 가까이 오라 하신다.(*마태복음 15:10)

멀리, 멀찍이 떨어져 있지 말고 가까이, 더 가까이 바짝 다가와서 내 품에 안겨라, 안겨 쉬라 하셔서 달콤하게 주님의 쉼을 누리고 있는 사이…,

독일이 이겼나 보다.

"주퍼 도이칠란트!(Super Deutschland. 독일 만세)" 함성이 깊은 밤을 가르는 걸 보니….

찬영이 응원보다 내 응원이 좀 더 셌나 보네.^^

어라, 폭죽까지 터지고 난리가 났다.

저리도 좋을까?

평소에 별로 기뻐 뛸 일 없으니 이참에 핑계 삼아 저러는 거지 싶어 애처롭기까지 하다. 난 축구 안 봐도 만날 뛰고 춤추며 살고 있는데….

차들도 있는 대로 경적을 울려댄다. 평소엔 아예 경적이 없는 차들 마냥 다니더니….

난 차 없어도 만날 '빵빠레'를 울리며 산다네.

다~ 주님 덕분에!^^

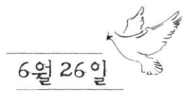
6월 26일

　해같이 빛나고 빛같이 눈부신 주님(*마태복음 17:2)께서 오늘, 이 독일땅에선 황금보다 귀한 황금빛 햇빛을 마구 들이부어 주셨다. 그러자 어디에서들 쏟아져 나왔는지 거리는 보기 드물게 사람들로 넘쳐났다. 다들 빛에 목마른 존재들임을 여실히 증명하며, 햇볕 아래 삼삼오오 모여 앉아 황홀한 표정들을 감추지 못한다. 빛이 없어 어둡고 냉랭한 생활의 쓴맛은 봐야만 아는 무서운 맛이지!^^

　빛이신 주님!

　밝고 따뜻하고 부드러워서, 그 안에 있으면 모든 어둠이 물러가고, 모든 냉기가 데워지고, 모든 굳은 것이 녹는 생명의 빛 되신 주님을 다시 한 번 묵상하며 나도 오랜만에 꽉꽉 충전했다.

　아, 이런 날은 라인 강변에 가서 차 한 잔 마시면 좋은데….

　주님과 마주 앉아서….

　아니, 나란히 앉아서!^^

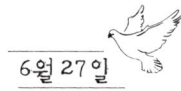
6월 27일

　봄이 무르익어가니 한국의 쑥향이 못 견디게 그리워져 주말에 뒤셀도르프 한국가게까지 가서 말린 쑥가루라도 사야 하나 했는데,

역시나 생생하신 내 아버지, 오늘 싱싱한 '독일제 쑥'을 '불쑥' 안겨 주셨다.^^

꽃집 가는 길, 늘 다니던 그 길에 시력도 시원찮은 내 눈에 오늘따라 뭔가가 '쑥' 들어오는 게 아닌가!

"아니, 이게 뭐야? 쑥이닷!"

세상에, 여기에 쑥이 있을 줄이야….

정신없이 10여 분을 따 모으니 내 그리움을 달래기에 충분한 양이 모였다.

음~, 바로 그 향기·그 질감·그 맛이다!

함께 가던 이란의 모쉬간과 모로코의 젤릴라가 그게 뭐냐고 묻는다. 이것이 바로 한국에서 가장 사랑받는 봄 허브 중 하나라고 소개하니, 다들 냄새를 맡아보고 맛을 보며 신기해한다. 쑥떡이 제대로 되면 한번 맛을 봬 줘야지. 하지만 걔들이 그 깊은 맛을 알까? 쌉싸름하면서도 그윽한 한국의 봄맛을!

진한 쑥향을 맡으며, 나는 오늘 그보다 더 찐한 아버지 사랑의 향내에 흠뻑 취해서 온종일 "아버지 최고!"를 마구 외쳐대고야 말았다.^^

6월 28일

믿음은 모험이다.

모험엔 당연히 긴장과 위험이 따른다.

편하게, 평범하게, 그래서 지루하게 살 건가, 아님 위험을 감수하더라도 신나고 흥미진진하게 살 건가? 매일의 선택 앞에 오늘도 나는 후자의 삶을 택해 열심히 살았기에 좀 피곤하지만, 영혼의 만족감은 이를 데 없다.

믿음은 모든 것을 가능하게 하는 힘이다.(*마태복음 17:20)
주님, 제가 믿습니다!
이제 주께서 이루실 일만 남았습니다.
행하소서!
제가 지켜보겠나이다.
온 세상과 함께!

때로 눈물·고통·죽음 있어도
내 결말은 웃음·행복·부활로 정해져 있다.(*22, 23)
그것이 내 운명!

전직어부 베드로를 위해
물고기 입속에 필요한 돈을 넣어 놓으신 주님.(*27)
주님의 이 따뜻하고도 재치만점인 유머가
묵상할수록 가슴 훈훈하다.

주님은 늘 네 생각은 어떠냐고 물으시며(*18:12)

내 생각을 점검하시고 바로잡아주시고
또 생각을 칭찬하시며 책망도 하신다.
그리고 주님의 생각을 가르쳐주신다.
대가 멘토, 주님의 멘토링 법이다.

6월 29일

찬영이의 생일이다. 만 8살이 되었다. 어느새….
주님, 손 얹어 축복해주소서.

믿음의 사람·성령의 사람·사랑의 사람이 되게 하소서. 하나님의 마음에 쏙 드는 아들, 아버지의 맘을 시원하게 기쁘게 하는 아들이 되게 하소서. 믿음과 지혜와 몸이 쑥쑥 자라서, 주님과 사람 앞에 아름다운 자가 되게 하소서.

강하고 담대하면서도 부드럽고 따뜻한, 주님 닮은 멋진 남자로 자라가게 하소서. 그래서 주님께 영광이 되고, 세상에 유익이 되며, 제게도 자랑이 되게 하소서.

발이 걸려 넘어지지 않게 천사를 보내 지키시고, 머리카락 하나 상하지 않도록 눈동자처럼 보호해주소서.

좋은 사람들을 만나게 하소서. 믿음의 배우자·목자·스승·친구·동료… 를 찬영이 삶에 풍성히 허락해주소서. 그리고 찬영이를 만나는 그들에게도 찬영이가 복이 되게 하소서.

드린 기도가 하나도 남김없이 이루어지는 것을 확인하며 살아가는 나날이 되게 하소서.

구하지 않은 것까지도 덤으로 풍성히 채우시는 주님을 경험하는 삶 되게 하소서.

주님께서 주신 이름을 친히 이루시어, 찬영이 통해 큰 영광 받으소서. 오직 주께만 모든 '**찬송과 영광**'을 돌려 드리는 찬영이의 영생이 되게 하소서!

천국은
포도원 주인이 일할 일꾼을 필요로 하는 곳(*마태복음 20:1-16)
아버지는 내가 필요하시다고
아버지 혼자서는 의미 없으시다고
내가 있어야 아버지가 완전해지신다고
친히 인정해주시는 곳
그렇게 서로가 서로를 간절히 원하고
서로의 존재를 통해 서로가 완전해지는 곳
천국이다.

6월 30일

내 임금께서 내게 오신다.

그는 겸손하시어
짐승의 새끼를 타고 오신다. (*마태복음 21:5)
내 멍에를 대신 메시고 내게 자유 주시려
멍에 메는 짐승의 새끼를 타고 오신다.
온 우주의 왕자께서
백마 타시고 갈기 휘날리며 달려오셔도 시원찮을
만유의 주께서
어린 나귀를 타시고 한 걸음 한 걸음 험한 길 걸어
내게까지 오셨다.
십자가 지실 무렵 구름 타고 휙 내려오시지 않고
태중의 아기로 말구유에 오시어
낮고 천한 곳, 주리고 곤한 33년의 하루하루를 다 사시어
십자가까지 오르셨다.
십자가만큼 힘겨운 땅의 삶 나 대신 다 사시고
내게 하늘의 평화 주시려 어린 아기로 와 주셨다.
그것이 내겐
십자가만큼이나 큰 은혜다.

7월 1일

일 년의 반이 또 이렇게 지났다.

어린아이처럼 약하고 미련하니, 그저 하루하루 주님 뒤만 따라 여기까지 왔다. 내일도 내년도, 다른 길 다른 선택이 없는, 그래서 속 편하고 완전한 삶이다!

눈먼 자들은
으뜸과 딸림을 뒤바꾸는 자
첫째와 둘째를 헷갈리는 자
핵심과 주변을 못 가리는 자
잘못 알아 막사는 자들이다.(*마태복음 23:24)

7월 2일

난리와 전쟁이 나도 당황하지 마라(*마태복음 24:6)시니, 그렇담 놀랄 일이 뭐 있나?

주님은 우리가 안절부절·노심초사·우왕좌왕·허둥지둥… 하는 걸 싫어하신다. 그것을 믿음 없다 하신다. 어떤 일을 만나도 주님 바라보고 평안하고 침착한 것, 그걸 믿음이라 하신다.

그래서 믿음은 사람을 여유롭게, 멋있게 만든다. 그 믿음 가지고

주님 때문에 '희희낙락'하며 사는 것, 주님이 하라고 명하신 일에만 정신 팔면서 속 편히 사는 것,
   그것이 주께서 기뻐하시는 산 제사이며
   내게서 매일 받기 원하시는 영적 예배다.

   시간은 오직 아버지의 권한(*36)
   내 인생시간표도 아버지 손에 있다.
   어련히 알아서 잘 짜셨으랴!

8권

이제 물가에
뿌리내려

7월 4일

　사람들이 뭐라 하든 말든, 묵묵히 주님만 사랑하고 섬긴 마리아의 편을 주님께서 직접 들어주신다. "내게 갸륵한 일을 했는데 왜 괴롭히느냐?"고 세상 모든 잡음에 친히 찬물을 확 끼얹어주신다. (*마태복음 26:6-12)

　아휴, 시원해라!

　그리고 조용해라~!!^^

　그것만 해도 감당 못할 은혠데, 온 세상 어디나 복음이 전해지는 곳마다 나와 함께 가자고 주님의 옆자리를 영원히 내주신다. (*13)

　더 바랄 은혜가 무엇이랴!

7월 5일

　가롯 유다의 "선생님, 저는 아니지요?"라는 물음에,
"아니긴, 너지! 너 맞아, 바로 너야!"라고 단도직입적으로 푹 찔러 말하지 않으시고 "그것은 네 말이다." 하시며 완곡하게 사랑 안에서 진리를 말씀하셨다. (*마태복음 26:25)

　곱씹을수록 참 지혜로운 어법이다.

　말씀이신 주님께 말하는 법을 배우자.

내가 내 주인이 아니니

내가 나를 모른다.(*35)

내 몸의 시스템이 어떻게 돌아가는지

다음 순간 내 마음이 어떻게 변할는지

나는 다 모르고, 또 통제할 수도 없다.

모르고 못 다스리는 내가 어찌 주인이랴.

나를 완전히 아시고 다스릴 수 있는 분이

내 주인이시다.

단 한 시간도 깨어 있을 수 없더냐.(*40)

단 한 시간!

주님께서 정식으로 요구하시는 최소한의 기도시간이다.

  깨어 최소한 '한 시간' 기도하면 유혹에 빠지지 않는다고 하시니 (*41), 그렇다면 그 한 시간은 생명처럼 지켜야 하는 시간이다.

  기도를 해보니 정말 그렇다.

  처음 한 시간은 소위 '기도의 줄을 잡는' 시간, 영에 성령의 불을 지피는, 말하자면 '워밍업' 시간이다. 성령께서 오셔서 마음껏 주도하실 수 있도록 산만한 마음 주변을 정돈하고 마음 중심을 한 곳으로 모으는 시간, 잠잠히 성령님을 초청하고 그의 운행을 기다리는 시간이다.

  그런데 기다림의 순간이 언제나 그렇듯, 이 한 시간도 그만 일어서고 싶은 충동과 잡다한 유혹이 끊이지 않는 '길고도 험난한' 시간이다. 그러나 설령 졸더라도 주님 앞에 무릎 꿇은 채 넘어지겠다는 (?) 각오로 이 시간을 '버티고' 나면, 거의 매번 참 신기하게도 이 한 시간의 벽을 넘어서는 순간 드디어 '세상과 나는 간 곳 없고 구속한 주만 보이는' 새로운 세계가 펼쳐진다. 내 힘으론 들어설 수 없는 높은 경지에 누군가의 등에 업혀 들어가는 것이다. 비로소 안간힘 쓰던 내 힘이 썰물처럼 빠지고, 더 큰 다른 힘이 밀물로 덮쳐와 나를 감싸 안고 은혜의 바다 깊은 곳으로 나아간다. 내가 기도를 드리는 것이 아니라, 기도가 나를 들어 아버지의 보좌 앞으로 이끌어가는 새로운 차원이 열린다.

이 '한 시간 버티기' 훈련을 어느 정도 하고 나면, 워밍업 시간이 점점 단축되는 것도 경험하게 된다. 호흡이 기도가 되어 따로 '데울' 필요없이 바로 뜨겁게 기도의 깊은 곳으로 들어가게 되는 '실력'도 역시 연습, 매일의 '하나님의 임재연습'으로만 도달되는 경지인 듯 하다. 이때 가장 효과적인 도구는 역시 음악을 통한 찬양이다. 오직 하나님만을 높이고 갈망하는 찬양이 깊은 기도의 문을 여는 열쇠가 될 때가 많다.

이런 면에서 영과 육은 참 긴밀히 연관되어 있고, 서로 닮아 있다. 기도의 '프로'가 되는 법도 날마다 거르지 않는 연습과 훈련, 그리고 그 노력을 가상히 여겨 전심전력으로 도와주시는 코치, 성령님의 은혜로만 가능한 일이므로….

이런 기도 후에 맛보게 되는 영혼의 충족감은 이 땅의 것이 아니다. 모든 철학과 종교가 이르길 갈망하는 바로 그 경지, 절대자와 하나 되는 체험으로만 맛볼 수 있는 완전한 평화·완벽한 기쁨·4차원의 영광으로 충만한 지경이다.

그러니 최소한 '한 시간'의 기도는 반드시 침노해서 차지해야 할 천국, 두드려서 열어야 할 천국의 첫 문인지도 모르겠다.

7월 6일

배반 후에 베드로는

'말씀이 떠올라' 몹시 울었다.(*마태복음 26:75)
유다는 같은 상황에서
떠오르는 '말씀이 없어' 절망해 자살했다.
말씀은 생명이다.

총독 본디오 빌라도는 예수가 무죄임을 알면서도 사람들이 두려워 예수를 버림으로, 높고 존귀한 자리에서 역사상 가장 치욕적인 자리로 내려앉고 말았다. 복음이 전파되는 곳마다 저주의 이름으로 사람들 입에 오르내리는 비참한 운명을 자초했다.(*27:15-26)

일곱 귀신 들렸던 창녀 막달라 마리아가 사람들을 개의치 않고 주님을 선택함으로, 천하고 부끄러운 이름이 귀하고 영광스런 이름 되어 복음이 전파되는 곳마다 주님 옆에서 함께 불리는 것과 참 대조적으로!

예수의 피에 대한 책임을

우리와 우리 자손들이 지겠다고 유다 군중이 외친 대로(*25)

주께서 역사 속에서 온 세상이 똑똑히 보도록 행하셨다.

말은 운명이다.

7월 7일

성령께서 광야로 이끄시면

천사들이 와서 시중을 든다.(*마가복음 1:12, 13)

하늘의 뜻으로 광야에 머물 때는

하늘의 도움을 직접 입어 산다.

성공으로, 기적으로, 참된 삶으로

가는 길의 유일한 이정표:

"내가 말하는 대로 하여라."

- 주님 백-^^(*2:11)

7월 9일

월화수목금 꽉 채워 연속 3주째 '꽃동산 꽃놀이'가 이어지고 있다. 어느새 노동자 체질로 변한 것인지, 별로 힘든 줄 모르고 열심히 노동하며 살게 하시는데….

5년째 다녀도 날마다 처음 보는 기기묘묘한 꽃들 속에서 시름을 잊는 '마취수법'을 쓰고 계시는 듯하다.^^ 도대체 얼마나 많이도 만드셨는지, 아직도 몰래(?) 매일 만들고 계신 것인지, 어찌 그리 무수하며 또 어찌 그리 다들 독특하게 아름다운지, 매일 봐도 매일 놀랍기만 하다.

게 중엔 영락없이 '종이'로 만든 꽃도 있고(뿌리를 확인하고도 생화임을 믿지 못할 만큼), 어떤 건 '비단'으로 직조하신 것도 있고… 여하튼 아버지의 현란한 솜씨자랑에 가히 드릴 말씀이 없어 "오…! 와…! 어쩜…! 세상에…!" 그저 감탄사로만 날마다 기화요초들과 더불어 경배와 찬양을 드린다.

아버지의 뜻 다 알 순 없지만, 또 부인할 수도 없는 은혜 속에 현실의 고단함도 몸의 곤고함도 잊고, 그저 믿고 따라가는 하루하루다.

믿지 않으므로
기적을 행하실 수 없었다. (*마가복음 6:5, 6)
믿음은 기적의 어머니!

일 마치고 돌아와 숨 가쁘게 보고하는 제자들에게

"이제 우리 휴가 가자" 하신다. (*30, 31)

종들이 휴가는 무슨 휴가냐고, 또 일가라고 내몰지 않으시고, 주인이 일 보내실 땐 열심히 일하고 휴가 보내실 땐 열심히 쉬는 것이 '죽도록 충성'하는 거라 하시며(내 귀에는 그렇게 들린다.^^), 이제는 쉬어라 '명'하신다.

정말 멋진 주인, 기꺼이 복종하고픈 주인이시다.

배를 타고 한적한 곳을 찾아 출발~!(크루저 여행?^^) (*32)

나도 최근에 갑자기 크루저 여행을 하고 싶어져서 벽에 사진까지 붙여 놓고 "보내주~소서!" 조르고 있던 참인데, 이 대목에서 답을 주시네.

"시킨 일 다 마치고 나면, 보내달라 하기 전에 알아서 보내는 거 방금 봤지?"

네, 주님. 사실 이미 여러 번, 꿈도 못 꿀 처지에 꿈도 못 꿀 곳으로 알아서 보내주셨던 신실하신 주님이셨죠.

나보다 더 나를 사랑하시는 주인, 맞으십니다!^^

7월 10일

겁내지 말고 안심하여라. (마가복음 6:51)

걱정 마라, 염려 마라, 두려워 마라, 무서워 마라, 믿기만 하라….

주님의 입버릇(?)·반복 학습·세뇌 작전

점점 '세뇌'되어 가고 있는 나를 보는 기쁨이 크다.^^

7월 12일

너에게 나는 누구냐? (*마가복음 8:29)

나에게 너는 전부인데, 내 삶의 목적인데, 내 생명보다 귀한 존재인데, 마지막 피 한 방울까지 다 줘도 안 아까운 사랑의 대상인데 너에게 나는 누구냐고, 네게도 내가 그런 존재냐고, 너도 나를 그렇게 사랑하냐고, 수시로 묻고 또 확인하신다.

네, 주님. 주님도 제게 전부이시며, 제가 살고 죽을 유일한 이유되시며, 제 생명 바쳐 복종할 사랑의 대상이십니다, 하고 고백 드리면 그만 기뻐 어쩔 줄 모르시어 결국 기쁨을 못 이기시고 사랑의 선물로 천국의 열쇠를 주고 마신다. 네가 땅에서 열면 내가 하늘에서 열게. 네가 땅에서 하자는 대로, 원하는 대로 내가 하늘에서 할게! 약속하시며…. (*마태복음 16:15-19)

그렇게 내 마음을, 내 사랑을 온 우주보다, 아니 천국보다 더 귀하게 여기시고 소유하고 싶어하시는, 내게 다 주시고 내게서도 다 받고 싶어하시는 그분은 내 완전한 사랑의 대상이시다!

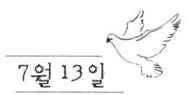

7월 13일

예수께서 제자들은

따로 가르치셨다.(*마가복음 9:31)
'특별반'에서 '특별수업'하셨다.
장소는 주로 광야·한적한 곳·인적 드문 곳
방법은 주님과만 독대한 일대일 집중수업
아무나 그 수업 안 시키셨다.
야호, 나는 지금 그 수업 중이다!

지옥에는
절이는 불소금과 파먹는 구더기가 있대.(*48, 49)
아이고, 뜨겁고 짜고 아프고 더럽고 무서워라!
그런 델 왜 가?
가지 마~!

사람들이 주께로 오는 것을 막으면 화내신다.(*10:13, 14)
주께 가까이 오기만을 기다리고 계신 것도 모르고 눈치 없이!
지붕을 뜯고라도, 벽을 뚫고라도, 땅을 파고라도 주께 오기만 하면, 그 '무식한' 방법을 탓하지 않으시고 오히려 '창의적'이라 칭찬하시며 더 반갑게 맞아주신다. 오느라 '수고' 많았다고!^^
그리고 안아주신다. 꼬옥 안아주신다. 축복해주신다. 구하는 것

주신다. 안 구한 것은 알아서 챙겨주신다. 함께 살게 해주신다. 영원히 살게 해주신다. 그리고 주님같이 되게 해주시니…,

이런 복을 보았나!

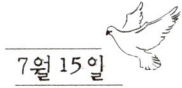
7월 15일

독일 온 지 7주년이 지났나? 다 되어가나…?

여하튼 2001년 7월에 처음 독일땅을 밟았으니 어느새 7년 세월이 흘렀다. 세상에! 맙소사!

믿기지도 않지만, 그냥 넘어갈 수는 없는 일!

그래서 나의 파티 플래너·잔치의 대가·축제의 원조이신 아버지께 '7주년 기념잔치' 해달라고 조르고 있다.

돌아보면 "참으로 험난한 세월을 보냈나이다."라는 야곱의 고백을 내 걸로 갖다 써도 별로 미안하지 않을만한 세월이었다. 〈인생극장: 독일광야, 강미경편〉의 각본과 연출을 맡으신 하나님께서 모험 좋아하는 주인공을 위해 무수한 무용담·흥미진진한 애깃거리들을 연이어 마련하시며 긴장감 넘치게 이끌어 오신 나날이었다. 아버지가 아니면 도저히 엮어갈 수 없는 장면·사건·인연들을 다양하게 선보이시며, 이제 위기를 지나고 클라이맥스를 넘어 어느덧 결말 즈음에까지 온 것 같은데… 그러나 여전히 긴장의 끈을 못 늦추게 하시며 계속 재미에 재미를 더해가고 계시는 아버지의 연출솜

씨, 끝까지 기대해 볼 일이다!^^

　　나귀 새끼 한 마리 풀어오는 데도
　　혼자 안 보내시고 둘을 보내신다.(*마가복음 11:1, 2)
　　자상하신 주님!
　　쓰시곤 곧 돌려보내신단다.(*3)
　　성실하신 주님!
　　과연 모든 것이 말씀하신 그대로였다.(*4)
　　진실하신 주님!

　　읽을 때마다 정신이 번쩍 나고 '피를 끓게' 만드는 말씀!

　　…하나님을 믿어라… 누구든지 마음에 의심을 품지 않고 자기가 말한 대로 되리라고 믿기만 하면 이 산더러 '번쩍 들려서 저 바다에 빠져라' [가당찮은 요구를] 하더라도 그대로 될 것이다.(22, 23)

　　그러니까 우리 식으로 말하자면, 김칫국부터 마시고 있으면 그것을 믿음으로 보시고 떡 주시겠단다.
　　그러므로 믿음은 '김칫국부터 마시는 것'이다!
　　그러나… '안 마실 줄 아시고' 한 번 더 반복하신다.^^

　　너희가 기도하며 구하는 것이 무엇이든 그것을 이미 받았다고 믿기만

하면 그대로 다 될 것이다.(24)

게다가 '떡의 종류'에도 제한을 안 두시고 뭐든 먹고 싶은 대로 주문만 하면 만들어주시겠다니… 이런 삶,

한번 살아볼 만하지 않은가!

한번 살아보고 싶지 않은가!!

한번 살아봐야 하지 않겠는가!!!

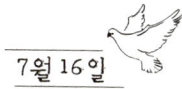
7월 16일

가난한 과부가 있는 것 다 털어 전부 바치는 것을 주님께서 보시더니, 너무 좋으셔서 제자들에게 자랑하신다.(*마가복음 12:41-44)

그리고 과부에게,

"이 세상 물정 모르는 철없는 과부야, 네 처지에 과하구나. '오버' 하지 마라." 하지 않으셨다.

왜?

최소한 동그라미 몇 개 더 붙여 '오버'해서 다 되돌려주실 작정이시니까!^^

7월 17일

그럼 그렇지!

아버지께서 내 '떼'를 들으시고, '축 독일광야 생존 7주년 기념잔치'를 열어주실 모양이다.

오늘 갑자기 신 선생님께서 내일 맛있는 거 사 주시겠다며 전화를 해오셨다. 아시는 분이 운영하는 식당에 한번 들르기로 했는데 같이 가자시며….

원래는 내일 일 가게 되어 있는 날이라 시간을 낼 수 없었는데, 오늘 느닷없이 '재료부족'이라는 희한한 이유로 내일 일도 없어지고 말았다. 이쯤 되면 알아봐야 한다. 아버지께서 꾸미시는 작전이란 것을….

아, 기대된다!

어떤 깜짝파티를 준비해 놓고 날 이렇게 '간절히' 부르시는 것일까???^^

7월 18일

좋으신 아버지!

살아계신 아버지!

불꽃 같은 눈으로 날 지켜보시며 돌보시는 아버지!

요즘 막바지 광야길이 지루하고 힘들다고, 정말 아버지가 내게 여전히 관심을 두고 계신 게 맞냐고, 오락가락 희미해질 찰나의 내 괴로운 심정을 읽으시곤 **"맞다!"**고, 내가 네게 변함없이 지대한 관심을 갖고 돌보고 있는 게 **"확실하다!"**고, 오늘 온 독일에 쩌렁쩌렁 울리도록 외쳐주셨다.

7주년 파티를 역시나 '아버지 스타일·스케일'대로 내 기대를 훌쩍 뛰어넘어 '원더풀·뷰디풀·환타스틱하게'(흥분하면 가끔 외국어가 나온다. 국어를 몹시 사랑하지만!^^;) 차려주신 것이다.

신 선생님께 이끌리어 찾아간 뒤셀도르프의 어느 일식당, 정갈하고 예쁜 '미당'에서 최고의 맛과 멋으로 정성껏 준비해두신 일식·한식 요리를 싹싹한 주인 마나님의 극진한 시중을 내내 받으며 4코스의 성대한 만찬으로 거나하게 즐겼다.

아, 눈물 핑 도는 이 감격!

약속하신 대로 언제나 '최상품·특상품·극상품'으로 날 대해주시는 아버지….

돌아보면 지난 7년 세월이 늘 그랬다.

내게는 아무리 생각해도 이보다 더 좋을 수 없는 나라·도시·집·학교·동네·일터·이웃… 주셔서 '힘든 걸 자주 까먹고' 광야길 지나오게 하셨다.

이 은혜의 구름기둥·사랑의 불기둥은 천국집에 입주할 그날까지 절대 무너지지 않고 날 든든히 떠받쳐주시리라!^^

7월 19일

나의

"아바, 아버지"가 되시려고

독생자에게

"나의 하나님, 나의 하나님"이 되셨다. (*마가복음 15:34)

마리아가 주님 묻히신 무덤으로 달려가면서

돌 굴려내 줄 사람이 있을까 걱정했지만 가서 보니

'그렇게도 커다란 돌'이 이미 굴려져 있었다. (*16:2-4)

걱정,

하는 만큼 손해다!

믿음에는

구원을 선두로 신나는 기적들이 줄줄 따라붙는다.

마귀박멸 · 유독무해 · 방언구사 · 신유은사…. (*16-18)

믿음은 품목 무한정의 '종합선물세트'다.

이 좋은 걸 마다하는 사람들,

정말 이해가 안 가!

7월 20일

하나님께서는 사람을 욕망하는 존재로 지으셨다.

그러니 욕망을 없애려 할 것이 아니라, 바른 욕망의 대상을 찾아 그것을 욕망하기를 욕망해야 한다.

하늘의 것·영원한 것·거룩한 것을 욕망하게 하시는 성령님, 오직 그분만을 욕망할 때 다른 모든 욕망은 저절로 채워진다.

넘치게!

세상 사람들이
벼랑 끝에서 떠밀려 하든, 돌로 치려 하든
대꾸하지 말고 항의하지 말고
너는 네 갈 길을 가라.
나처럼!(*누가복음 4:28-30)

주님이 누구신지 알고 나면
내가 누군지도 알게 된다.(*5:8)

내 믿음으로 많은 사람이
'참으로 신기한 일'을 보게 된다.(*26)
내 믿음으로 세상이
복을 누린다.

7월 21일

하루 단위의 삶을 살라 하신다.

일용할 양식

그날의 은혜

매일의 자기부인과 순종….

그렇게 하루하루를 처음처럼 또 마지막인 듯

'오늘'에 온 힘 쏟아 살라 하신다.

다 퍼내고 나면 새로 고이는 샘물의 은혜를 약속하시며!

매일 밤 잠으로 죽고

매일 아침 깸으로 다시 태어나는 삶

그런 삶에 내일의 염려는

필요 없다 하시며!

7월 22일

변화 산에 내려온 모세와 엘리야가 주님께 무슨 말을 했을까?
 십자가를 앞두고 기도하신 주님께 틀림없이 힘을 북돋아 드리러 왔으리라. (*누가복음 9:28-31)
 기도하면 그렇게 하늘로부터 실제적인 위로와 힘이 임한다. 그러므로 삶은 기도한 만큼 살게 되는 것이다.

7월 23일

내 마음을 다하고
목숨을 다하고

힘을 다하고

생각을 다하여 너를 사랑하니,

너도 나를 그렇게 사랑하여라!(*누가복음 10:27)

7월 24일

기도는
한밤중에 떡 달라고 해도 되는 것이다.

얻을 때까지 달라고 해야 하는 것이다.

그런 관계를 원하신다.

언제든 구하면 주는 관계

무엇이든 찾으면 찾아주는 관계

열릴 때까지 두드리면 결국 열어주는 관계

그렇게 '얽히고설켜' 서로 뗄 수 없는 관계

갈라놓을 수 없는 하나 된 관계를 원하셔서

기도하라 하신다.(*누가복음 11:5-10)

7월 25일

내 어린 양아, 귀엽고 사랑스러운 너야, 귀하고 보배로운 존재야, 조금도 무서워하지 마라.

하늘나라를 너에게 기꺼이 주실 아버지께서 무엇을 네게 아끼시겠느냐! 다 주시되 가장 좋은 것으로 넘치게 주신다. 네 취향에 딱 맞고 마음에 쏙 드는 것들로 넉넉하게 주신다.

그러므로 널 위해 쌓아두려 하지 말고, 받은 것을 없는 사람들에게 나눠주어라. 그러면 네 하늘통장에 내가 알아서 넉넉히 입금해놓으마. 거기는 금융위기 날 일도 없고, 보물이 하늘에 있으면 네 마음도 하늘에 있을 것이니 일거양득 아니냐! 그렇게 가장 지혜로운 재테크를 하여라.(*누가복음 12:32-34)

최고의 금융 전문가·펀드 매니저 되시는 주님의 조언이시다.

따르면 대박 날!

하나님 자리에 앉을 만한 것은 재물이다.(*16:13)
내 주인이 하나님이냐 재물이냐는
재물을 나누고 있느냐 쌓고 있느냐로 드러난다.

7월 26일

믿음은
뽕나무가 뿌리째 뽑혀서 바다에 심어지게 하는 힘(*누가복음 17:6)
이 산이 들려서 저 바다에 빠지게 하는 힘(*마태복음 17:20)
해와 달을 멈춰 서게 하는 힘(*여호수아 10:12-14)
창조주를 움직여서 창조질서를 뒤바꾸는 힘이다.

7월 27일

늘 겪는 일상이 되었으면서도 매번 그렇게 신기할 수가 없다. 주님과 함께하는 3시간은 어찌 그리 3초처럼 순식간인지….

참 묘하고도 묘하다.

어떤 고난도의 사역도 이렇게 '사로잡혀' 감당하게 되는 것이겠구나… 주께서 메라고 하신 쉽고 가벼운 주님의 멍에는 바로 이런 것이겠구나… 그것은 오히려 메는 것이 내게 자유가 되고 힘이 되는 행복한 구속이겠구나….

좀 알 것도 같다.

7월 28일

새벽 2시.

충~분히 피곤한데도, 조금 있다 일가야 하니 한시라도 더 자야 하는데도 상황과 의지완 관계없이 자꾸 기도가 터져 나오고, 아버지 사랑이 새록새록 떠오르면서 가슴이 뜨거워지고 목이 메고 찬송이 메들리로 반복재생되는 증세로 봐서 성령님의 소행, 아니 운행이 분명하다.^^

늘 이런 현상에 수반되는 또 하나의 징후는, 시간이 갈수록 몸의 피곤은 온데간데없어지고 어디선가 날아온 초강력 힘을 입어 '슈퍼맨'이 된다는 것.

내일도 분명 잠 한숨 못 자도 쌩쌩하게 살게 될 것이다. 자꾸 삐져나오는 웃음 관리하느라 얼굴 근육에 힘줘야 할 것이고, 몸이 붕 떠오르지 않게 다리에는 힘을 꽉꽉 실어야 하는 동시에, 너무 힘찬 걸음에 땅이 꺼지지 않도록 발목에는 슬슬 힘을 빼야 할 것이다. 그리고 이런 기분 맛보고 싶어서 술·담배·마약… 하는 사람들, 여기 완전 건강하고 돈 한 푼 안 드는 '비법'이 있으니 어서들 오라고 외치고 싶어 입이 근질근질할 것이다.

요새 날 위해 꽃집생활 5년 만에 처음으로 7월에 엄청 일을 만들고 계신 아버지…. 애들 장난 같은 '리본 만들기'로 요즘 최고의 몸값을 자랑하는 유로화도 벌게 하시는 동시에, 그 기나긴 시간 동안 김동호 목사님 이하 여러 '종님'들을 시키셔서, 이렇게 쓰시려고 친히 장만해주신 MP3로 내 공부까지 확실히 챙기고 계시니, 역시 이번에도 '도랑 치고 가재 잡으시는 중'이다.^^

그러나 이 모든 은혜의 최고봉은 뭐니뭐니해도 내 영에 뜨겁게 지펴주시는 기도의 불이다. 매번 새로운 기도의 제목들을 친히 주시는데, 오늘은 "단 한 순간도 아버지의 사랑을 의심함으로 아버지 마음을 아프게 해 드리는 일이 없게 하소서."라는 단순하지만 근사한 기도를 가슴 치며 내내 하게 하셨다.

오늘도 나는 이렇게 성령님께 사로잡혔다.
세상에서 제일 행복한 매임, 성령의 포로가 되는 것!
세상에서 제일 재미난 유희, 성령님과 기도하는 것!
세상에서 제일 황홀한 만족, 성령님과 하나 되는 것!
오늘도 내가 누렸다.

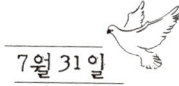
7월 31일

이제 독일을 떠나야 하나 더 머물러야 하나….
며칠간의 고뇌 중에 오늘 아침, 아직 떠날 때가 아니라는 확답을 주셨다. 할 일이 더 남았다 하시며….

그리고 7시간의 깊은 찬양과 예배로 이끄셔서 폭포수 같은 충만한 임재로 위로하시고 격려해주셨다.

주님의 이 고백을 눈물로 거듭거듭 듣게 하시며….

나의 달림은 너의 자유
나의 매임은 너의 해방
나의 조롱은 너의 존귀
나의 수치는 너의 영광
나의 벗김은 너의 입힘
나의 맞음은 너의 나음
나의 찢김은 너의 싸맴
나의 상함은 너의 성함
나의 가난은 너의 부요
나의 눈물은 너의 웃음
나의 고통은 너의 환희
나의 절규는 너의 노래
나의 절망은 너의 소망
나의 죽음은 너의 생명
나의 부활은 너의 영생이다….

8월 1일

전도서를 펴 주시며,

"하루하루를 즐겁게 살아라. 그리고 네가 나를 사랑하니, 너 하고 싶은 대로 하여라. 나 두려운 줄 알고 그 안에서 네가 하고 싶은 대로 하면 된다. 그게 내 마음이다." 하신다.(*전도서 11:8-10, 12:1, 2, 13, 14)

아, 후련해!

"그런데 저는 아버지 하고 싶으신 대로 하고파요~."^^

"진리를 따라 살고 빛으로 나오는 사람의 한 일은

모두 내 뜻을 따라 한 일임이 드러나게 된단다."(*요한복음 3:21)

"아버진 정말 멋쟁이!"^^

8월 3일

서로 관계있는 사이는

서로를 위해 수고하는 사이

발 씻기는 사이다.

그 수고를 피하면 둘은 아무 상관이 없다.(*요한복음 13:8)

주님께서 피로

내 온몸을 씻겨 주셨으니

이젠 내가 눈물과 땀으로

주님 발을 씻겨 드릴 차례다.

8월 4일

내 기쁨을 마음껏 누려라. (요한복음 17:13)

그리고 진리를 위해 몸바쳐 살아라.(*17)

'공정한' 주인이시다.

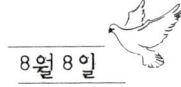
8월 8일

온 우주에서

가장 치열한 전쟁은

성령과 사탄의

내 마음 쟁탈전(*사도행전 5:3)

8월 11일

잘 안 믿기는 일들을 자꾸만 하시겠다고 자꾸 그러신다.

다 수용이 안 돼 그물이 터질 것 같은데도, 엄청나게 큰 고기들을 자꾸 몰아넣어 주신다.

휴우~, 벅차다!^^;;

자식 한 명 없을 때 후손이 많을 것이며, 사백 년 외국에서 종살이할 것이며…, …, 결국 예배하게 하겠다는 '대서사시'를 미리 말씀하시니 역시 수용을 못 해 괴로워했던 한 사람을 보이시며(*사도행전 7:5-7), 내가 잘못 들은 게 아니라고 '증명'해주신다.

약속을 이뤄주실 때가 다가오자 백성은 번성하여 온 땅에 퍼져나갔고(*17), '때맞추어' 모세도 태어나잖아, 하시며….(*20) ^^

하나님 앞에서 벗어야 할 내 신은

내 자아·고집·의지….

완전자의 거룩한 땅에 어울리는 것은

오직 순전한 복종이니!(*33)

8월 13일

간증들을 들어보니, 모두가 위로부터 거저 받은 선물을 밑천 삼아 돈도 벌고 명예도 얻고 행복을 누리며들 살아간다. 스스로 노력해서 얻은 것이란 실로 미미할 뿐임을 본다. 그러니 자랑할 것도 우쭐댈 것도 없는 게 인생 맞다. 주님의 십자가 외에는!

내게도 나눠주신 은사를 조명해주시며, 이제 그것으로 일을 시작하라 하신다. 사명을 감당할 때가 되었다고, 깊은 새벽 별안간 "시작!" 호루라기를 크게 부셔서 나를 벌떡 일으켜 세우셨다. 역시 때와 시는 아버지께 속한 거라 하시더니, 수시로 이렇게 전혀 짐작도 못 할 불시에 기습하셔서 마구 뒤흔들어 놓곤 하신다. 주님 오실 때를 대비한 '예행연습' 삼아 그러시는 모양이다.^^

여하튼 때가 되면 한밤중이든 꼭두새벽이든, 굳이 아침까지 기다리시지도 않고 정해두신 그 시각에 정확히 작정하신 일을 시작하시는 '틀림없으신' 아버지시다.

주님께서 말씀하신다는 증거는 언제나 동일하다.

안 믿으려야 확 믿어져 버리는 확신과, 댐이 터지듯 걷잡을 수 없는 감사·기쁨·평안이 그것이다. 그리고 들려오는 내용이 내 수준에선 언감생심 꿈도 못 꿀 크고 선하고 아름다운 일이라는 것, 궁극적으로 주님께 영광이 되고 세상에 유익이 되며 내게 행복이 되는 '환상적인' 일들이라는 것이 무엇보다도 그 결정적 증거다.

그러나 워낙에 내 그릇에는 크기가 넘치는 내용물인지라, 한 번씩 몰아치는 의심의 파도에 빠져 허우적댈 때도 많다. 그럴 땐 또 즉시, 잘 걷던 물속으로 빠져들던 베드로를 건져주신 그 힘센 손으로 나를 붙잡아 다시 사랑의 반석 위에 든든히 세워주시며 분명 주님이심을 확증해주시니, 그 확신으로 나는 확신할 수밖에 없다.

내게 말씀하신 이가 주님이시며,

내게 말씀하신 그것을 친히 이루시리란 것을!

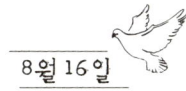
8월 16일

성령께서 임하시니 하나님을 높이 찬양하더라.(*사도행전 10:44-46)
나도 방금 6시간 넘도록 충만히 찬양하고 예배했다.

언제나 시작은 계획 없이 이루어진다. 그저 이끄심 따라 10분도 좋고 하루 종일도 좋습니다, '내려놓고' 시작한다. 그러면 정말 다~ 알아서 최선으로 인도해가시니, 얼마나 자유롭고 편한지 모른다. 물결에 몸을 맡기고 유유히 떠가는 자유로움이다. 그럴 때 언제나 내 능력과 한계를 사뿐히 뛰어넘어 '가볍게는' 3시간, '보통'은 6~8시간, '조금 넘칠' 땐 10시간 이상씩도 이끄시며 실컷 영광 받으시고 나도 더할 나위 없이 즐겁게 해주신다.

정말 웃기지 않는가? 가볍게 '몸풀기'로 3시간이라니!

코미디 소재로나 쓸 법한 일을 이렇게 현실·일상으로 만드시는 것, 성령님의 '주 업무'시다.

그렇게 하시거든 영광을 주님께 돌려라. 아니면 죽음이다. 그것도 헤롯처럼 수치스럽고 처참한 죽음이라고(*12:23), 바로 엄중한 경고를 보내오시네.

역시 불꽃 같은 눈이다. 날 지켜보시는 아버지의 눈은!^^

명심하겠습니닷!

8월 17일

내가 아버지께 드리는 예배는
실상은 아버지께서 날 위해 차려주시는 잔칫상
내가 먹고 마시고 배부른 것
내가 누리는 것
그러니 한 번이라도 놓치면 내 손해!
나 자신의 행복을 위해 침노해서 차지해야 하는 천국!
예배는 내가 아버지를 소유하는 것
아버지 마음 내가 갖는 것
아버지 자원 다 가져다 쓰는 것
아버지께서 내게 기꺼이 묶이시는 것
바로 그것이라 하신다.

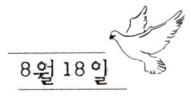
8월 18일

주는 것이 받는 것보다

'더' 복되다(*사도행전 20:35) 하심은

받는 것도 복이란 말씀이겠지.

'다 복'이지만 '더 복'의 이치

그러니 주는 복을 '더 잘' 누리려면

받는 복도 '다 잘' 누릴 줄 알아야 하리.

아버지, 준비됐습니다.

받는 복 누릴!

아버지도 준비되셨죠?

주는 복 누리실!^^

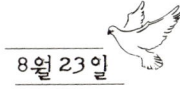
8월 23일

　소량의 음식을 시간 정해 놓고 저울로 달아 먹으며 스트레스받는 것은 저주다.(*에스겔 4:10-17) 우리를 향하신 아버지의 본심은, 우리가 먹고 싶을 때 먹고 싶은 것을 배불리 먹으면서 만족하고 윤택하게 사는 것이다. 그러므로 지나친 다이어트 등으로 자신을 괴롭히며 스트레스받는 것은, 아버지를 스트레스받으시게 하는 '불효'라 결론 내리고 나는 '효도'하기로 한다!^^

8월 26일

<u>어느덧 여름이 지나고</u> 가을이 왔다.

벌써 아침저녁 해가 쑥 짧아지고, 바람이 스산하고, 온통 꽃집에도 가을의 상징인 호박과 국화 천지다.

노동과 더불어 사는 요즘, 육체적·정신적으로 상당히 강도 높은 훈련임을 아시고 좋으신 아버지께서 다양한 '위문품'으로 현란한 '위문공연'을 펼치고 계시는데, 요사이 날 위한 아버지의 이벤트는 '복분자 쇼'다.

어느 날 쉬는 시간에 갑자기 내 팔을 이끄시고 뒤뜰, 꽃을 실어 나르는 트럭들만이 오가는 한적한 그곳으로 데려가시더니 "짠, 이것 봐라!" 하시며 어마어마하게 큰 복분자 나무 앞에 날 세우셨다.

높이: 내 키 거의 두 배,

너비: 담벼락 따라 수십 미터나 이어진 덤불에 왕방울만 한 새카만 열매가 가지가 축축 휘도록 달려 "제발 좀 따 가주세요!" 외치고 있는, 아무도 지나는 이 없어 복 많은 파리·거미들만 호강시키고 있던 그 나무를 아버지께서 통째로 내게 건네주시며 "어때, 맘에 드니?" 하셨다.

"그럼요, 아버지, 맘에 쏘옥~ 들어요! 환상적이에요!" 하고 '접수'한 그날 이후, 요샌 일 갈 때마다 쉬는 시간에 딸기 따 먹고 모으는 재미에 피로를 잊는다.

한국에선 인기 웰빙음식으로 꽤나 비싸고 귀하다는데, 나는 따도 따도 언제 땄냐는 듯 매일 새로 열리는 이 '보석'을 그냥 먹고, 갈아 먹고, 끓여 먹고, 얼려 먹고, 옆 사람 불러서 같이 따 먹다 서서히 질려가는 복을 누리며, '딸기 마이크'를 잡고 외치시는 아버지의 음성을 듣는다.

"내가 주는 복은 이런 거란다. 혼자서 감당할 수 없을 만큼, 다른 사람들 불러다 나누지 않을 수 없을 만큼, "인제 그만!" 외칠 때까지 넘치게 쏟아 부어주는 거란다. 이제 네게도 그렇게 해줄게. 기대하렴!"

아, 황홀한 가을이다.

찬바람이 불기 시작해 찬영이 점퍼가 급히 필요했다.
오늘 꼭 사야 할 것 같은 맘이 들었다.
한 가게가 불현듯 떠올랐다. 자주 가지 않는 곳이다.
가봤더니, 크기·디자인·색깔·30% 할인된 가격까지 맘에 쏙 드는 '내 것'이 단 하나 남아 나를 기다리고 있었다.
"반갑다, 너로구나!" 100%의 확신으로 집어 들고 계산대에 가니, 오늘이 아이 옷 추가할인 날이라고 거기서 한 뭉텅이를 더 쑥 빼준다.
역시 오늘도 아버지 식대로 200% 넘치는 순간 터져 나온 내 감탄사 "아버지, 주퍼!(Super. 최고)"

와서 입혀보니, 까다로운 찬영이 몸에도 맘에도 당연히 'Super'다!^^

밀렸던 안식을

다 찾아 누리게 해주신다.(*역대하 36:21)

그러니 지금 참는 것

손해 보는 게 아니라 저축하는 거다.

최소한 두 배 이상 갚아주신다 하셨으니

'남는 장사'다!^^

너~무 좋아서 목놓아 울기도 했다가 소리를 지르며 어쩔 줄 몰랐다가, 우는지 웃는지 갈피를 잡을 수 없는 소리를 하나님 앞에서 내지르는 것(*에스라 3:12, 13), 사람들은 비웃을지 모르나 아버지는 그거 아주 좋아하신다.

'점잖은' 미갈한테 하신 것 봐.(*사무엘하 6:20-23)

그러니 아버지 앞에서 '애교' 많이 떨자.

'용돈'을 '무더기'로 주시리라!^^

8월 30일

　구름 한 점 없고 햇볕이 폭포처럼 쏟아진 늦여름 끝자락의 오늘, 모처럼 소풍을 보내주셨다.

　이미 들이닥친 어두운 계절의 생존을 위해 반드시 저장해 놔야만 하는 이 햇볕을 절대 그냥 놓칠 순 없다고 신 선생님과 의기투합하여, 근교 비텐(Witten)의 루르계곡(Ruhrtal)으로 잠깐 다녀왔다. 앙증맞고 정갈한 독일 소도시의 아름다움과 잘 가꾸어진 자연의 싱그러움 속에서 아버지 사랑을 흠뻑 들이킬 수 있었다.

　찬영이가 아침에 살짝 몸살기운이 있었음에도, 소풍 다녀온 동안만큼은 바이러스들을 푹 잠재워주셔서 모두에게 즐거운 시간이었는데, 집에 오니 다시 깨어나(바이러스들이) 일찍 잠이 들었는데(찬영이가), 내일 아침에는 새 몸으로 부활하리라 믿~씁니다!^^

　하나님을 의료보험·주치의 삼아 살아가는 광야생활, 아버지께서 책임져주시지 않으면 대책 없는 상황임을 아시고 늘 알아서 '손봐주고' 계신다. 아픈 곳에 손 얹고 예수 그리스도의 이름으로 명하고 드리는 기도가 생명을 건 절규가 될 수밖에 없고, 그런 기도는 재깍재깍 치료의 힘을 발하는 무수한 기적도 광야에서만 맛볼 수 있는 '특식'이리라. 그 특식 덕에 둘 다 팔팔하게 잘살고 있다.^^

　내가 너를 뽑았으니
　너는 옥새처럼 소중하다. (학개 2:23)

너는 유일무이하며

없어서는 안 되며

다른 무엇으로 대신할 수 없는 존재다.

내 곁에서 떼놓을 수 없고

결코 잃어버릴 수도 없는

나와 같은 존재다.

만군의 야훼께서 말씀하신다.

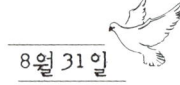
8월 31일

마음에 아직 동이 트지 않았다.
그래서 곤경에 빠지고 허기가 져서 헤매다 짜증 나서 저주하고 위아래로 보이는 것은 고통과 암흑뿐이다.(*이사야 8:20-23)
이렇게 시적인 표현을 하시다니!
"마음에 동이 트다!"
정말 멋진 표현이다.

'그분'을 만난 이후 내 영혼엔 동이 텄고, 영원히 지지 않는 해가 떴다네. 그의 이름은 "탁월한 경륜가"(9:5), 그러니까 전능한 매니저, 모든 인생스케줄을 믿고 맡길 이시다.

그에게 맡기면 완벽한 승리의 결과를 보장하신다. 강대하게 하고, 끝없는 평화를 이루며, 법과 정의로 굳게 하시겠다고 자신 있게 큰

소리치시니(*6, 7), 그냥 다~ 맡겨 드리자!^^

내가 세상에 나오자마자
모태에서 떨어지자마자
하나님께서 나를 받아 안으시고
내가 백발이 성성할 때까지라도
그가 날 업고 다니신다.(*46:3, 4)
영원히 업힐 등이 있는 나는
영원한 복뎅이~!^^

너희가 주님의 위로를 받아 즐거워하고 기뻐 뛰면
뼈마디가 새로 돋은 풀잎처럼 싱싱하게 되리라.(*66:10-14)
진시황이 그렇게 찾아다녔다는 젊음의 묘약, 불로장생약이
바로 여기 있었네! 이걸 모르고, 쯧쯧….

9월 1일

사람의 마음은 천길 물 속이라…. (예레미야 17:9)
온 우주보다 더 크게 내 마음을 지으셨다 하시네.
그래서 그 큰 공간을 하나님밖에는 채울 수 없다 하시네.
너무 깊어 나도 다 모르는 내 마음을

지으신 오직 그분만이 훤히 아시고 헤아리시네.
내 간구와 소원·갈망과 바람·기대와 소망을
오직 그 한 분만이 다 이루어주실 수 있네….

하나님 가슴에 분통이 터져 열불이 나게도
기뻐 춤추시게도 하는 유일한 존재는 사람
나다. (*32:31)

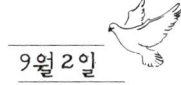
9월 2일

9월이 되었다.

완연한 가을이다.

찬영이 목감기 덕에 어제오늘 이틀이나 일가는 대신 호사스럽게 쉬었다. 아들 덕 봤다. 효도 받았다!^^

이틀 실컷 놀고 나더니 찬영이도 학교 가고 싶은 모양, 꽉 잠겼던 목도 어느 정도 풀리고 원기가 회복되어 내일은 각자 자기의 길을 갈 수 있게 되었다. 나는 꽃집으로, 찬영이는 학교로!^^

주께서 멍에를 메우시거든 잠자코 있어라.
입을 땅에 대고 있어라.
원망·불평 새어 나오지 않게 입을 꽉 다물고 있어라.

누가 때리고 욕해도 달게 받으며 있어라.

여호와께서 건져주시기를 바라고 조용히 기다려라.

주께서 마냥 내버려두지는 않으신다.

그 무한한 사랑으로 앞날을 열어주신다. (*예레미야 애가 3:27-32)

그래서 입 다물고 기다리고 있자니^^, 일 갔다 온 영애 씨가 안부 전화를 해왔다. 온다던 사람이 안 보여 걱정했다며….

오늘 가을맞이 국화 대목 일로 평소보다 몇 배나 힘들었단다. 온종일 아름드리 무거운 국화 화분만 수없이 심으며 큰일 앞에 신경 곤두선 간부들의 잔소리에 시달려야 했다는, 목소리에도 피곤한 기색이 역력한 영애 씨에게는 좀 미안했지만, 그 난리통에서 날 쏙 빼내어 '찬영이 감기 속에' 숨겨주신 아버지 마음이 전해져 와 가슴이 뜨듯해졌다.

그동안 고생 '좀' 했다고 가끔은 이렇게 사정을 봐주시는 거다.^^

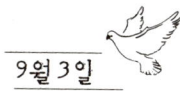
9월 3일

일 갔더니, 내가 못 온 이틀간 다들 고생깨나 한 모양이다. 아직도 스트레스가 덜 풀린 모습들이다.

겉으론 "아이구, 저런…" 하면서, 속으론

♪ 날 빼 주~신 주께 감사, 쉬게 하~신 것 감사….

찬송이 절로 나왔다.

찬영이 감기가 그 도구였으니, 그래서 범사에 감사하라 하시는 거다. 도 트이는 소리가 들린다.^^

9월 4일

소풍 가듯 꽃집 가서 놀이하듯 예쁜 리본 만들다 왔다.

비록 8시간 계속되는 반복작업에 손가락 피부가 닳고, 손톱이 갈라지고, 철사에 찔려 피가 흘러도(너무 처절한가…?^^), 아무리 생각해도 내겐 이보다 더 좋을 수 없는 일터다.

내 기질과 취향을 꿰뚫어 아시는 분께서 친히 골라 보내신 후, 지난 5년간 수많은 허물과 실수에도 불구하고 위의 권세자들에게 은혜를 입어 오늘까지 '장수'할 수 있는 것도 다 아버지 '빽'임을 안다.

반창고 붙인 손으로 '감사기록' 드리오니 이젠 그만 '퇴직'시켜주소서.ㅠㅠ

이날은 우리 주님의 거룩한 날이니
울며 애통하지 마라.
잔치 차려 배불리 먹고 마셔라.
야훼 앞에서 기뻐하면 너를 지켜주신다.(*느헤미야 8:9, 10)

내가 '우는 꼴'을 못 보신다니까!^^

9월 5일

　며칠간 꽃집에 일이 없어 모처럼 팔자 늘어지게 쉬면서 한비야 씨의 여행기로 국경 없는 세계여행 중인데, 소위 '도 닦는' 사람들이 목숨 걸고 인생 바쳐 찾고 구하는 것이 다름 아닌 '마음의 평화'란다.

　다른 말로 하자면 '신인합일(神人合一)'의 경지, 그 경험에서 오는 완전한 평안, 그것을 '해탈'이라 부르고 '득도'라 이름하여 애타게 구하며 몸부림들 치는데….

　나는 그 맛을 봤는데… 매일 보는데… 성령님 만나니까 되던데… 예수 안에 그 길이 있는데!

9월 7일

　하나님을 떠나면
앞을 내다볼 수 없는 밤을 맞는다.
내일을 점칠 수 없는 어둠에 싸여
대낮인데도 눈앞이 캄캄해진다. (*미가 3:6)
태양을 등지고 어둡다고 불평하지 말고
돌아서라!
빛은 늘 거기에 있으니!

9월 9일

그저 바라만 보고 있기엔 너무 아까운 날씨였다.

'햇살의 끝을 잡고' 가지 말라고 붙들고 늘어지고 싶은 날씨, 눈이 따갑도록 쏟아지는 저 햇볕을 어디 좀 담아 놓을 데 없나 두리번거리게 되는 날씨, 쓴 독일 무라도 널어 말려야만 할 것 같은 날씨, 이제 가면 언제 다시 보나 눈물이 앞을 가리는 날씨, 아, 무시무시한 독일의 겨울을 또 당해야 하나… 만감이 교차하는 날씨였다.

이미 2년 전에 독일에서의 마지막 크리스마스가 될 거라 선포하고(누구 맘대로….ㅠㅠ), 신 선생님 네서 마침표를 찍는 파티까지 거하게 마쳤건만 아버지의 시간표는 이리도 다른 것인지… 더딘 것인지….

사자 굴이 복이 되어
다니엘은 그 이름을 더욱 떨치게 되었더라.(*다니엘 6:28, 29)
독일의 겨울이 복이 되어
미경이의 봄은 더욱 찬란했더라!
아멘!

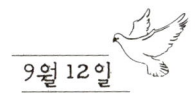
9월 12일

사랑의교회 오정현 목사님께서 선포하신 '나라와 민족을 위한 전교인 금식의 날'에 온라인 열성교인으로서 기쁘게 동참하다!

어찌 이리 기특할 수가!

물론 착한 성령님께서 착한 마음 주신 덕이지, 내 맘으론 '택'도 없다.^^

"아버지, 예쁘게 귀엽게 봐주시고 큰 응답과 복으로 갚아주셔요~!"

마치 목숨이라도 건 마냥 '애교기도'를 드리고 있다.^^

왕년엔 일주일 금식도 '티 안 내고 해치운' 화려한 때도 있었는데, 사실 요샌 한 끼도 겁부터 난다. 그런 내게 목사님의 금식선언을 들을 때 갑자기 가슴에 확 불을 붙이시며 쑥 떠밀어 넣으셨으니, 내 기도도 '벽돌 한 장'으로 귀하게 써주시겠다는 황송한 뜻으로 받잡고 기쁘게 동참을 하긴 했는데….

아, 저녁 7시부턴 너무 힘들어서 내리 찬송만 불렀다. 역시 찬송은 '시간도둑'이야. 그리고 초강력 진통제, 효과만점 마취제!

그렇게 '속 빈' 고통을 잠시 잊고 기쁨과 눈물로 드린 내 곡조 있는 기도들, 찬송하는 자는 두 배로 기도하는 자라고 고맙게도 누가 그랬다는데 아버지, 200배로 갚아주실 거죠?^^

하나님께서 애타게 찾고 계신다.

하나님을 도울 자, 그의 편을 드는 자를! (*이사야 63:3-5)

혼자서도 얼마든지 '잘' 하실 수 있으시면서, 함께 일할 자를 찾고 계신다. 같이 해야 즐겁다시며!

아버지! 영원한 아버지편, 저 여기 있어요!

이렇게 금식까지 해가며 아버지를 돕고 있잖아요?

큰 ~ 도움되시죠?^^

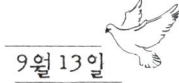
9월 13일

아, 나는 지금 너무 행복하다!

그냥 흘려버리기엔 너무 황홀해서 기록을 안 남길 수가 없다.

나, 지금 책 쓰고 있거든!

그러니까 때는 한 달여 전 어느 날 밤, 자려고 누웠는데 새벽이 깊어가도록 도무지 잠을 안 재우시고 몇 시간 동안 내리 찬송만 시키시는 거다. 그러시더니 급기야는 "내가 할 말이 있다. 일어나 앉아라." 하는 신호를 강하게 보내오셔서 무릎을 꿇었는데, 청천벽력 같은 말씀으로 날 충격의 도가니에 풍덩 빠뜨리셨으니… 그 얘기를 오늘에야 털어놓으려 한다.

2년 전 성령님을 '찐하게' 만난 이후 넘치는 감격이 주체가 안 돼 틈틈이 써 온 일기들을 "책으로 만들어 주마!"고 몇 달 전 살짝 귀띔해주셨을 때만 해도, 최소한 10여 년쯤 후의 얘기겠거니 했다. 그러나 그것만 해도 완전 충격발언이셔서 한동안 정신을 못 차렸었는데, 글쎄 그걸 "지금 시작하라!" 하시는 게 아닌가!

일단 순종하여 지난 한 달간 일에 착수했으면서도 사실 하루에도 몇 번씩 긴가민가, 꿈인가 생시가, 진짠가 가짠가 이리 재보고 저리 두드려보느라 차마 기록할 엄두도 못 내고 미루고 있다가, 이제 더는 따져볼 것 없이 분명하고 확실해져서 오늘 드디어 이렇게 공식적으로 고백하는 것이다.

그날 밤 아버지께서 내게 하신 말씀은 대략 이렇다.

그동안 여러 경로·여러 이유로 내 마음에 붙여주신 사람들, 내가 늘 부러운 시선으로 바라만 보고 있던 작가 박 모 씨·한 모 씨·정 모 씨를 떠올려주시며, 그들의 사연을 봐라, 그들이 언제 책을 써서 세상에 한번 영향력을 끼쳐봐야지 작심하고 했더냐? 그저 주체할 수 없는 마음의 소리, 꺼지지 않는 내면의 음성을 듣고 따라 했다가 생각지도 못한 열매들을 거두지 않았더냐? 다 내가 한 일이다. 이제 네게도 그렇게 하마. 그들이 부럽지 않게 해주마. 그 사람들, 일부러 책 쓰러 조용한 곳 찾아 산속으로, 절간으로도 들어가는데 지금 네가 있는 곳만큼 산속 절간 같은 곳이 또 어디 있느냐? 일부러 만들기도 어려운 최적의 조건 아니냐? 지금이 적시요, 이곳이 적소다! 아무 잡음 없이 내 음성만 쟁쟁하게 울리는 이곳에서, 내가 불러줄 테니 받아만 적어라. 그러니 실상은 네겐 책 쓰기가 아니라 받아쓰기인 셈이다. 한글 받아쓰기는 잘할 수 있겠지? 내 영광을 위해서 네가 하면, 네 영광은 내가 챙겨주마… 하시며 첫 머리글까지

세세히 불러주시는데, 그날 밤 그렇게 내 영에 강렬하게 그러나 온화하게 울려 퍼지는 아버지의 음성을 들으며 얼마나 감사와 감격의 눈물 콧물을 쏟았는지….

그렇게 두 시간여 함께하시고 나서야 꿀 같은 단잠을 주셔서 깊이 잠들 수 있었다.

그로부터 지금까지, 일가는 시간이 대부분이라 우선 자투리 시간을 이용한 맛보기작업 정도밖에 할 수 없었지만, 막상 맛을 봐보니 바로 이 일이야말로 내 체질에 딱 맞아떨어지는, 내 생각과 기대보다 훨씬 더 내 기질에 기가 막히게 잘 들어맞는 일임을 확인하며 전율하고 있다.

집에서 혼자 조용히 할 수 있는 일, 하고 싶을 때 하고 싶은 만큼 할 수 있는 일, 좋아하는 한글 가지고 하는 일…, 내게 주신 달란트가 맞다는 것을 매번 확인해가는 기쁨에 정신이 혼미할 지경이다.

주님 불러주시는 대로 점 하나 놓치지 않고 줄 하나 틀리지 않고 잘 받아써서, 한평생 주께서 '가장 즐겨 쓰시는 펜'이 되고 싶은 거룩하고도 뜨거운 꿈이 그래서 생겨버리고야 말았다.

주께 나아온 자는

돌아온 자는

배불리 먹고 편히 쉬며 환성을 지르고 마음껏 기뻐하며 잔치를 베풀고 다시는 화를 입을까 걱정할 일 없이 살게 해주시겠단다.

(*스바냐 3:11-15)

이런 삶을 살려고 다들 못 자고 못 먹으며 애쓰고 수고하는 것 아니던가! 이렇게 쉬운 길이 열려 있는데, 활짝 열어 놓고 기다리시는데 왜 안 오나!

돌아온 자야,

내가 너를 보니 정말 기뻐서 기쁨을 이기지 못하여 명절이라도 된 듯 더덩실 춤을 춘다 하신다.(*16, 17) 만왕의 왕께서 체면 체통 다 내려놓으시고, 아버지 앞에 돌아와 앉은 나 때문에 기뻐 어쩔 줄 몰라 춤을 추신단다.

그리곤 그런 나를 온 세상의 칭송을 자자하게 받으며 이름을 떨치게 해주시겠단다.(*19, 20)

내 예쁜 딸 좀 보라고

세상 꼭대기까지 헹가래 쳐주시겠단다.

내 잘난 아들 좀 보라고

온 세상이 다 볼 수 있도록 높은 곳에 우뚝 세워 자랑하시겠단다!

9월 14일

하나님은

나밖에 없는 것처럼 나를 사랑하신다. - 어거스틴 강 - ^^

9월 19일

⟨*욥기 40-42장⟩

전능하신 이와 변론하는 자, 나는 그런 존재다.

나를 토론의 상대자로 삼으시곤, 물러서지 마라, 결론이 날 때까지 묻고 대답하며 실컷 얘기해보자신다.

결론은,
"나는 아무것도 모르며 아무것도 못합니다. 아버지께서 다 아시며 다 하십니다."

그것을 알 때까지, 진정으로 고백하게 될 때까지 서로 한번 얘기해보자신다.

폭풍 같은 고난 속에서, 폭풍처럼 쏟아지는 욥의 탄식 앞에, 야훼께서 폭풍 속에서 그에게 나타나셨다. 그의 질문에 폭풍처럼 대답하시고, 욥의 원망의 폭풍을 잠재우셨다.

이제 알았습니다, 당신이 누구신지, 내가 누구인지 이제 알았습니다, 고백하고 나니 복 주신다. 두 배로 주신다.

상처가 영광되게 하신다!

9월 25일

너무 멋지다!

'기이한 인자하심'에 이어 '기이한 도우심'이라….

언젠가 '기이한 인자하심'이란 말씀을 가슴에 새겨주셔서 매일 그 기이한 인자하심을 구하는 기도로 하루를 열게 하시고, 날마다 기이한 인자하심을 경험하게 하시더니, 오늘 역대하 26장 15절 말씀을 통해 '기이한 도우심'을 '기이한 인자하심' 옆에 짝을 맞춰 새겨주신다. 줄 쳐졌으니 읽은 말씀인데, 내 쇠퇴해 가는 기억력 덕인지 처음 보는 '기이한 말씀', 오늘의 레마가 된다.

오늘 하나의 '기이한 마지막'을 경험했다.

언제나 마지막은 갑자기 오는 것이 맞다.

주님을 생각하며 충성스럽게 십자가 화분에 꽂을 리본을 만들고 있는데, 비서가 오더니 이제 일 못하게 됐다는 거다. 학생신분으로 일 년에 일할 수 있는 날 수를 초과해서 적어도 올해는 더 일할 수 없다고, 최소한 석 달간의 공식적인 휴가를 갑자기 선포해주는 게 아닌가? 지난 5년간 한 번도 없었던 일이라 정말 깜짝 놀랐다. 언제까지 이 고생, 이 단순노동을 시키실 거냐고 매일 툴툴거려 왔지만 이렇게 끝이 갑자기 들이닥칠 줄은 미처 몰랐지.

야호! 이제 휴가다아~! 아니 퇴직이다아~~!(믿음으로.ㅠㅠ)

아, 이렇게 해방의 날이 불현듯 닥쳐오는 거로구나, 주님도 이렇게 오시겠지, 이 땅에서의 마지막 날도 이처럼 다가오겠지, 정말 실감 나게 맛본 한순간이었다.

이제 본격적으로 '받아쓰기' 시키실 모양이다. 수개월씩 칩거하며 책 쓰기에 골몰하는 작가들 그간 부러워했었는데, 이제 나도 그 부러워하던 것을 몸소 체험하게 해주실 모양이다.

마냥 부러워만 하게 내버려두지 못하시는 좋으신 아버지, 기대합니다! 새롭게 베푸실 그 '기이한 인자하심과 도우심', 이제 '한 쌍'이 됐으니 더 멋진 활약, 마음껏 기대해도 되죠?

아버지 파이팅!^^

9권

열매
　　맺으려 하니

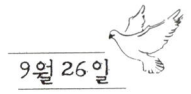
9월 26일

물가에 심긴 나무!

요즘 내게 두신 아버지의 '컨셉'이다.

일부러 고른 것도 아닌데, 저번 것도 이번 것도 일기장 표지를 같은 주제로 손수 마련해주셨다. 이제 물가에 심기었으니 쑥쑥 자라 열매 맺을 일만 남았다고 하시는 것 같다.^^

어제 장장 5년 반 간의 꽃집일을 마무리하고 새로 시작하는 기분으로 맞는 오늘, 새 일기장을 쓰게 하시는 아버지의 '세심한 사랑'에다가, 마침 또 오늘은 찬영이의 가을방학이 시작되는 날인데 늘 엄마 대신 놀아주던 단짝 에니스가 그만 이사를 하게 돼서 엄마가 꼭 필요해진 이 절묘한 시점에 날 쉬게 하시는 아버지의 '섬세한 은혜'가, 씹을수록 단물이 뚝뚝 흘러 감격을 주체 못하고 있다.

오늘은 내내 역대기 말씀 앞에 날 붙들어 놓으시곤, 그 옛날부터 오늘 내게까지 변함없이 이어지는 '아버지의 역사하심'에 대해 감탄하며 묵상하게 하신다. 손에 땀을 쥐게 하는 거듭되는 반전과 넘치는 박진감이 삼국지 저리 가라다.^^

역대기서를 읽어보니 한마디로 요약된다.

"역사의 주어는 하나님이시다.

그리고 내 삶의 주어는 아버지시다!"

그 아버지께서 내 앞서 내 적군을 치러 가신다.

하나님의 발소리가 들리거든 나가서 싸워라. (*역대상 14:15)

나를 대신해 싸우러 나가시는

내 아버지의 천둥 같은 발소리라….

겁날 게 무엇이랴!

찬영이의 신 해석:

독일어 단어 "Sonntag(일요일: '구 해석'에 따르면 Sonne 태양+Tag 날)"은 "Be**son**derer **Tag**(특별한 날)"이 그 유래란다.

하나님께 예배하고 쉬는 특별한 날이니까!

아버지께서 찬영이의 해석이 맞다고 신나게 판결망치 두드리시는 소리가 들린다.

쾅 쾅 쾅! ^^

9월 27일

화창한 토요일, 금싸라기 같은 가을햇살의 유혹에 못 이겨 모처럼 찬영이와 잠시 나들이를 했다. 나의 '비밀의 화원', 지난날 '내 마음의 안식처'였던 근처 공원묘지로….

언제나처럼 온갖 화초들로 화사하고 정갈하게 가꾸어져 있는 그곳엔 '평화의 뜰(Friedhof)'답게 세상 숙제 다 끝낸 자들의 평화가 넘실댄다. 한 바퀴 햇살 따라 돌면서 비문들을 살펴보니, 사연이 구구하다.

2차대전 때 열여덟 나이로 전사한 어린 군인의 묘도 있고, 1965년에 태어나 1969년에 여기 묻힌 "우리의 영원한 귀염둥이"의 묘도 있고, 평생을 함께 살다 죽어서도 (자원지 타원지) 한 자리에 누운 부부들의 묘도 꽤 많다. 이젠 잊힐 때도 됐음 직한 과거의 그들 앞에 여전히 생생한 현재로 그들을 추억하며 살아가는 누군가가 바친 신선한 꽃과 환한 초들이 마음을 훈훈하게 한다. 이 화창한 주말, 이곳에서 망자를 추억할 일밖엔 삶의 더 큰 기쁨이 없음 직한 백발의 할머니들만이 연신 이곳을 드나든다.

모처럼 엄마와의 나들이에 신이 난 찬영이와 한참을 그곳 양지바른 벤치에 앉아서, 인간의 생사화복을 주관하시는 하나님, 무엇보다 "나는 산 자의 하나님이다." 하신 생명의 아버지를 묵상하다가, 아직 못다 끝낸 내 인생 숙제하러 다시 돌아 나왔다.

숙제 잘해가면 함박웃음으로 나를 맞으시며 칭찬해주실 주님 얼굴 떠올리며!

나 요즘 주님의 하늘과 같은 은혜로 꿈만 같은 '작가'가 되어 책 쓰느라 바쁘고 즐거운데, 그런데 지금 내가 하고 있는 이 일이 분명 아버지의 뜻이 맞긴 맞나 보다. 사탄의 낙심케 하는 '수작'이 만만찮

은 걸로 봐서….

수시로 속삭거려 온다.

"네가 무슨 책을 쓰겠다고, 웃겨, 시원치도 않은 주제에…. 누가 대체 네 글을 읽겠다고 책을 산단 말이냐? 망신당하기 전에 빨리 꿈 깨라…."

그런 속닥거림에 그만 엄두가 안 나 손을 놓고 있자면, 감당하기 어려운 눌림과 묶임의 고통이 덮쳐온다. 숨통을 옥죄어 몸을 뒤틀게 하는….

그래서 안간힘을 내 "사탄아 물러가라!" 마음을 가다듬고, 다시 내게 말씀하셨던 아버지의 그 온화하고도 분명했던 음성을 떠올리며 일에 착수하면, 금세 물밀 듯 새로이 확신과 평안이 몰려든다. 나를 다독이시는 아버지의 인자한 음성과 함께….

"맞단다. 내 일이, 그리고 네 일이! 봐, 하니까 좋잖니, 기쁘잖니, 즐겁고 행복하지 않니! 나도 그렇단다. 너와 함께 일하는 게 나도 기쁘고 즐겁단다. 내가 다 알아서 할 테니, 너는 그저 내가 시키는 대로 따르기만 하렴. 그러면 된단다!"

그래서 오늘도 나는 이렇게 잠을 잊고 밤을 잊은 채 '아버지 글'에 첫 독자가 되어 울고 웃으며 신나게 받아쓰고 있다.

9월 29일

　찬영이 데리고 마지막 남은 일 처리차 꽃집을 '방문'했다. 오늘은 일꾼으로서가 아니라 방문객의 신분으로 '우아하게' 들어서는 맛이 얼마나 묘하던지!^^

　엄마가 어디서 일하는지 늘 궁금해해서 언젠가 마지막 날 한번 견학시켜 주리라 했었는데, 오늘이 그날이 된 걸로 봐서 '마지막'임을 확증해주시는 표로 받아버렸다.^^

　전철·버스·기차 갈아타고 또 한참을 걸어서 왔다갔다하는 고된 길이 찬영이에겐 즐거운 소풍길. 게다가 오는 길엔 변신로봇까지 졸라서 하나 가슴에 안았지, 기분이 되게 좋았던지 잠자리에 누워서도 목청 높은 찬송이 30여 분이나 쉼없이 이어진다.

　♬ 예수께로 가면 나는 기뻐요오.
　　걱정 근심 없고 정말 즐거워…
　　영~광, 영~광, 왕의 왕께 영광을…
　　주께 감사하세. 그는 선하시며 인자하심이 영원함이라….

　메들리로 울려 퍼지는 '찬영이 찬양이' 내 귀에도 이렇게 고운데, 아버지 귓가에는 더욱 곱게 곱게 울리리라!

　아버지 일어나셔서 하늘문 여시네.

　복 부으시려고!^^

9월 30일

아버지는 내가 그저 아버지 앞에 나오기만 해도 좋아하신다. 아버지 앞에 앉아 이 생각 저 생각하기만 해도 마냥 좋으셔서 그 '잡생각'에도 성실하게 대꾸해주시고, 이 불평 저 투정도 안고 얼러 달래시어 결국은 눈물 쏟는 감사와 기쁨으로 바꿔주시니, 그 맛이 너무 좋아 아버지 앞에 자꾸만 가 앉고 싶고, 한번 앉으면 일어나기가 싫어진다.

아버지 무릎에 올라앉아 아버지께서 날 얼마나 사랑하시는지 마음껏 얘기하시게 하고, 그 달콤한 사랑의 음성 영원히 듣고파서 나는 날이 갈수록 점점 더 아버지 앞에 어린애가 돼 간다.

이런 내 마음을 '귀엽게' 봐주신 성령님께서 언젠가 나를 기도 중에 7살짜리 어린애의 영으로 잠시 '변신'시켜주신 적이 있다. 진지하게 기도를 드리다 말고 갑자기 '아빠 앞에 철부지 꼬마'가 되어선 아예 두 다리를 쭉 뻗고 앉아 "아빠, 아빠"를 수없이 부르며, 정작 아이 때도 해본 적 없는 온갖 어리광을 하늘아버지 앞에서 한 시간이 넘도록 신나게 부린 뒤에 나도 모르게 "이 모든 말씀, 예수 오빠 이름으로 기도드렸어요. 아멘." 해놓고선 기가 막혀 혼자 얼마나 웃었는지!

정신없이 웃다 말고 가만 생각해보니, 정말이지 만주의 주께서 내 오빠, '큰오빠'가 되셔서 나의 모든 실수와 잘못을 아버지께 대신다 '야단맞아' 주신 게 어찌나 고맙고 감격스럽던지, 그만 또 '앙앙'

울어버렸었지.^^

그렇게 든든한 맏이가 되신 주님과 영원히 한가족이 되었으니
(*히브리서 1:6, 2:11, 12, 3:6), 어찌 찬양 안 할까!

10월 1일

스트레스를 한 방에 날려버리는 법은
하나님 앞에 나오는 것!
돌아오게 하시려고 '억눌려' 살게 하신단다.(*사사기 6:1, 2)
고통에 못 이겨 야훼께 부르짖기만 하면(*6)
곧, 금세, 얼른, 지체 없이, 차마 오래 끌지 못하시고,
자존심도 없이 기다리셨다는 듯,
실제로 '하루를 천 년같이' 기다리셨으니
당장 구원의 손길을 뻗어 주신다.(*7, 8)
역사란 이 단순한 레퍼토리의 반복에 지나지 않는다.

'웬만한' 일은 그대로 해주신다.
자식들이 원하는 대로, 청하는 대로
'웬만하면' 다 들어주시는 아버지시다.
기드온의 까탈스런 요구처럼
양털만 젖고 땅은 마르게도, 땅만 젖고 양털은 마르게도(*36-40)

뽕나무가 바다에 심어지는 것도

이 산이 저 바다에 빠지는 것도

해가 멈춰 서는 것도

다 자녀들의 요구인지라 전능하신 아버지께는

'웬만한 일'이 되고 만다.

창녀의 아들이라는 출신성분 가진 자

이복형제들에게 왕따 당한 상처 입은 자

건달패 두목 된 과거 있는 자도 구원자로 쓰시는 하나님께서

입다를 통해 말씀하신다. (*11:1-33)

"내게 오너라. 내가 닦고 씻고 고쳐 폼 나게 써 주마!"

10월 2일

   하나님의 영이 삼손에게 내렸는데, 그는 왜 바로 다음 장에서 블레셋 여자에게 반해 부모의 반대를 무릅쓰고 굳이 결혼하겠다고 우기는 것일까? 의아했는데 답은, 하나님께서 블레셋을 칠 구실을 마련하시려고 삼손의 마음을 부추기신 것이었다. (*사사기 13:25-14:4)

  사람의 마음을 보의 물처럼 주무르시는 이가, 그 선하고 완전하신 뜻을 이루시려고 각각의 마음에 불을 붙이기도, 혹은 찬물을 끼얹기도 하셔서 역사를 이끌어 가시는 것이다.

그래서 "하나님을 사랑하라. 그리고 하고 싶은 대로 하라."는 어거스틴의 논리가 성립된다. 그것을 내 삶에서도 경험하면서 나도 어거스틴의 이 '단언'에 한 표를 던지고, 매 순간 아버지께 내 마음의 왕좌를 내드린 후에는 마음이 이끄는 대로 산다. '운전석'을 내드리고 나선 '기사'가 모는 대로 가는 것이다. 그것이 요즘 내 삶의 내비게이션이 되었다.

종종 못된 불청객들이 창문으로 머리를 디밀고 내게 그 길이 아니라고, 저쪽으로 가야 한다고 수작을 걸어와 잠시 헷갈리게 할 때도 있으나, 워낙에 기사의 존재감이 크고 분명한지라 이내 다시 밀쳐내 버리고 믿고 따라가니, 길 잃어 혹은 잘못 들어 헤맬 일 없는 거다.

예를 들면 이런 식이다.

시험을 앞둔 마지막 수업이 있던 날, 학교에 가려고 세수를 하고 있었다. 평소엔 수업을 빼먹더라도 시험 전 이 마지막 시간만큼은 시험을 치는 한은 전쟁이 나든 다리가 부러지든 무슨 수를 써서라도 참석해야 한다. 나처럼 독일애들 사이에서 돌아다니는 '족보' 구하기도 어렵고, 설령 학기 중에 꼬박꼬박 수업을 듣는다 해도 이해보단 오해가 더 많은 입장에선^^, 이 시간에 교수님이 시험에 관해 흘려주시는 정보가 당락의 관건인 것이다.

그래서 오랜만에(?) 학교를 가보려고 세수를 하고 있는데, 갑자기 '오늘 학교 갈 필요 없다'는 생각이 어디선가 날아와 마음에 쿵 떨어지는 게 아닌가. 의식적으론 한 번도 해본 적 없는 생각이었기에 세수하던 손을 멈칫할 정도로 놀랐지만, 아마 나도 모르게 학교 가기 싫어하는 내 무의식의 소리인가보다 하고 처음엔 무시했었다. 그런데 세수를 다 마치고 나니, 이젠 아예 학교 가고 싶은 마음이 싹 사라져버리고 없는 거다. 온 세상 사람이 다 달려와서 학교 가라고 등을 떠밀어도 꿈쩍도 하기 싫어져 버린데다가 속까지 편하길래, 그냥 콧노래 부르며 집에서 시험공부를 했다.

그리고 다음 날, 다른 수업이 있어 학교를 가니 저 앞에 어제 그 수업에 항상 빠지지 않고 참석하는 한 독일학생이 앉아 있다. 정보를 좀 얻으려고 다가가 물었다.

"너, 어제 그 수업 왔었니?"

"응."

"교수님이 시험에 관해 주신 정보가 있으면 좀 줄래?"

"어제 교수님이 갑자기 아프셔서 조교가 와서 휴강시켜 버렸어."

아, 그 순간 온몸을 휩싸고 흐르던 전류를 어찌 잊으리!^^

이렇게 분명한 내면의 소리로, 또 평안과 찔림으로 삶의 정답과 오답을 가려주시며 일상을 세밀하게 인도해 가시니 그 음성에 바짝 귀 기울이고 순종하는 한, 발 헛디뎌 '깁스' 할 일 없는 것이 전능자와 하나 되어 살아가는 관계의 신비 아닐까?

이렇게 살자고 성령님께서 오신 것이다!

10월 3일

  찬영이의 가을방학이라 이번 주 내내 집에서 둘이 뒹굴며 보내는데, CGN TV의 〈예수님이 좋아요〉가 구세주가 되고 있다. 눈 뜨자마자부터 잠자리에 들기까지 온종일 무한 반복으로 들으며 공부 중인데, 그간 나도 모르는 새 부쩍 쌓인 찬영이의 성경지식과 믿음에 깜짝깜짝 놀라는 기쁨을 덕분에 맛보고 있다.

  극 중에 예수님의 부활을 믿지 못하겠다는 사람들의 설왕설래를 듣더니 찬영이가 하는 말,

"나는 한 마디로 설명할 수 있어."

"그래? 뭔데?"

"사람이 아니라니까!"

  사람이 아니라 하나님이시니 죽었다가 다시 살아날 수도 있고, 살았다 죽었다(?) 할 수도 있는 거지, 그 당연한 걸로 뭘 그리 시끄럽게들 말이 많냐는 말씀!

  아, 어린 아들의 이 명쾌한 한마디 설교에 속 시원~하게 은혜 받았다.^^

  우상 앞에 드린 제물을 먹으면 되냐 안 되냐 하는 주제가 나왔을 때 "엄마는 어떻게 생각해요?" 하길래, 하나님을 믿는 자에게 우상이란 의미 없는 존재이고, 음식은 다 하나님께서 우릴 위해 주신 것이니 먹어도 된다고 생각한다 하니 곧바로 던져지는 날카로운 질문 "그럼, 왜 다니엘은 왕이 주는 음식을 우상에게 바쳐진 것이라고 해

서 안 먹었어요?"에 찔려 잠시 허둥대다….^^;;

"그때 다니엘의 상황에선, 왕이 우상에게 바친 음식이라고 알리고 주는 것을 받아먹는 것이 곧 왕의 신을 받아들이겠다는 고백이 될 수도 있는 터라 거부하는 것이 옳았다."라고, 나의 SOS를 받으신 성령님께서 급히 내주신 '피할 길'로 피신을 하니 그제야 아하, 하며 이해의 눈빛으로 풀린다.

에휴~, 벌써 아들과의 신앙논쟁에 지식과 말이 딸리는 위기를 느끼며 즐겁다.^^

8살 (독일)나이에 이미 이렇게 확고한 믿음과 주님 향한 뜨거운 사랑을 지닌 찬영이, 늘 예수님 이야기가 너무 재밌어서 그리고 다 믿어져서 온종일 들어도 또 들려주세요 하는 찬영이, 아침에 눈 뜨면 제일 먼저 성경책부터 찾아 한 장씩 읽고 학교 가는 찬영이, (비록 엄마가 시킨 것이긴 하지만^^) 때론 엄마가 잊어버려도 알아서 챙겨 읽는 거~룩한 찬영이 예쁜 얼굴 온종일 보고 지내는 일주일이 엄만 하나도 지루하지 않았단다. 찬영이의 아름다운 신앙뿐 아니라 다양한 표정·몸짓·놀이 아이디어·언어력… 에 취하여 즐긴 귀하디귀한 시간이었지.

하나님의 걸작품 우리 찬영이, 부디 무엇보다 하나님 보시기에 아름다운 자로 자라가길 엄마가 늘 기도한다.

찬영, 사랑해!

10월 4일

생일 첫 새벽을 찬송하는 '예쁜 마음' 주셔서 찬송 부르며 맞는다.^^ 38번째 생일에 눈물과 함께 생일선물로(?) 주께 드리는 내 고백이다.

내 임금 예수 내 주여
주 은혜에 감격하여
한없는 감사 찬송을
내 주님 앞에 드리오며
나 이제 사나 죽으나
주 뜻만 따라 살게요.
- 찬송가 313장 살짝 개사^^ -

이상하게 잠이 안 와 새벽 2시까지 찬송 부르며 있자니, 이 야밤에 정적을 가르며 따르릉 전화벨이 울린다. 누나 생일이라고 바다 건너 동생 전화다. 작년에도 시차 못 맞춰서 새벽 3시경에나 전화를 하더니 올해도 '꿋꿋'하다.^^ 언제나 변함없어 듬직한(!) 동생 축하도 받으라고 깨워 놓으신 모양이다.

두루두루 그저그저 다 감사하다.

사실은 지난 일주일, 갑자기 호강이 늘어지고 팔자가 펴져 거의 바닥에 붙어 지냈더니 이젠 몸이 쑤셔 누워 있질 못하겠다. 살다 보니 이런 날도 있구나, 참고 견디다 보니 이렇게 '운명이 바뀌는 날'도 오는 거로구나! 감탄 중이다. 새벽에 일어나서 일 다니느라 늘 오는 잠을 쫓으며 살다가 갑자기 "잠아, 잠아, 와다오!"를 외치게 되었으니….

그러나 잠들기를 내려놓고 일어나 말씀을 편다.

새벽 4시….

잠시 후면 신 선생님과 만나 거하게 생일파티를 해야 하는데, 설마 파티주인공을 빨간 토끼눈 만들진 않으시겠지? 생일이라도 나는 꼭 늙은이처럼(늙은 거 맞나? 거의 마흔이면… 으악!) 덤덤한데, 생일상 차리시는 아버지께서 더 들떠 계시는 것 같다. 밖에 나가기도 귀찮고 해서 찬영이랑 오붓하게 집에서 보낼까 했었는데, 아버지가 이미 다 계획을 짜 놓으시곤 파티할 장소까지 알려주시며 등을 떠미시는 통에 '어쩔 수 없이' 나간다.^^

여하튼 아버지, 오늘 무진장 기대합니다.

평소에 차려주시는 밥상도 늘 진수성찬인데, 하물며 생일상은 어떨까? 아버지의 그 무한하신 능력과 사랑, 마음껏 펼쳐 보여주시옵소서. 소녀, 모든 짐작을 내려놓고 그저 무한대로 기대하겠사옵나이다.

구약을 봐도 아버지께서 한번 잔치를 베풀었다 하면 기본 7일 연속이던데… 사실 나도 어차피 찬영이 방학이겠다, 일도 없겠다, 시간 많은데… 내 스케일도 아버지 닮아서 최소한 그 정도는 돼야 뭘 좀 한 것 같을 것 같은데… 아버지 너무 부담되시려나?^^

여하튼 이렇게 거창하게 운을 뗐으니, 없던 계획도 만들어 기대에 부응해주시리라. 그럼 믿고 맡겨 드리고, 소녀는 계속 말씀 보겠사옵니다. 수고하시옵소서~!^^

천하제일의 지혜가 솔로몬도 맥을 못 춘 것이 있었으니
하늘의 지혜마저 마비시켜버린 '무서운 것'이 있었으니
바로 '여자'라….(*열왕기상 11:1-8)
약하디약한 여자가 뭐길래 아담으로부터 자고로 다들 그러는 것일까? 나도 여자지만 무섭다!^^
주님, 부디 '여자 노릇' 잘하게 하소서.
'마음을 흐리게 하는 여자' 말고(*3)
흐린 마음도 맑히어 진리를 보게 하는 여자가
나와 내 딸들은 되게 하소서!

10월 5일

하나님의 사랑, 가뭄 중에도 엘리야를 쉴만한 물가에 숨기시고 돌보시는 사랑, 생수와 떡과 고기, 수분과 탄수화물과 단백질을 골고루 공급해주시는 빈틈없는 사랑!(*열왕기상 17:2-6)

그런데 마시던 물이 마름은(*7) "이제 죽어라!"가 아니라, 지루한 삶에 생기를 불어넣을 새로운 이벤트를 여시고자 함이니, 사렵다

과부와의 만남을 주선하셔서 죽을 준비하던 그녀에게 엘리야가 살 길이 되고, 같은 처지의 엘리야에게 그녀가 살 길이 되어 두 사람 모두에게 큰 기쁨이 넘치게 하셨다.(*8-16)

우리를 위해 이렇게 '깜짝쇼' 벌이시는 걸 즐기시는 아버지···.

어제 내 생일파티도 그랬다.

역시나 내 기대와 상상을 훌쩍 뛰어넘은 아버지의 '광대하심'과 '섬세하심'에 내내 놀라야 했던 날.

우선, 마련하신 '연회장' "황하(Yellow River)"는 과연 이름 그대로 대단했다. 입구 광고판으로 미루어봤을 땐 그리 썩 기대가 안 돼서 '아버지가 이런 곳을···?' 하고 살짝 미심쩍었었는데, 문을 열고 들어서는 순간 "어때? 놀랐지?" 하셨다. 크나큰 홀에, 깔끔한 실내장식에, 일식·중식·몽골식의 풍성한 뷔페메뉴! 그에 비하면 가격은 너무 소박해, 종업원에게 정말 이거 다(?) 먹어도 되는 거냐고 물어봤을 정도였다.^^

그럼 그렇지!

아버지가 어떤 분이신데, 시시하게 하실 리가 없지!

신 선생님도 나도 대만족하며 실컷 '파티'하게 하셨다.

그런데 참 이상도 하지···.

지난 수년간 그 길을 수 없이 지나다녔어도 한 번도 내 눈에 안 띄던 그 식당간판이, 며칠 전 볼일 보러 지나는 길에 갑자기 몇 배로 확대되어 눈에 화악 들어올 때 알아봤다.

음, 이곳이 내 생일만찬 자리로 아버지께서 예비해두신 '방'이로

군. 확신이 왔었다!^^

　신 선생님의 선물로 오늘 아침 똑 떨어진 향수도 채워주셨고, 찬영이는 이미 일주일 전부터 준비해뒀다고 자랑하던 선물, 꼭 저 닮은 엄지손가락만 한 꼬마 천사인형으로 날 감격케 했다. 엄마가 '천사'인 걸 아직 '공개'도 안 했는데 요놈이 어찌 알고…. 그래서 '내친김에' "찬영아, 실은 말이지, 원래 엄마가 '1004'야!" '고백'하며 달력까지 들이대면서 '증명'을 해 보이니 "이야, 진짜네. 맞네!" 해가며 맞장구를 쳐준다. 자신의 '통찰력'에 스스로 흐뭇해하면서….^^

　그렇게 풍성한 잔치를 몇 차에 걸쳐 밤이 깊도록 마치고 돌아오는 길, 그러나 아직 잔치는 끝나지 않았다, 하시며 선보이신 마지막 행사가 있었으니, 오늘의 하이라이트였던 그 쇼는 '납량특집' 감이었다.(여하튼 장르도 참 다양하게 하셔!^^)

　오늘 베푸신 은혜를 묵상하며 잠깐 세상과 나를 잊고 정신없이 길을 가던 중, 섬뜩하게 팔에 뭔가 와 닿는 느낌이 들어 옆을 돌아보니 세상에, 막 커브를 틀어 들어오고 있는 전철이 왜 내 옆에 딱 붙어 있는 거야? 놀라서 얼른 뒤로 물러남과 동시에, 찰나의 순간이라 미처 나를 보지 못한 운전사는 아무 일도 없었다는 듯(자기에겐 없었지.^^) 제 속도로 차를 몰아 유유히 사라져 가고, 방금 대체 무슨 일이 일어난 건지 아직 감을 못 잡고 어리둥절해 있는 내 주위로 '기적의 현장'을 목격한 흥분한 군중이 몰려와 저들끼리 난리다. 그 중 한 아저씨는 '감격에 못 이겨' 내 양팔을 꽉 움켜잡고는 마구 흔들어대면서 얼굴에 침까지 튀겨가며 목청을 높인다. 당신 지금 죽을 뻔한 것 아느냐고, 여기서 사고당한 사람 많다고….

고맙고 미안해 무조건 미안하다 하곤 다시 내 갈 길을 가는데, 사람들은 여전히 본의 아니게 내가 야밤에 펼쳐 보인 '묘기 대행진'의 감동에서 못 벗어난 채 집에 갈 생각들을 않고 웅성대고 있다.

가면서 곰곰이 생각해보니, 그제야 방금 내게 무슨 일이 있었는지가 서서히 인식되면서 심장이 떨려오기 시작한다. 바로 이어지는 아버지의 낯익은 목소리….

"내 솜씨 봤지? 한 치의 오차도 없이 정확하잖니? 단 1초만, 아니, 0.1초만 어긋났어도 생일이 바로 초상날 되는 건데 아무 일도 안 일어났잖아? 내가 널 이렇게 돌보고 있단다. 이렇게 완벽하게 내가 네 삶을 책임지고 주관하고 있으니 그냥 나만 믿고 따라오면 되는 거 맞지…?"

"네, 아버지, 맞아요. 맞아요. 아버지 말씀이 다~ 맞아요! 그렇게 할게요. 아버지밖에 없어요!"

이렇게 수시로 '확실하게' 확인학습을 시켜주시니, 기억력 가물가물해져 가는 나도 도대체 잊어버릴 수가 없는 거다.

아버지께서 살아계심을!

그리고 나를 살리고 계심을!

그나저나 오늘 '잘~' 했으면 마침내 고대하고 사모하던 '천국입장'을 할 수도 있었는데… 좀 '애석'하긴 하지만, 정말 아직은 때가 아닌 모양이다. '입구'에서 확 밀어내시는 걸 보니….^^

여하튼 이번에도 아버지의 파티는 완벽했어요.

아버지는 역시 최고의 파티 플래너!^^

가라시는 곳에 가니 만나야 할 자를 만난다.
하나님께서 엮어두신 인연은 긴말이 필요 없다.
아무 말 없이 겉옷만 벗어 척 걸쳐줘도
알아보고 기쁨으로 따라와 한팀이 된다.
엘리야와 엘리사처럼 (*열왕기상 19:15-21)

이스라엘을 지키던 병거, 엘리야를
하늘의 불병거에 태워 데려가시다. (*열왕기하 2:11, 12)
역시 '완전한 명감독'의 '완벽한 마지막 씬'이다.^^

몸도 찌뿌둥하고 잠도 오고 해서 기도가 썩 될 것 같지 않았지만, 그저 주님 앞에 앉아만 있어도 기뻐하시리란 맘으로 일단 무릎을 꿇었더니, 보란 듯이 2시간 반의 깊고 긴 기도로 이끄셨다.

"기도를 언제 네가 했더냐, 내가 했지. 네 힘으로 했더냐? 내 힘으로 했으면서…!" 하시며 확실하게 '본때'를 보여주셨다.^^

나의, 아니 우리의 이 '네버엔딩 스토리'는 무릎 꿇는 '공식적'인 대화에서뿐만 아니라 그 이후의 '비공식적'인 만남 중에도, 잠에서

도 꿈에서도 중단없이 계속된다. 아마 이대로 천국까지 주욱~ 갈 것 같다.^^

어느새 우린 그런 사이가 되고 말았다.

아, 생각할수록 얼마나 가슴 벅찬 행복인지!

내가 주님의 영원한 대화상대자가 되다니!

사실 세상에서 젤 재밌는 게 그거다. 주님과 수다 떠는 것, 말 통하는 이와 말하는 것! 영원토록 해도 아쉬움뿐일 재미다. 주님께서 어찌나 말씀이 많으시고 또 재미나게 하시는지, 그리고 내 얘기를 얼마나 진지하게 들어주시고 성실하게 대꾸해주시는지 예전엔 정말 미처 몰랐다.

역시 주님의 말씀은 '만나'다. 맛난 진짜 밥이다.

아까 찌뿌둥하고 피곤하던 것이 싹 가시고 개운하고 팔팔해졌다.

"주님 만세! 주님 최고!"

이렇게 1차원적으로밖에 표현할 수 없는 이면의 4차원적 내 마음 다 아실 테니, 아쉬운 대로 만날 "주님 만세, 만만세!"만 외치며 산다.

아, 그날엔, 그곳엔 더는 이런 안타까움 없이 속 시원~하게 주님 찬양하고 사랑할 수 있으리라! 그러니 오늘도 **마라나타**!

성령으로 그리스도의 생각을 알아

그분의 의논상대가 된다.(*고린도전서 2:16)

10월 7일

　할 일이 주어지거든 허리를 졸라매고 달려가되, 도중에 누구를 만나도 인사하지 말고 인사를 해오더라도 대꾸하지 말고 오직 해야 할 일에 집중하여 완수하는 법(*열왕기하 4:29)을 요즘 실습시키고 계신다.

　옆도 뒤도 안 돌아보고 생존에 필요한 최소한의 것 외에는 눈길도 안 주고 하라고 하신 일, 내 앞에 꽂아주신 깃대를 향해 한달음에 달리게 하신다. 그러니 당연히 능률이 쑥쑥 오르고, 평소 일주일에 할 일을 하룻밤 새 쓱싹 해치우게 된다.

　신난다! 그 일은 '받아쓰기'다.^^

엘리야가 불말과 불수레를 타고 하늘로 올라갈 때
엘리사가 스승의 영력 두 배를 달라고 구했더니(*2:9)
하나님께서 엘리사에게는
불말 '부대'와 불병거 '부대'를 보내셨다.(*6:17)
두 배 정도가 아니라 아예 '무더기' 차원으로
수백 배를 더하신 우리 아버지
정말 멋있다!

'독 안에 든 적들'을 죽이는 대신
엘리사의 충고대로 큰 잔치를 베풀어

잘 먹고 마시게 하여 돌려보내니

다시는 그들이 이스라엘에 발을 들여놓지 않았더라.(*22, 23)

그 아버지의 종도

정말 멋지다!

10월 8일

드물잖게 의미심장한 꿈으로 나를 즐겁게 하시는 아버지께서 오늘 아침에도 범상치 않은 꿈을 주셨다.

꿈에, 오정현 목사님께서 금식하시는 기간에 우리 집에 오셔서 머무시게 됐다. 내가 엘리야를 모신 수넴 여인 역을 맡은 것이다.^^

대화하면서 교제를 나누던 중, 내가 어리석은 질문을 하나 드렸다. "목사님은 금식하실 때 안 힘드세요?" 그러자 웃으시며 "아, 나도 힘들지요." 하시곤 교회로 가셨고, 배웅해 드리고 난 후 컴퓨터를 켜니 현재 실제상황에서 모니터에 불이 나가 암흑인 노트북에 눈부시게 밝은 불이 들어오면서 제대로 작동되는 게 아닌가? 너무 놀랍고 신기해서 "찬영아, 찬영아, 컴퓨터가 고쳐졌어!" 하며 좋아하다가 깼는데….

뭔지 모르지만, 길몽이 분명하겠지?

요샌 아버지 극본·연출, 나 주연의 재미난 꿈 보고 싶은 재미에 잠들 때마다 기대가 크다.^^

10월 9일

삶의 의문을 잠재우는 하나님의 한 말씀:

오래전에

내가 그 일을 계획하였고

또 지금

내가 그 일을 성취하였다! (*열왕기하 19:25)

10월 10일

아버지께서 글쎄, 내 기도를 아주 기뻐하시고 귀히 여기신단다. 으쓱!^^

오늘 '사랑의교회의, 나라와 민족을 위한, 한 달에 하루 금식, 삼일 중 두 번째 날'인데^^, 사실 지난달 하루 동참한 것으로 만족하고 이번엔 빠지려고 했었다. 그런데 며칠 전, 금식하시는 오정현 목사님을 이 먼 곳까지 보내시곤(꿈에~), 목사님 가신 후엔 고장 난 컴퓨터까지 고쳐주시면서 이번 금식에도 동참하라고, 잘 마치고 나면 '선물'을 주시겠다고, 네 기도가 필요하다고 간곡히 '부탁'하시는 바람에 이렇게 오늘 두 번째 금식에도 기쁨으로 함께하고 있다.

내 기도가 그렇게 필요하다시니 '해 드려야지'!^^

의인의 간구는 역사하는 힘이 많다고, 나를 '의인'이라고까지 치켜세워주시니 목숨을 걸고서라고 해야지!

아, 흐뭇하고 뿌듯해라!

하나님의 살아계심과 역사하심을 믿고 그 앞에 엎드린 내 믿음 보시고, 그 아들 예수께서 내 구세주 되심을 고백하는 오직 그 믿음 보시고 아버지께서 나를 '의인'이라 불러주신다.

그 은혜에 조금이라도 보답하자면 영원히 금식한들 차리요…(만은, 시키진 않으실 거죠?^^;;)

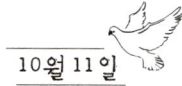

말 한마디도 하라시는 대로만 하면

여리고 성도 손가락 하나 안 대고 무너뜨릴 수 있다.(*여호수아 6:1-20)

입 다물라 하시면 찍소리도 내지 말고

고함지르라 하시거든 죽을 힘 다해 질러라.

6일 침묵시키신 것은

한 번 고함지를 힘 모으게 하심이니!

숲이 있는 산악지대로 올라가서

개간하여 차지하여라.(*17:18)

좁은 곳에 주저앉아 복닥이며 아옹다옹하지 말고

나와라! 올라가라! 개척하라!

♪ 신실하신 나의 주 하나님은~

찬영,

"뭐, 심심하신 하나님이라고?"^^

10월 12일

성령님께서 이끄시는 기도는 출발을 어디서 했건 언제나 막은 십자가 밑에서 내린다. 때론 속이 상해서, 때론 화가 나서, 때론 무기력하게 시작했더라도 성령께서 기도의 바통을 넘겨받으신 다음에는 일렁이는 마음의 풍랑을 하나하나 잠재우시며 결국 이끌고 가시는 곳은 주님이 달려 계신 십자가 밑이다. 그곳에서 다시 주님과 함께 죽고 찬란한 내일을 꿈꾸며 부활하게 하신다.

그러면 또 그만 내게 이 소망과 행복 주시려 주님 당하신 모진 고난이 마음을 찔러 와 울고, 그 당하신 고난이 아깝지 않은 삶 살게 해주시리란 확신에 감사해 울고, 그렇게 날마다 못 자국난 주님 발 위에 내 눈물방울을 향유처럼 쏟아 붓는 예식,

그것이 내 기도가 되었다.

10월 13일

내가 네 얼굴을 쇠가죽처럼 두껍게
네 이마를 부싯돌처럼 단단하게 만들어서
무서울 게 없게 하마.(*에스겔 3:8, 9)
그냥 무서워하지 말라고 말만 하시는 게 아니라
안 무섭도록 '조치'를 취해주신다.
무서운 걸 없애심으로써가 아니라
나를 강하게 만드심으로!
내 낯을 두껍게 단단하게 '성형수술' 하시는 곳
광야다.

소돔의 죄는
첫째, 거만을 떨고
둘째, 실컷 먹고 마시며 태평세월을 즐기면서도
천하고 가난한 자들의 손을 붙잡아주지 않은 것이다.(*16:49)
태평세월을 즐기게 해주실 때 가난한 자들을 돌아보는 것은
'의무'다.

영화를 누리다가
슬기를 쏟아버리지 않도록(* 28:17)
영화 전에 광야를 주신다.

10월 14일

찬영이가 학교에서 돌아오자마자 씩씩거리며 묻는다.

"엄마! 내 몸이 내 거예요? 아니지요? 하나님 거지요?"

무슨 일인가 하니,

학교에서 곧 단체로 보러 갈 연극제목이 "내 몸은 내 거예요 (Mein Körper gehört mir)."였단다. 그래서 선생님께, 내 몸은 내 거 아니에요, 하나님 거예요, 라고 이의를 제기했더니 하나님을 믿는다고 하는 독일선생님들이 다 정색을 하면서, 아니야, 내 몸은 내 거야, 하더란다. 선생님이 그러니까 아이들도 다 그렇게 주장했다며, 혼자 '거룩한 왕따'를 당하고선 꽤 충격을 받은 모양이다. 잘 모르는 선생님들 때문에 아이들까지 다 망치겠다고, 혀까지 쯧쯧 차가며 의분을 삭히질 못한다.

감격한 내가 엄지손가락을 치켜세우며 "찬영이가 짱이다. 찬영이 말이 정답이라고 하나님도 분명 박수 치셨을 거야. 우리 찬영이 최고!" 하니 그제야 만족한 웃음과 함께 부은 볼이 쑥 들어간다.

아, 이래서 어려서부터 부지런히 말씀을 읽히고 들리며 앉으나 서나 가르치라 하셨구나….

그 사명을 잘 감당하게 하소서!

두렵고 떨리는 일이다.

10월 15일

　찬영, 학교 갔다 오더니 어제보다 더 흥분했다.

　오늘 문제의 그 연극을 봤는데, 연극지도 선생님은 한술 더 떠서 "내 몸은 오직 내 거다(Mein Körper gehört nur mir)!"라고 했다며^^, 말도 안 된다고, 엉터리 학교라고, 아이들 잘못 배워 큰일 났다고 한숨에 땅이 꺼진다.

　주께서 찬영이의 '거룩한 한숨'을 향기롭게 받으셨으리라!^^

10월 16일

　집에 들어온 이케아(IKEA: 스웨덴의 가구·생활소품 전문점) 광고지의 광고문구 "Lebe wie du willst(네가 원하는 대로 살아)!"를 읽은 찬영, 또 흥분했다.(왜 자꾸 우리 아들 심기를 건드리는 거야!)

　"아닌데, 그게 아닌데!" 하며 고개를 설레설레 흔들길래

　"그럼 어떻게?" 하고 떠보니

　"하나님 시키는 대로 해야지, 자기 하고 싶은 대로 살다가는 인생 망쳐요!" 한다.

　요새 어린 아들의 한 마디 설교에, 은혜가 충만을 넘어 충격 수준이다!^^

10월 17일

열흘 동안의 채식결과를 시험하니 놀랍더라. (*다니엘 1:12-15)

내가 해보니 과연 그렇더라.

단 일주일 만에 혈색이 맑아지고 죽은 피부가 살아나더라.

약으로 못 고치던 병이 낫기 시작하더라.

그러니 누가 뭐래도

애초에 하나님께서 아담과 하와에게 정해주신 먹거리가

최고요, 최선이다.

살게 하고, 젊게 하고, 아름답게 하는 명약이다.

나의 '거의 채식' 2년의 결과보고서다.

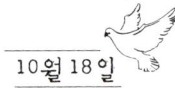
10월 18일

삶의 주어가

'나·내·나의…'가 될 때 광야로 보내신다.

거기서 주어를

'하나님·주님·아버지…'로 바꾸어 내보내신다. (*다니엘 4:27-32)

'다녀' 오더니

이제는 하나님께서 하시는 일은 다 옳고

그가 가시는 길은 다 곧다고

하나님께 영광을 돌리며 높여 찬양하더라.(*33, 34)

그러니

한번은 꼭 다녀와야 한다!^^

10월 19일

찬영, 자기 싫어하는 놈을 여러 번 강압(?)하여 정해진 시간에 제 방으로 들여보내니 "엄마는 왜 오래 깨어 있어도 돼요? 우리 인생 바꾸자!" 한다.

"그래, 바꾸자, 바꿔! 제발 좀 바꾸자!" 해 놓고 가만 생각해보니, 거 괜찮은 거래다. 그래서 나도 아버지께 제안 드렸지.

"아버지, 제 인생, 제 모든 것 아버지 드릴 테니 아버지의 모든 것 다 저 주세요. 우리도 인생(?) 바꿔요!"

그랬더니 그러신다.

"이미 다 바꿔주지 않았니? 내 아들이 십자가에서…. 이제 믿음으로 누리기만 하면 되지!"

할렐루야!^^

10월 20일

한나가 고난 중에

기도하여 응답받고 하나님을 맛보아 알고 나자
하나님을 생각만 해도 가슴이 울렁거리는
사랑을 갖게 되었다.(*사무엘상 2:1)
나처럼!^^
이것이 고난의 유익, 신비라!

원래 하나님은
자주 말씀도 들려주시고 계시도 보여주시는 분이다.
들을 귀와 보는 눈이 없으니
'못 하시는' 것뿐이다.(*3:1)

성령이 내리 덮쳐 아주 딴사람이 되는 일이 일어나거든
하나님께서 함께하시는 것이니
할 수 있는 일은 무엇이든 마음대로 하라.(*10:6, 7)
아, 진리 안에서 누리는 황홀한 자유!

10월 21일

성령 충만할 땐

사울도 다윗 못지않게 멋있었다. (*사무엘상 11:12, 13)
그러니 '가장 매력적인 사람'이 되는 비결은
'가장 매력적인 분'과 하나 되는 거다.
모든 그릇된 것을 바로잡아 정의와 질서를 회복시키시고
무엇이 옳고 그른지를 가르쳐 오늘을 지혜롭게 살게 하시고
앞으로 일어날 일들도 알려 미래를 소망으로 준비하게 하시는
멋진 그분은 바로
성령님이시다. (*요한복음 16:8-13)

10월 22일

주의 일, '주님께서 내게 맡기신 일' 하느라 기도와 예배가 뒤로 밀리니, 한 일이 말짱 도루묵 되는 쓰라린 맛을 '달콤하게' 보고 있다.

다 주의 일이니까 머리 아파올 때, 쉬어야 할 때 기도하고 예배해야지 했다가 큰코다쳤다. 기도와 예배 전에 안 자고 안 먹고 해 놓은 일, 기도하고 예배한 후에 다시 보니 다 지우고 고쳐야 할 '일거리'다.

그래서 먼저 '충만히 예배'하고 '쎄게 기도'한 뒤 일을 하니, 그 전에

종일 끙끙대며 기운 빼며 해 놓았던 '시원찮은' 일들의 군더더기가 확확 눈에 띄고 딱딱 요점이 맞춰지면서 싹싹 정리가 된다. 기도로 주님 능력 끌어다 쓰니 '얼음에 박 밀듯이' 착착 진행되는 것이다.^^

'어두침침'하던 문제들에 대한 '반짝반짝'한 해답들도 예배 중에 하늘 문을 쫘악 여시고 쏟아 부어주시니, 기도와 예배에 쓴 시간은 절대 손해 보게 안 하신다. 오히려 몇 배로 갚아주신다.

"나는 나를 '위한' 것보다 나와 '함께' 하는 것을 더 원한다. 내 일 하느라 나 만날 시간 없다고 하면 내 일을 뺏겠다. 네가 나를 알아야 내 일을 제대로 할 수 있는 것이지, 내 마음도 잘 모르면서 어떻게 내 일을 옳게 한단 말이냐?" 하시는 지당하신 말씀을 왜 자꾸 까먹는 것일까?

주여, 나를 불쌍히 여기소서.ㅠㅠ

내 앞에 예배하는 동안 손해 안 보게 지키마.
오히려 네 지경을 넓혀 주마.(*출애굽기 34:23)

예배하고 있을 때 너를 치러오는 적들은
내가 알아서 처리해주마.
그러면 그 적들은 기가 꺾여
다시는 너를 칠 엄두를 못 낼 것이다.(*사무엘상 7:10-13)

10월 23일

이미 응답이 떨어진 일을 실제로 누리는 데는 시간이 걸리는 경우가 있다. (많다.^^) (*다니엘 10:12-14)

내 그물 안에 이미 넣어주신 고기를 내 입에 넣기까지는 시간이 '좀' 걸리는 법이다. 그물 끌어당기고, 고기 꺼내서, 손질하고, 불 피우고, 구워 먹기까지의 시간을 못 참고 포기하고 만다면 얼마나 어리석고도 원통한 일이냐!

그러니 참자, 견디자, 조금만 더 기다리자!

곧 '배 터지게' 먹여 주시리라!^^

사울 왕의 첫 죄가 바로 '기다리지 못한 죄'였다.

참다못해 스스로 막 번제를 드리고 나자마자 사무엘이 도착했는데, 그걸 못 참아서 그만 일생을 그르치고 말았으니…. (*사무엘상 13:9-14)

기다리자!

조금만 더!!

곧 도착한다!!!

사울이 야훼께 처음으로 세워 드린 제단이란 게 참 사연이 기막히다. 터진 일 수습하느라 급급한 '땜질 예배', 누추하고 초라하기 이를 데 없는 모습이다. (*14:31-35) '예배보다 일이 앞선 죄' 추가다.

335

'사람을 두려워한 죄' 또 하나 추가요!(*15:24-26) 쯧쯧….

군인들이 무서워서 하나님의 말씀을 무시하고 그들이 하자는 대로 했다가 하나님께 파면당했다. 빌라도처럼!

야훼께서 '오늘' 이스라엘 나라를 다윗에게 '주셨다'고 한다.(*28) 그러나 다윗 역시 그것을 실제로 누리는 데는 알다시피 시간이 '좀' 걸렸다.

그래서 믿음은 기다림이다.

기다림은 믿음이다.

하나님께 파면당한 사울의 망령된 일로 통곡하며 슬퍼하고 있는 사무엘에게 야훼께서, 슬퍼만 하고 있지 말고 새 일을 향해 기쁘게 떠나라 하신다. '거룩한 눈물'이라도 자식 우는 건 맘 아파 오래 못 보시는 아버지의 마음이리라….

그래서 새 기쁨을 줄 새 시대를 열어주신다.

새 사람을 통해!(*15:35-16:1)

10월 25일

<*사무엘상 23장>

다윗을 도망 다니랴, 약탈당하랴 정신없게 놔두시면서도 다윗이

묻는 말에는 꼬박꼬박 대답해주시는 하나님, 정말 웃기신다.^^ 그러니 이 '극'은 사실 비극을 가장한 희극인 것이다.

그것을 눈치챈 다윗, 그래서 이번엔 어디로 도망갈까요? 어떻게 할까요? 사사건건 물으면서도 왜 나를 이 상황에 두시느냐고 원망하거나 구해달라고 요구하지 않는다. 아마도 하나님과 다윗 사이에 모종의 대화·계약·협상이 오고 갔음이 분명하다.

"내 사랑하는 아이 다윗아, 이 애비가 다 뜻이 있어 그러니 나만 믿고 견디렴. 다 너를 위해서란다. 잘 마치고 나면 내가 큰 선물을 주마. 알았지? 우리 착한 다윗 파이팅!" 뭐 이런 식의….^^

그래서 사울이 날마다 다윗을 찾아다녀도 못 찾은 거다. 다윗이 있던 광야는 실상 하나님의 손 안·품 속·날개 밑이었으니 어찌 찾아?

그래도 사람의 온기가 필요할 땐 요나단을 그 먼 길을 오게 해서 격려하게 하신다. 그러려고 맺어주신 인연이었던 것이다.

자, 이런 배경을 잠시 모르는 체하고, 이제 '숨을 죽이고 침을 삼키며' 하나님의 극 전개솜씨를 감상해보자!^^

사울이 다윗을 찾아 포위망을 점점 좁혀와 다윗이 막 발각될 위기에 처할 찰나, 블레셋 군을 동원하셔서 사울을 싹 불러 가신다. 그때 다윗에게는 날아왔을 것이다. 아버지의 윙크, 사랑의 눈짓이!^^

그러시더니 이번엔 다윗이 있는 굴속으로 사울을 집어넣으신다. 공정하신 하나님의 '페어플레이'다.

그러나 아버지의 '내심'을 잘 아는 다윗, 내 원수·억울함은 하나님이 직접 갚아주실 것이니 내 손은 더럽히지 않겠다고 뒤로 쏙 빠진다. 아버지께서 하실 수고, 대신 안 하겠다는 것!

역시 똑똑하다.^^

10월 26일

<u>주님과 함께하는 하루는</u> 한 시간보다 짧은데, 찬영이와 함께 보내는 하루는 왜 이리 천 년 같은 것인가!

방학 2주째 접어드니 슬슬 나의 인내가 한계에 다다른다. 끊임없이 묻고, 조잘대고, 어린이 프로 틀어달라 하고, 먹고, 치대고… 잠시만 '방심'하면 심심하다고 아우성을 치니, 잠자리에 들여놓고 나면 녹초가 된다.

정말 애 보는 건 노동 중의 중노동이다.

모든 자유를 박탈당하는 종살이다.

애나 보라고 하는 사람들, 얼른 와서 한번 봐보시지!

괜한 시비로 스트레스를 푼다.^^

드디어 오랜 '사투' 끝에 제 방에 넣어 놓고 이 고요한 가운데 말씀을 펴니, 입이라도 맞추고 싶게 달콤하다.

아, 이 꿀맛 같은 휴식!

자, 이젠 내가 아버지께 '치댈' 차례다!^^

이것 달라, 저것 해 달라 조잘대고 졸라대며….

그러나 아버진 나처럼 피곤하다고 인상 쓰지 않으시고, 그저 허허하시며 오냐오냐하시니 어찌 좋은 분인지!

〈*사무엘상 25장〉

재색을 겸비한 아비가엘이 어쩌다 어울리지도 않게 인색하고 거친 남편 나발을 만나 '고생고생' 하고 있을 때, 마냥 그냥 두지 않으시고 그 수렁·구렁텅이에서 건져 올려주신 아버지….

그 감격의 드라마의 막이 오른다!

아비가일, 역시 다윗에게 어울리는 여자다.

다윗 못지않게 말도 잘한다. 무엇보다 다윗을 있는 대로 치켜세우고 자신은 할 수 있는 한 낮출 줄 안다. 다윗이 사울 앞에서 그랬듯이…. '사리를 참 잘 판단하여 실수를 막아주는 지혜로운 여인'을 광야의 선물로 주셨다.

그 사이에 미련퉁이 나발은 주제넘게 왕이나 차릴만한 잔치를 차려 먹곤, 취할 대로 취해 널브러져 있다. 저런 남편과 사느라 그동안 아비가일 속이 얼마나 새카맣게 탔을까? 안 봐도 비디오다. 그 속, 주님께서 헤아리시고 구원해주셨으니 내가 찬송이 절로 나온다.

나발을 바로 죽이시지 않고 열흘의 말미를 주신 것은 회개할 시간을 주셨음일 텐데, 그러나 미련한 자는 결국 앞뒤를 분간 못 하다가 죽고 말았다.

아, 그리고 아비가일은 드디어 오랜 인내 끝에 비로소 걸맞은 제 짝, 다윗에게 청혼을 받는다. 그런데 이 정신 못 차릴 감격의 순간에도 역시 지혜로운 그녀는 더 납작 엎드려, 부하들의 발이라도 기쁘게 씻기며 살겠다는 예쁜 말만 골라 하는 동시에 다윗 맘 변하기 전에 얼른 서둘러 따라나서는 민첩함까지 보이는, 역시 고수다. 다윗 못지않은!

이렇게 해서 아비가일은 다윗의 아내가 되었더라.
아, 남의 일이라도 왜 이리 좋으냐!^^

10월 27일

만일 제가 왕의 손에 죽는 것이 하나님의 뜻이라면 기꺼이 제물이 되겠습니다.(*사무엘상 26:19) : '쿨가이' 다윗의 '쿨'한 고백!
내가 미치지 않고서야 어떻게 이런 엄청난 잘못을 저지를 수 있겠느냐.(*21) : 잠깐 제정신 난 '못난이' 사울의 고백
성령이 임한 자와 떠난 자의 극명한 모델이라!

'쿨가이'는 선물도 시기적절하게 할 줄 안다.(*30:26-31) ^^

10월 28일

주님의 십자가 때문에 오늘도 펑펑 울었다.

왜 2천 년도 더 묵은 옛날 옛적 그 일이 날마다 내 눈앞에서 선명한 피를 낭자하게 흘리며 벌어지는 오늘의 사건이 되는지, 왜 평생 들어온 '케케묵은' 그 이야기가 매일 처음 듣는 충격으로 내 가슴을 찢어대는지, 왜 울고 또 울어도 자꾸만 이리 눈물이 나는지 이해할 길도 설명할 수도 없는 은혜다.

오직 십자가 지신 사랑, 아들 보내신 사랑으로만 말이 되는, 말도 안 되는 은혜다.

예전에 남들이 그렇다고 할 때 도무지 이해할 수 없었던, 그러나 이젠 내 가슴에 사무치는 나의 은혜다.

뜨거운 맘을 못 이겨 찬송가를 펴니,

"영원히 죽게 될 내 영혼 구하려 주께서 십자가 지셨네…"

부를 엄두도 못 내고 아예 큰 소리로 꺼이꺼이 실컷 울어버렸다.

성령께서 오늘도 이렇게 열심히 '작업'하고 계신다.

단단히 써먹으시려고!^^

10월 30일

　까맣게 잊고 지내던 수년 전의 한 작은 사건을 며칠 전 느닷없이 생생히 떠올리시며, 오늘까지 내내 감당하기 힘든 고통을 주셨다.

　찬영이가 칼이며 방패 따위에 한창 심취해 놀던 무렵, 독일 중부의 한 중세 기사성을 방문한 적이 있었는데, 그동안 모조품으로만 보던 창이며 칼·방패·갑옷 등을 생생한 실물로 보며 즐거워하다가, 성 입구의 기념품점에서 아이들 용으로 만들어 파는 방패를 보고는 사달라고 졸랐었다. 그런데 유원지 기념품이란 게 흔히 그렇듯, 몇 번 만지면 곧 망가질 듯한데도 가격은 '기분 나쁘게 비싸' 도저히 팔아주고 싶은 마음이 안 내켜서, 그렇게 갖고 싶다고 애원하는 녀석을 달래 제품과 가격이 어느 정도 납득이 가는 다른 것으로 손에 쥐여주고는 데리고 나왔었다. 그런데 그날도 그 이후로도 전혀 아무렇지도 않았거니와, 지금까지 까맣게 잊고 지내던 그 일을 뜬금없이 생생히 떠올리시며 며칠 내내 마음이 갈기갈기 찢기는 아픔을 주시는 거다.

　'어린 것이 얼마나 속상했을까, 안타까웠을까… 설령 잠시 갖고 놀다 버리더라도 사줄 걸, 그토록 간절히 원하던 것을 손에 쥐여줄 걸….'

　잠깐이나마 그렇게 아들의 마음을 아프게 한 것이 견딜 수 없는 고통이 되어 가슴을 마구 찢고 찔러 대, 급기야는 견디지 못하고 찬영일 끌어안고 눈물의 '사죄'를 하고야 말았으니….

"찬영아, 미안해! 너 그때 그 일 생각 나?"

"무슨 일? 생각 안 나."

하길 간절히 바랐건만, 이 기억력도 좋은 녀석은 그 일이 여전히 생각이 난다네… 난 몰라!

"그때 엄마가 방패 안 사줘서 미안해. 엄마가 찬영이 마음 아프게 해서 미안해." 하고 눈물까지 글썽이며 '회개'를 하니, 이놈도 따라 눈시울을 붉히면서도 아주 흡족해하는 기색이 역력하다.

이 난리 아닌 난리를 치면서 아버지께 내내 물었었다.

"아버지, 이게 뭔가요? 이 마음이 대체 뭔가요? 이 '선한 마음'이 절대 제 마음일 리는 없고 아버지 마음인 건 분명히 알겠는데, 도대체 이게 무슨 마음인가요?"

계속 여쭤도 며칠 동안 침묵하시며 그렇게도 '괴롭히시더니만' 오늘에야 기도 중에 그 답을 알려주신다. 그 마음은…

내 아들 십자가 지러 보낼 때의 내 마음이라고, 겟세마네에서 외아들이 세 번이나 피땀 흘리며 내게 애원할 때 애써 외면해야 했던 내 마음, 십자가를 앞두고 그의 마음이 번민으로 무너질 때 그보다 더한 고통으로 무너져 내렸던 내 마음이었다고, 아들이 십자가 위에서 온몸이 갈기갈기 찢겨 신음하고 울부짖을 때 그보다 수천·수만 배 더 찢기고 아팠던 아버지 마음, 그 아버지에게서 분리되는 영의 고통으로 아들이 아버지를 "나의 하나님, 나의 하나님"이라 부르며 마지막 숨을 몰아쉴 때, 차마 그 모습 보지 못해 온 세상을 어둠으로 덮어버려야 했던, 휘장이 찢기듯 찢어졌던 내 마음이었다고,

너를 위해, 너를 얻으려고 독생자를 십자가 위에 버리면서 내가 견딘 고통의 억만 분의 일도 안되는 마음을 네게 잠시 맛보여준 것이라 하시며, 나를 위해 찢기셨던 그 마음 앞에 오늘 내 마음을 찢으며 울부짖게 하신다.

아버지 마음 알려달라고, 아버지 마음 더 알고 싶다고 날마다 간구하게 하시더니 이렇게 하나하나, 아무리 들어도 이해 못 할 그 마음, 걸음마 하듯 알아가게 하신다.

그동안은 내내 십자가 지신 주님의 사랑에 집중하여 깨달아가게 하시더니, 이젠 그 사랑 이전에 있었던 아들 보내신 아버지의 사랑, 날 위해 독생자를 포기하셨던 하나님의 고통을 억만 분의 일이나마 맛보는 은혜를 베풀어주신다. 무딘 내 마음 껍질을 벗기시고 이렇게 한 올 한 올 아버지 마음을 내 마음에 꼭꼭 새겨주신다.

차마 감당하기 힘든 이 은혜 앞에, 오늘도 그저 하염없는 눈물로만 날 위해 찢기신 그 마음 어루만져 드린다.

심지어 반역을 해도
자식은 부모에게 영원한 철부지(*사무엘하 18:29)
날 죽이려던 그 철부지를 대신해
차라리 내가 죽는 것을 원함이(*19:1)
아들 보내신 마음!
십자가 지신 마음!

Wenn wir zusammen sind ist alles andere pupsegal

- ſieſe Fliege: pupsegal
- dooſer Pickel: pupsegal
- ein graues Haar: pupsegal
- Glühbirne ka[putt]: pupsega[l]
- hieſes Bild: pupsegal
- kalter Kaffee: pupsegal
- [jede] Menge Arbeit: pupsegal
- Staubſluſen: pupsegal
- Muffelsocken: pupsegal

우리 하나 되어
완전 행복해!^^

10권

11월 1일

새달에 주신 이 새 일기장, 정말 맘에 든다.

언제는 안 그랬냐만….^^

표지 내용이 이렇다:

우리 함께라면 다른 것은 아무래도 좋아.

여드름? 상관없어!

흰머리? 상관없어!

쌓인 일? 상관없어!

식은 커피? 상관없어!

성가신 파리? 상관없어!

불 나간 전구?… 다 상관없어!!!^^

당신을 향한 내 마음을 이렇게 콕 짚어 재미나게 표현해주신 아버지의 유머감각에 다시 한 번 박수를 올려드리며, 방금 마친 오전 '사이클예배' 중에 큐피드의 화살처럼 내 가슴에 날려주신 곡,

♪ 나의 맘속에 온전히 주님만 모셔놓고
　　나의 정성을 다하여 주를 섬기리
　　나 기쁠 때나 또 슬플 때나
　　늘 오직 한 맘 주 위해
　　나의 정성을 다하여 찬송하며 살리라

주는 나의 큰 능력

주는 나의 큰 소망

내가 항상 영원히 주님만을 섬기리

…도 다시 한 번 불러 드리고 말씀을 봅니다.^^

다윗, 정말 대단하다.

'밧세바 죄'·'우리야 죄'… 고개 못들 죄들을 세상 떠들썩하게 지었으면서도 하나님께 다 용서받고 난 뒤에는 "나는 하나님 앞에 나무랄 데 없이 깨끗하게 살았다."고 온 세상 앞에 '고개 뻣뻣이 들고' 큰소리친다.(*사무엘하 22:21-25)

하나님의 시선으로 자신을 바라볼 줄 아는 다윗의 이런 '거룩한 뻔뻔함'이 하나님 보시기에 귀여우셨으리라.(*23:1)

내가 봐도 귀엽다니까!^^

하나님 두려운 줄 알고 정의를 행하는 자는

아침에 터져오는 햇빛, 구름이 걷힌 아침의 해 같아

땅의 푸성귀가 이 빛을 받아 자란다.(*3, 4)

이 눈부신 광경이 내 삶의 풍경 되게 하소서!

11월 2일

모든 것을 다스려라.

그러나 내게만은 복종해라.

이 법을 깨면 너는 죽는다.

이것이 사람의 삶의 법칙이다.

선악과를 통해 창조주께서 말씀하신다.(*창세기 2:15-17)

아벨을 죽인 카인에게, 하나님을 뵙지 못하고 세상을 떠돌아다니는 신세가 되리라는 저주를 내리셨는데(*4:12-14), 카인은 하나님 앞에서 물러 나오자마자 놋에 정착해서 마을을 세웠다.(*16, 17)

그렇다면 그 '떠돌아다님'은 하나님을 떠난 영적 방황·마음의 쉼 없음을 의미하신 건가 보다.

정말 무서운 벌이다!

홍수가 그치고 나서도 노아가 배 안에서 기다려야 했던 시간이 여러 달.(*8:6-13)

아, 기다림은 인생·믿음·기적의 피할 수 없는 동반자인가보다!

그러나 묵묵히 기다리고 있자니, 땅이 다 마르자 이제 나오라고 하나님께서 알아서 꺼내주신다.(*14, 15) 그때까진 좀 답답해도 배 안에 머물러 있는 것이 내 유익이다.

맘 급해서 일찍 나가봤댔자 발만 버렸을 거다.^^

배에서 나오자마자 노아가 한 일은 뭘까요?

야호?

만세?

예배!(*19, 20)

역시 하나님께서 인정하시는 의인답다.

그 예배를 하나님께서 향기롭게 받으시고 속으로 다짐하셨단다. 다시는 저주하지 않으리라고.(*21)

그렇담 예배는 내가 하나님의 마음을 보의 물처럼 '주무르는' 행위인가 보다. 복을 안 주시곤 못 견디게 '간질여' 드리는 것인가 보다.^^

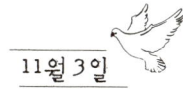
11월 3일

주님 안에, 믿음의 삶에 평범함이란 없다.

하루하루가 독특하고 특별하다.

그리고 헌것을 완전히 새것 만드시는 하나님의 능력도 매번 겪을 때마다 놀란다.

오늘은 '헌' 책, 조이 도우슨의 《하나님의 음성을 듣는 삶》으로 유별난 '새' 은혜를 퍼붓고 계신다. 예전에 읽을 땐 부럽고도 낯선 남의 얘기더니만, 어느새 내 삶이 된 내용으로 흥분하고 있다.

인생, 정말 오래 살고 볼 일이다!^^

지금 내가 가고 있는 이 길이, 때론 이상하게 보이고 여겨져 불편

할 때도 있는 이 길이 정도(正道)요 왕도(王道)임을 확인시켜주시려고 오늘 이 책을 사용하신다.

다른 소망·즐거움이 없는 삶에, 날마다 아버지를 향해 자라가고 있는 나를 보는 것만이 유일한 즐거움과 소망인 삶에, 이렇게 다양한 방법으로 수시로 내밀어주시는 아버지의 따스한 격려와 위로의 손 잡고 이 길을 간다.

11월 4일

말 통하는 사람들이 모여 의논하니

돌 대신 벽돌이, 흙 대신 역청이 나오더라.

바벨탑도 세울 수 있더라.(*창세기 11:1-4)

사람들이 마음을 모으면 하지 못할 일이 없다고

하나님께서 인정해주시더라.(*6)

그래서 혼자는 천천이요

둘을 만만이라 하셨더라!

아브라함,

지금 하나님 앞에 엎드려 잠음 하나 없이 울려 퍼지는 '천국 생방송'을 듣고 있으면서도 도저히 안 믿겨 속으로 웃는다.(*17:15-17)

위로가 된다. 이해와 함께!^^

이제 무슨 낙을 다시 보랴(18:12) 할 때
'큰 낙'을 맛 뵈주신다.(*14)

내가 거듭나니 주변의 모든 것이 거듭나는구나!
세상을 변화시키는 힘은 내가 변하는 데 있는 게 맞다.
오늘은 '옛' 책 김진홍 목사님의 《고난을 이기는 열두 달》을 새로 부활시키셔서, 열두 달 치 은혜를 하룻밤에 퍼붓고 계신다.
책 잘 쓰라고 요즘 부쩍 많이 읽히신다.
'펜'을 갈고 계시는 중이다.^^

11월 5일

하나님의 구원 개입은
자주 숨넘어가기 직전
칼로 이삭을 찌르기 직전에 이루어진다.(*창세기 22:10-13)
그러나 0.1초도 안 늦으신다!
힘든 시험 합격한 자에게 수여되는 트로피는 "더욱 복"!(17)
자자손손 세상 만민의 복이 되는 복!(*18)
이 탐나는 상들은 거저 얻는 복이 아니다.
자식 가슴에 칼 꽂는 순종 후에 주어지는 복이다.

11월 6일

할아버지가 손녀에게 물었다.

"애야, 예수님이 어디 계신지 아니? 맞추면 아이스크림 사줄게."

할아버지의 예상대답은 '마음속에' 였단다.

손녀,

"할아버지, 예수님이 안 계신 곳을 말씀해주시면 제가 두 개 사드릴게요. 예수님이 안 계신 곳이 어디 있겠어요?"

할아버지 감탄하다….

이 이야기를 전병욱 목사님의 설교 중에 듣던 우리 아들,

"예수님 안 계신 곳, 있지. 지옥!" 한다.

우리 아들 최고다!^^

11월 7일

세 번째 금식이 시작되었다.

사실 다음 주인 줄 알고 마음 '푹' 놓고 있었는데, 새벽 한 시경 밀린 일들 바삐 마무리해 놓고 허기가 져서 막 밤참을 먹으려는 찰나, 한 달에 한두 번 들여다볼까 말까 한 달력을 눈에 확 넣어주시며 "오늘 금식일이야!" 선포해주신다. 역시 오늘도 졸지도 주무시지도

않고 계셨다.ㅠㅠ 여러 가지 일로 너무 분주해 어제도 한 끼 겨우 먹었는데 이게 웬 '날벼락'인가! 미리 알았으면 '적절히' 대처를 했을텐데….ㅠㅠ

그러나 ♪ "바다 같은 주의 사랑 내 맘 속에 넘치네 생명의 주 나를 위해 보혈 흘려주셨네…." 찬송이 자꾸 흘러나오는 걸로 봐서 '바다 같은 주의 사랑'으로 '빈 배'를 가득 채워주실 모양이다.^^

'육의 사람' 대표를 맡은 에서는
매사에 생각이 얕고 즉흥적이고 경거망동하다.(*창세기 28:8, 9)
대표답다!^^

내가 예배하며 살고 있는 이곳에서부터
하늘에까지 층계가 이어져 있고
그 위를 나의 수호천사들이 바삐 오르락내리락하며
하늘의 복을 배달하고, 또 내 시중도 들고 있다.(*12)
보이지 않는 내 생생한 현실이다.

11월 8일

어제 금식은 정말 힘들었다.
죽는 줄 알았다!

전날도 제대로 못 먹은 뒤라 아침부터 속 빈 고통이 극심했지만, 마지막 몇 시간은 온몸에 경련까지 일면서 숨이 넘어가는 줄 알았다.^^

3일 금식이 '취미'였던 '아 옛날'을 생각하면, 애써 외면하고 싶지만 정말 나이를 실감하지 않을 수 없었는데….(비겁한 나이 핑곈가? 영력이 딸려 그런 것을….ㅠㅠ)

여하튼 아버지의 은혜로 무사히 마쳤고, 대견하다고 그 보상으로 꿈을 하나 주셨다. 내 생전 처음으로(부끄럽지만) 나라와 민족을 위해 단식까지 해가며 '기도투쟁'을 했으니 기특하셨던지, 어제 꿈엔 북한의 모습을 생생히 보여주셨다. 사실 너무 끔찍해서 할 수만 있다면 기억에서 떨쳐버리고 싶고, 떠오를 때마다 금식 후에도 밥맛을 잃을 정도로 무서운 꿈이었지만, 아버지께서 이제 나를 동역자로 인정해주신다는 징표로 받고 황송했다.

북한의 지도자 앞에 사람들이 무릎을 꿇고 줄지어 앉아 있었다. 얼굴은 피골이 상접하고 어둡긴 해도 살과 가죽이 있는 보통 사람의 모습인데, 얼굴 아래 몸은 다 뼈다귀들이었다. 그것도 한 군데 성한 곳 없이 떨어져 나가고 금가고 깨지고 움푹움푹 구멍이 파이고 누렇고 시커멓게 변색한 뼈들…. 너무나 충격을 받아 넋을 놓고 보고 있자니 '위'에서 진격명령이 떨어졌고, 앉아 있을 힘도 없어 보이던 그들이 두려움에 안간힘을 내 그 상한 뼈들을 철거덕거리며 행군을 시작하는데, 일어선 모습은 차마 더는 눈 뜨고 볼 수 없는 처참한 광경이었다. 한쪽 팔·다리뼈가 떨어져 나간 사람들이 부지기

수요, 어떤 사람은 가슴뼈마저 하나 없어 상체가 휑하니 비었고, 어떤 이는 얼굴까지도 해골뿐인데, 뻥 뚫린 안구뼈 안에는 벌겋게 충혈되고 상한 두 눈알이 두려움에 희번득이며 떨고 있었다. 그 눈과 내 시선이 마주친 순간 꿈에서 깨어나서도, 한참을 벌렁이는 심장을 쥐고 엎드려 울어야 했다.

사실 북한에 대해 별다른 마음이 없었다.
기도를 해도 아직은 좀 먼 곳이었다.
그런데 이 꿈 때문에 북한을 가슴에 품고 울었다. 아마 앞으로도 내 뇌리에서 지워지지 않을 이 꿈이 떠오를 때마다, 좀 더 그들을 위해 아파하며 울게 될 것 같다.
이렇게 내 사랑의 지경을 넓히고 계신다.
보잘것없는 기도의 수고를 벌써 크게 갚아주고 계신다.
앞으로 더욱 행하실 일들이 기대되어 가슴이 뛴다!

11월 9일

사람들을 접할수록 더욱 확인하게 되는 진리는, 인격에서 나는 단내와 풋내는 육신의 나이와는 별로 상관이 없다는 것과, 풋내 풍기는 사람들은 영락없이 '뜨거운 풀무 맛'을 못 봤거나 덜 본 사람들이고, 단내 진동하는 사람들은 '7배나 뜨거운 용광로'에 몇 번씩 들락거리며 불순물이 많이 빠진 사람들이라는 것이다. 그 단내가 부러우면 풀무불도 사모해야 하는 거겠지….

늘그막에 얻은 아들이라고 무분별하게 사랑하니
요셉은 다른 사람의 허물을 아버지께 좋지 않게 일러바치는
철없는 아이로 커가더라.(*창세기 37:2, 3)
그래서 '분별 있으신' 하늘아버지께서는
철들기 전에는 엄하게 사랑하시고
철든 후에야 비로소 '무분별하게' 사랑해주시더라.^^

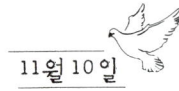
11월 10일

광야에서 얻은 지혜와 슬기는
왕이 감탄하는 "신통력"(창세기 41:38)
'**신**과 **통**하는 **능력**'이다.^^

11월 12일

내가 당한 몹쓸 짓을
하나님은 좋게 꾸미셔서

결국 나와 온 세상의 유익이 되게 하신다는 믿음으로
원수의 가족들까지 돌봐주니
원수들의 가슴이 터지는 듯하였더라.(*창세기 50:20, 21)
가장 통쾌한 '복수' 아닌가!

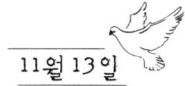
11월 13일

아버지 앞에 앉아 있는 게 참 좋다.

별말 없이 우두커니 앉아만 있어도 가슴이 터질 듯 행복하다. 그래서 시간이 마냥 흘러간다. 그렇게 앉아있기만 해도 하늘문을 여신다. 아버지의 마음·생각·사랑·기쁨·소망·평안·위로… 를 부어주신다. 내 빈 마음이 넘친다.

그 재미가 어찌나 좋은지, 내 할 말은 다 잊고 만다. 내 맘 다 아시는 분 앞에서 한없이 자유롭고 평안하다. 그렇게 아버지 앞에 앉아 있는 시간에 우주가 내 안에 들어온다. 세상이 발밑에 내려온다. 내가 가장 소중한 존재가 된다.

순간에서 영원으로, 지상에서 천국으로 올리운다!

11월 14일

제가 한번 해 보겠습니다!

할 때는 고맙지만 됐네, 하시며 광야로 보내시더니
제가 뭔데 감히 하겠습니까?
할 때는 너밖에 없으니 제발 좀 해 달라고 사정하신다.
모세에게 하나님께서(*출애굽기 3:11, 12)

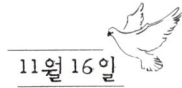
11월 16일

제단을 다듬지 않은 돌로 쌓아라.

정을 대면 부정하다.(*출애굽기 20:25) 하신 이께서 내 글쓰기를 제단 쌓듯 하라 하신다.

'연필'을 대어 이리저리 내 멋대로 다듬는 것을 싫어하신다. 좀 '잘해' 보려고 지우고 더하고 각색한 것을 원상태로 다 되돌리시며 '애초에 내가 준 돌'로 그냥 '쌓기만 하라' 하신다. 그렇게 해 보니, 나도 편하고 결과도 자연스럽고 확실히 좋다. 뭔가 모르게 꼬이고 얽혀 불편했던 것들이 싹 가신다.

사실 대부분의 글이 성령을 부어주실 때 넘치는 걸 받아 둔 거라 '불순물'이 별로 없는 '자연석'인 셈이다. 거기에다가 인제 와서 사람을 의식하여 더하거나 빼는 것을 부정하다 하신다. 그래서 거의 원

본 그대로, 문법에 안 맞는 부분(잘못 받아쓴 것^^;) 수정하고, 중복되는 내용 걸러내는 정도로 '제단을 쌓고' 있다.

하나님은 내 가려운 곳을 싹싹 시원~하게 긁어주시는 분이다.

아버지의 호칭 하나 더 추가! 아버지는 나의 효자손!^^

내가 어디가 가려운지도 정확히 몰라 '방황'하고 있을 때, 요기가 불편하지? 하시며 2% 부족해 갑갑증 나던 곳을 콕 짚어 200% 시원하게 해결해주시는 분이다.

아휴, 시원해~!

아버지 손은 약손!^^

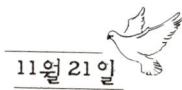

때가 꽉 차매 드디어 새 노트북 컴퓨터를 마련해주셨다.

금식 두 번째 날 꿈에 보이신 대로 백설같이 희고 눈부신 것으로!

그러니까 그 꿈이 개꿈이 아니었던 거다!!^^

지난 2년간 '박물관용' 노트북으로 별 고생을 다 하면서도 묵묵히 '때'를 기다리며 참고 참았더니, 이제 그 때가 되었다고 여러모로 강력한 사인을 보내오시면서 일사천리로 일을 진행하셨다.

   지금 세상과 나를 잇는 거의 유일한 통로라 내게도 필수품이긴 하지만, 실은 아버지가 더 급하셨던 이유가 있지.

   이제 '받아쓰기' 초고작업이 끝나고 본격적인 컴퓨터 입력작업을 해야 할 시점이 됐거든….^^

재앙 중의 재앙은
나뭇잎 떨어지는 소리에도 놀라
마음 죄며 사는 것 (*레위기 26:36)
복 중의 복은
맘 푹 놓고 다리 쭉 펴고 단잠 자는
평안의 복이다.
주님께서 언제나 제일 먼저 빌어주셨던….
주님만이 주실 수 있는!

11월 22일

내가 함께 머무니

너 사는 곳을 청결히 해라. (*민수기 5:3)
지저분하게 해 놓고 성령님 오시옵소서, 하면
입장 곤란하시단다.

주님을 난처하게 해 드리는 실례를 범치 말고
'청소' 잘하자.^^

적과 싸우러 나갈 때
비상나팔을 불어라.
그러면 내가 구해주마. (*10:9)
휴대 간편한 만능 비상나팔
기도겠지!^^

하나님께서 주시는 것은
'기가 막히게 좋은 것'이다. (*14:7)
대충 좋은 것·그냥 좋은 것·그럭저럭 좋은 것… 따위는
아버지 보물창고엔 없으시단다.^^

제물(나)을 불(성령)에 살라야

향기가 나서 하나님을 기쁘시게 한다. (*민수기 28:8)

요리할 때 정말 실감나는 말씀이다. 비린내·누린내… 로 역겨운 재료들이 불을 통과하면 희한하게도 향기롭게 변신하여 주인을 기쁘게 하는 것을 볼 때마다 이해가 가고도 남는 말씀이다.^^

11월 27일

하나님을 따르지 않으면
광야에 더 내버려두실 것이다!(*민수기 32:15)
얼른 가나안 주민이 되고 싶으면
아버지 뒤만 졸졸 잘 따라다닐 것!^^

12월 1일

일주일간 잠시 또 '아버지 집'에 다녀왔다.
잔치를 차려놓고 초대하셔서 '친정 나들이'를 했지.^^

내내 아버지와 함께 즐기느라 기록엔 좀 소홀할 수밖에 없었다.

새 노트북을 통해 부활시키신 '구 예수촌교회 예배 동영상'으로 일주일간의 성대한 '초고탈고 잔치'를 베풀어주셨다.

2년 전 내 삶에 '다윗의 장막'이 세워지는 데 일등공신으로 기여한 예수촌교회가 윈띵하우스가 되면서 예배 동영상도 사라져 이제 다시는 못 보리라고, 영영 잃어버렸다고 생각했는데 그 '보물'을 다른 사이트를 검색하던 중 '실수로' 되찾게 하시면서, 2년 전 누렸던 그 은혜·감격·성령의 기름부으심을 다시 한 번 재현해주셨다. 게다가 늘 은근히 부러워했던 구약시절의 '일주일 잔치'를 이번에 한 번 맛봐라, 하시며 '화끈하게' 열어주신 것이다.

그 동영상이 내 눈에 포착되던 순간, 꼭 심마니가 산삼을 발견한 바로 그 기분이라 나도 모르게 "꺅! 있다, 있어. 찾았다, 찾았어. **심 봤 다~!**" 하고 냅다 소리를 질렀더니, 제 방에서 놀던 찬영이가 "뭐, 뭐, 뭘 찾았는데?" 하며 놀라서 뛰어나올 정도였지.^^

역시 은혜가 막강하다. 특별하다. 비할 데 없다. 적어도 내게는….

영성에도 색깔과 취향이 있는 거라고 하니까.^^

꼬박 일주일을 꽉 채워 밤낮 구별 없이 힘주시는 대로 찬양하고 말씀 듣고 함께 눈물로 기도하며, 다시 아버지 앞에 내 삶을 결단하고 헌신하게 하셨다. 이제 '2단계 작업'을 앞두고 무엇보다 모든 일을 '주인'의 영광을 위해서 해야 한다는, 하겠다는 각오를 새로이 다져주시며 '펜'을 재정비하시고 '잉크'를 채워주신 참으로 복되고도 의미심장한 시간이었다.

나를 드리니 이렇게 알아서 이끌어 가신다.

펜 갈 때 펜 가시고, 잉크 채울 때 채우시면서….

자, 오늘부터 '잘 갈리고 꽉 채워진 펜'으로 다시 시작이다!

택하셨으니 소중하다. (*신명기 7:6)
달리 무슨 이유가 더 필요하냐?

하면 안 되는 엉뚱한 생각:

1. 내가 애써서 된 것이다.(*8:17)

2. 내가 착해서 복 주신다.(*9:4)

12월 3일

7일간의 예배 후에 하는 일 또한 예배가 되고 있다.

예배할 때처럼 6, 7시간을 한달음에 하게 하신다. 어찌나 재밌는지, 배고픈 것도 날 저무는 것도 홀랑 잊어버리고 빠져들고 있다. 위에서 기름 부으시고 앞에서 이끄시고 뒤에서 떠미시며 좌우에서 응원하시는 것이 확실하게 느껴진다.

"미경이, 파이팅! 힘내라, 짝짝짝!" 하시며….^^

야곱을 만나주신 것도 광야였다.

스산한 울음소리만이 들려오는 빈 들판에서 만나

감싸주시고 키워주시며

당신의 눈동자처럼 아껴주셨다.(*신명기 32:10)

언제나 힘이 되는 어제와 오늘의 광야동지들!

하나님을 배신하고 그의 영광을 드러내지 않으면

복을 구경만 할 뿐 누리지는 못한다.(*51, 52)

정말 무서운 벌이다!

잔칫집 가서 남 먹는 것만 구경하다 오라니….^^

12월 6일

하나님의 사람 모세(신명기 33:1)

…라는 당당한 타이틀로 불리는 복, 부럽다.

부러워하면 하게 해 주시던데….

일단 많이 부러워라도 하자.^^

야훼께서는 경건한 자를 "각별히 사랑"하신다.(시편 4:3)

하나님의 사랑에는 차별이 있다.

그게 하나님의 공의다.

자주 찬영이의 속을 태우는 독일선생님들, 요샌 말끝마다 하나님은 모든 사람을 다 '똑같이' 사랑하신다고 주장해서 속이 상해 죽겠단다. 그러면 뭣 하러 사람들이 하나님 말씀을 지키려 애쓰겠냐며….

나도 안타깝다.

찬영이를 얼른 '하산'시켜야 하는데!^^

도가니에 일곱 번 녹여야 순은이 된다.(*12:6)

아예 각오하고 눈 딱 감자. 좀 걸리신단다.

순수하게 빛날 나를 바라보며 견디자.

6번까지만 참아도 소용없다.

기적은 7번째 일어난다.

끝~까지 버티자!

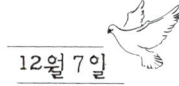

가정예배 때, 하늘나라에는 해와 달과 별들의 영광이 다르다는 (*고린도전서 15:41), 이 땅에서 산대로 거기서 누리는 영광이 다 다르다는 좀 '심오한' 말씀을 전하면서 찬영이가 잘 알아들을까 했더니, 스스로 명쾌하게 딱 정리해버린다.

"그러니까 이 땅은 시험, 천국은 성적이란 거지요?"

"그래, 바로 그거야!" (실은, 그래 바로 그거였구나…!^^;)

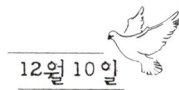

사람들은 모두 합쳐 저울에 올려 놓아봤자

숨결보다 가볍다. (*시편 62:9)

그런데 왜 나는 저울 눈금이 막 돌아가지…?^^

내 고백을 왜 다윗이 먼저 했더냐!:

잠자리에 들어서도 당신 생각

밤을 새워가며 당신 생각뿐

나를 도와주신 일 생각하면서

당신의 날개 그늘 아래에서 즐겁습니다. (63:6, 7)

하나님께서

내가 실족할까, 죽을세라 염려해주시니 (*시편 66:9)

나는

맘 푹 놓고 예배만 합니다. ^^

그 비곗덩어리에서 악이 나오고…. (시편 73:7)

'비곗덩어리'를 제거해야 하는 가장 근본적인 이유! ^^

인생의 의문이

마침내 당신의 존전에서야 풀렸습니다! (*17)

정답이 알고 싶은가?

출제자에게 문의하라!

12월 15일

살아라!

야훼를 찬미하기 위해서(*시편 115:17, 18)

나는 살리라!

야훼께서 하신 일을 널리 선포하기 위하여(*118:17)

12월 16일

하나님 안의 행복은

'날이 갈수록 행복'(*잠언3:2)

의인의 앞날은

'점점 밝은 앞날'(*4:18)

12월 17일

⟨성경 퀴즈 1⟩

잠언에서 말하는 이것은 무엇일까요?:

요술방망이 (17:8)

앞길을 여는 것 (*18:16)

친구를 만드는 것 (*19:6)

화를 가라앉히는 것 (*21:14)

.

.

.

정답: 선물(좀 과하면 뇌물^^)

⟨퀴즈 2⟩

다음의 '풀'은 무엇일까요?:

풀이 있을 때 뜯어라.

새 풀이 돋아나 이 산 저 산에서 거둘 수 있다.

그냥 두면 사라진다. (*27:24, 25)

.

.

.

정답: '돈풀'(재물) ^^

12월 21일

나는 그를 꾀어내어

빈들로 나가 사랑을 속삭여주리라.(호세아 2:16)

광야, 하나님의 사랑고백을 생생히 듣는 곳!

그곳에서 하나님의 사랑이 마음에 메아리치면(*17)

이제 그를 주인이라 부르지 않고 낭군이라 부르게 된다.(*18)

광야는 하나님과의 약혼식장(*21)

약혼선물로

정의·공평·한결같은 사랑과 뜨거운 애정을 받는 곳(*22)

자, 선착순 예매, 광야 입장권!^^

12월 22일

하나님의 사랑은

'다시 사랑'·'여전히 사랑'(*호세아 3:1)

잊을만할 때 돌아봐도 변함없이 거기 있는….

사람의 사랑은

'안개 사랑'·'이슬 사랑'(*6:4)

잠시만 '방심'하면 사라지고 없는….

사람의 도움이란 기껏해야

죽으면 잘 묻어주는 것뿐이다. (*9:6)

12월 23일

근래 들어 또 새로운 기름을 쫙쫙 붓고 계신다.

이제 작업이 어느 정도 마무리가 되어가는 시점에, 기도시간을 평소의 배로 늘리시며 은혜도 곱절로 농축해서 부어주신다. 이제 곧 세상에 나갈 신출내기 '군사'에게 전신갑주를 입히고 계신다. 성령으로 완전무장시켜 주신다.

밤낮도 '전복'되고 내 심령도, 삶도 다시 한 번 거룩한 난리로 뒤집어져서 정신 차리기 힘든 복을 저물어가는 2008년에 주신다.

2009년이 기대되어 심장 뛰게 하신다.

12월 24일

포근한 성탄 이브다. (날씨가….^^)

예전엔 춥고 눈이라도 와야 제맛이더니, 올해는 따뜻한 날씨가 되려 마음 푸근하다. 주님 품에 안긴 듯….

이번 성탄절은 '주인공'과만 단둘이서 오붓하게 보내는 가장 뜻깊은 날이 될 것 같다. 여기저기 오라는 데도 많지만^^, 여러 좋은 것 중에서 이번에도 마리아처럼 가장 좋은 것 한 가지를 선택하였다. 아마 이렇게 보낼 수 있는 마지막 기회가 될 거라는 예감에 더욱 귀하디귀한 시간이다.

이번에 주님께 사랑 잔뜩 받아놨다가 내년 크리스마스엔 사람들에게 다 나눠줘야지….

누구들인지, 참~ 복도 많지!^^

12월 25일

말 구유 같은 내 마음, 내 인생에 주님 오신 날.

주님과만 오붓하게 조용하게 경~건하게 보내고 있는데, 그래도 섭섭할까 봐 손님을 보내셨다. 찬영이 친구 에니스와 아민, 꼬마손님들. 튀니지 출신의 이슬람 아이들이다. 오늘 이렇게 '로또당첨'이 되어 내게 왔으니 복 많은 녀석들인지고!

이 복된 기회를 나도 놓칠 순 없지. 무거운 몸을 일으켜 빵부터 구워 먹인 후, 마음을 굽기 시작했다.^^

"얘들아, 크리스마스가 무슨 날이야?"

"파티하는 날이요!"

"왜 파티를 할까?"

"그리스도인들을 위해서요."

자기들은 아니라 이거다. 이 의외의 대답에
"누가 그리스도인인데?" 물어보니
"독일사람들, 그리고 한국사람들이요!" 한다.

아, 이제 한국사람 예수쟁인 거 온 세계에 소문 다 났다 보다. 이런 꼬마들까지 '눈 똑바로 뜨고' 또박또박 그렇다고 하는 걸 보니!^^ 그동안 믿음 좋은 우리 아들이 열심히 '포교'한 덕이 크겠지만….

단짝 에니스가 예수님이 하나님의 아들인 줄은 아는데 사랑하진 않는다고 여러 번 애석해 한 걸로 봐서….

어쨌든 오늘 간단하게나마 내게 들은 복음이 너희 생애 가장 귀한 크리스마스 선물이 되길 빈다!

12월 26일

날 꼭 안으시고
"사랑해! **사랑해! 사랑해!**" 외쳐주신다.
그 황홀함 속에 나도
"사랑해요! **사랑해요! 사랑해요!**" 외치게 하신다.

사랑하는 님의 목소리 들려주시네.
나의 사랑 나의 어여쁜 주님

바위틈 은밀한 곳에서 들려주시네.
부드러운 주님의 음성
나의 사랑 나의 사랑 나의 어여쁜 주님
일어나 함께 갈게요.
나의 사랑 나의 사랑 나의 어여쁜 주님
영원히 함께 할게요!

컴퓨터 입력작업이 주님의 '열띤 응원' 가운데 일사천리로 진행되어 드디어 끝이 나고 오늘 마지막 점검을 위해 인쇄한 날, 신부가 곧 있을 결혼식을 앞두고 웨딩드레스를 입어보는 것처럼 설레는 날이었다. '입어보니' 생각보다 훨씬 더 예쁘다.^^

이날을 그냥 못 넘어가시고 기어이 또 잔치를 베풀어주시고야 마셨다. 총 300장이 넘는 양 중에 100장을 채 못 넘기고 잉크가 바닥 났다고 복사기가 계속 투덜대자, 오늘은 성탄 연휴라 살 수도 없으니 아예 '성령의 잉크'를 확 부어버리셔서 끝내 입 다물고 조용히 임무를 완수하게 하는 기적을 먼저 베푸신 후에, 그 감격에 겨워 어찌할 바 모르는 나를 다시 '2차 파티장'으로 데리고 가셔서 지난 '초고 탈고 잔치' 못지않은 '축 인쇄 잔치'를 성대히 여시곤, 사랑한다고 사랑한다고 내내 얼마나 외쳐주시는지 지금 귀가 다 얼얼하다.^^

사실 귀뿐 아니라 심장도 터지는 것 같아서 내내 가슴을 부여잡고 "주님, 제발 '그물'이 찢어지지 않는 은혜도 같이 베풀어주셔야 하겠습니다."라고 숨 가쁜 기도를 드려야 했을 정도였다. 그리곤 나도 주님 사랑한다고 사랑한다고 목이 터져라 외치게 하셨으니, 역시 오늘도 '손해' 안 보셨다.^^ (물론 내 사랑을 어찌 주님 사랑의 농도에 비할까 만은….)

왜 날 이렇게 사랑하시는지… 왜? 왜? 왜? 사랑하시는지… 다 알 수 없고, 전혀 알 수 없고, 생각할수록 알 수 없지만 여하튼 사랑하신단다. 죽도록 생명 다해 영원토록 사랑하신단다.

찬영이는 아예 친구집으로 외박까지 보내버리시고 나서 그렇게 마음껏 사랑해주셨다.

주님, 주님의 그 사랑 나도 주님께 온전히 드릴 수 있도록 더 더 더 많이 사랑해주셔요~!

사랑의 욕심은 마구마구 부려도 혼 안 내실 거죠?^^

12월 27일

주님께서 사랑을 부어주실 땐 뜨거운 것 같은 것이 아니라 진짜 뜨겁다. 가슴이 재가 되도록 활활 타올라서 얼굴까지 벌겋게 열이 오르고, 급기야 심장이 폭발할 듯한 비상사태가 되어 아이들 노래가 절로 터져 나온다.

♪ 앗 뜨거워! 앗 뜨거워! 주님의 사랑!
주님의 사랑은 태양보다 더 뜨거워~!^^

그 사랑에 내가 홀랑 다 타서 주님과 영원히 하나가 될 수 있다면, 그보다 더 큰 행복이 있으리요!

12월 29일

이 산지를 네게 주리라!

2009년을 위한 약속의 말씀을 오늘 한홍 목사님을 통해 가슴에 푹 안겨주셨다. (*여호수아 14:12)

"가나안에 사는 아낙 족속들아! 폼 재지 마라. 내 눈엔 다 메뚜기로 보인다! 하하하!"

믿음의 선포로 이해를 마무리하고 새해를 대망하게 하시는 좋으신 아버지, 멋진 아버지 만세!를 외치니, 주님을 위해서 하는 노력은 절대 헛되지 않다!(*고린도전서 15:58)고 다시 한 번 '파이팅'으로 화답해주시는 정말 좋으신 아버지 만만세!!^^

주님을 자랑하라.
그러면 주님이 내 자랑해주신다. (*고린도후서 10:17, 18)

12월 30일

성령이 오셨다!
성령이 오셨다!

내 주의 보내신 성령이 오셔서,

"내가 주를 더 사랑하게 하소서. 그 누구보다 더, 그 무엇보다 더, 어제보다 더 내가 주님을 사랑하게 하소서!"라는 기도로 내 애간장을 녹이셨다.

아름다우신 주님, 영화로우신 아버지, 거룩하신 성령님, 이분들이 이렇게 '작심'하시고 나를 나날이 새로 빚고 계신다.

그 영광 안에 내가 날마다 다시 태어난다!

12월 31일

2008년의 마지막 날, 이 10번째 일기장도 마지막 페이지를 쓰게 하시는 하나님의 '살림솜씨', 기가 막힌다!^^

오늘 '송구영신 가정예배' 때 찬영이의 기도도 기가 막혔다.

"하나님, 2008년도 지켜주셔서 감사합니다. 2009년에는 에덴동산에서 살게 해주세요!"

그 뜻밖의 기도를 듣는 순간

"2009년에는 네 삶에 에덴을 창설하마! 탐스러운 열매 가득한 파라다이스를 창조해주마!"(*이사야 51:3) 약속하시는 아버지의 음성으로 메아리쳐 왔다. 할렐루야!

그 순간, 내년을 위해 미리 마련해주신 분홍색 새 일기장이 예사롭잖게 빛났다. 저걸 골라주실 때, 지난 2년간 쭈욱 고수해왔던 녹색 톤이 바뀌어 의아했는데 오늘 그 의미를 풀어주신다.

아버지와의 풋풋하고 싱그러웠던 사랑의 시대, 지난 2년간의 '그린 시대'가 이렇게 막을 내리고, 이제 새 시대, 무르익은 사랑의 달콤한 열매 맺을 '핑크 시대'를 열어주시려 한다고….

아, 장밋빛 새해가 밝아오고 있다!

하나님은
믿는 자들에게 세상을 주시겠다고 약속하셨다.(*로마서 4:13-16)
그래서 믿음이 모든 것을 이긴다!

닫으면서

　감히 익은 곡식 많이 거두는 '잘 드는 낫'이 되길 바랐습니다. 내게 붙이신 불을 온 땅에 퍼뜨리는 '뜨거운 불쏘시개'가 되길 기도했습니다. 극상품 열매를 풍성히 맺는 가지가 되고 싶었고, 100배 이상의 결실을 내는 옥토가 되길 간구했습니다. 주님께서 가장 즐겨 쓰시는 펜, 가장 편히 타고 가시는 나귀가 되길 꿈꾸었습니다….

　이 마음을 은혜로운 주님께서 향기로운 제물로 받아주시리라 믿고, 제 모습 그대로 드렸습니다.

　"성령일기, 광야편"이라는 제목도 주께서 친히 정해주셨습니다. 그 뜻은 이렇다고 하시더군요.

　첫째, '성령님에 의해' 쓰인 일기입니다. 성령께서 제 손을 잡고 직접 기록해 나가셨습니다.

　둘째, '성령님에 대해' 쓴 글입니다. 그분이 어떤 분이신지, 어떤 일을 하시는지를 적은 기록입니다.

　셋째, '성령님을 위해' 공개하셨습니다. 그분의 영광을 위하여, 하나님의 이름과 얼굴에 영광이 돌아오게 하시려고 이제 드러내셨습니다.

그리고 "광야편"이라 토를 다심은, 광야와 한 세트인 "가나안편"을 예고하시는 약속이지요. 정말 기대되지 않나요?(제발 기대해주세요!^^;) 저는 그 기대로 매일 심장이 몇 배로 빨리 뛰고 있답니다. 제 심장 뛰는 소리에 잠 못 이루고 있지요.^^

우리 주님 안에는 정말 두려움이 없습니다. 오직 기대할 것밖에는! 그래서 '놀랄 준비' 외엔 달리 할 게 없는 인생인 듯합니다. 주님 안에서의 삶이란!

그 멋진 주님과 '동업'하는 삶, 성경 속의 기적들에만 놀라는 삶을 지나 내 삶에 그보다 더한 기적을 '연출'하는 삶, 다른 기적의 주인공들을 부러워만 할 게 아니라 내가 더 큰 기적의 주인공을 '연기'하는 삶, 성령님과 함께 살아보지 않으시겠어요? 그 길을 함께 갈 수 있다면 더없는 기쁨이겠습니다.

그동안 성령님께서 저를 이만큼이나마 키워 오시는 데 즐겨 먹여 주신, 맛도 영양도 만점이었던 '주님표 밥·빵·떡 님들'께 이 자리를 빌려 말로는 다 못 드릴 감사를 (그래서 글로^^;) 드립니다.

조용기 목사님, 김삼환 목사님, 김진홍 목사님, 고(故) 옥한흠 목사님, 고(故) 하용조 목사님, 김동호 목사님, 양승훈 교수님, 오정현 목사님, 정경주 사모님, 최용덕 간사님, 고형원 선교사님, 손종태 목사님, 곽수광 목사님, 전병욱 목사님, 한홍 목사님, 박희봉 목사님, 송정미 자매님, 조준모 형제님, 강명식 음악사님, 김도현 형제님, 소

향 자매님….(이상, '추측 연세' 순이었습니다.^^)

그리고 유럽 코스타, CGN TV, CTS TV… 그 외 저의 배은망덕함으로 일일이 다 기억하지 못하나 함께 저를 키워주신 모든 분께, 앞으로도 더욱 주님께서 그분의 양 떼에게 즐겨 먹이시는 '생명의 양식'이 되시길 기도함으로 사랑의 빚을 갚아 나갈게요.

그리고 제 독일광야의 '오아시스'로 주님께서 미리 예비해두셨던 신인숙 선생님, 늘 든든한 기도의 후원자가 되어준 보배 같은 친구들, 지연이·수정이·정희·미경이(저 말고^^, 가장 오래 묵은 친구 육미경 씨), 누나의 '직무유기'를 대신하느라 수고 많았던 듬직한 동생 지용이와 그의 아름다운 아내 영란이, 천사 같은 조카들 초원이와 하은이, 부족한 엄마의 스승과 친구가 되어 준 하나님의 아들 찬영이, 그리고 딸에 대한 신뢰와 사랑으로 묵묵히 기다려주신 부모님께 그동안 못다 드린 사랑과 감사를 전합니다.

앞으로는 이 모든 사랑의 빚을 넘치도록 갚으며 사는 나날이 되도록 기도해주세요.(끝까지 '신세'만 지는군요.^^)

주님, 사랑합니다. 감사합니다.
모든 영광 주님 홀로 받으소서!